위기의 순간마다
답을 찾았던
인간의 생존 연대기

송병건 지음

위즈덤하우스

재난에 대처하고 도전해온 인류의 노력

인간을 위협하는
재난의 세계화

우리는 얼마나 안전한 환경에서 살고 있을까? 뉴스를 장식한 사건들을 돌이켜 보면 우리를 둘러싼 모든 것이 위험을 일으키는 요인인 듯 느껴진다. 전 세계 수많은 국가에서 코로나19 확진자와 사망자가 대규모로 발생하고 있고, 미국과 오스트레일리아에서는 몇 달 동안이나 산불이 지속되었으며, 중국과 동남아시아에는 강력한 태풍이 휘몰아쳐 많은 사상자와 이재민이 발생했다.

국내 상황도 재난이 많다는 면에서 별반 다르지 않다. 공사장에서는 여전히 크레인이 무너지는 사고가 발생했고, 지열발전소 탓에 전례 없는 지진이 발생했다는 보도가 있었다. 통신구에서 화재가 발생해 많은 사람이 통신장애를 겪었으며, 아이들이 사용하는 장난감에서는 인체에 해로운 화학물질이 다량 검출되었다고 한다. 이런 끔찍한 사고들은 왜 끝없이 이어지는 것일까? 오늘날, 과거 어느 때보다 과학기술이 발달하고 재난 문제에 사람들의 관심이 집중되며 예산이 대규모로 투입되고 있음에도 우리는 어째서 재난에서 자유롭지 못한 삶을 살아가는 것인가? 오히려 과거보다 규모가 훨씬 크고 속성이 복잡한 재난들이 삶을 위협하는 사례를 우리는 너무도 자주 목격하고 있다.

생생하게 기억하는 현대적 재난의 사례를 하나 들어보자. 2011년 일본에서는 동일본 대지진이라고 불리는 엄청난 재난이 발생했다. 이 재난은 바닷속 29킬로미터 깊이에서 두 지각판이 충돌하면서 일어난 지진이었다. 규모 9.0에 해당하는 거대 지진으로 인해 곧 대규모 쓰나미(지진해일)가 발생했다. 지진이 발생한 뒤 50분이 지나자 높이 15미터에 이르는 거대한 쓰나미가 후쿠시마현에 위치한 원자력발전소를 덮쳤다. 갑자기 들이친 바닷물로 발전소의 전력 공급이 중단되었다. 지하에 설치되어 있던 비상용 발전기도 침수되어 무용지물이 되어버렸다. 그에 따라 냉각수 펌프의 가동이 불가능해졌고 원자로 내부의 온도와 압력이 상승했다. 곧 원자로 압력용기가 녹아내렸고 그 탓에 빠져나간 핵연료가 공기와 반응해 폭발하며 격납용기를 파괴했다. 이 일련의 과정을 통해 방사능이 발전소에서 누출되는 사고가 발생했다. 이 사고로 대기는 물론 토양과 지하수, 바닷물까지 방사성 물질에 오염되었다. 지금도 방사능 누출은 계속되고 있으며, 일본 정부는 오염

2011년 일본 후쿠시마현 원전 사고 직후의 모습.
©Digital Globe

수를 바다로 방출할 계획을 현실화하고 있다.

국제원자력기구IAEA가 책정한 국제원자력사고등급INES, International Nuclear Event Scale에 따르면 후쿠시마 원전사고는 7등급인 '대형사고major accident'에 속한다. 1986년 우크라이나에서 발생해 전 세계를 공포에 떨게 했던 체르노빌 원전사고와 같은 등급이다. 일본 정부는 사고 지역으로부터 반경 20킬로미터에 이르는 영역을 경계구역으로 지정하고 거주민의 출입을 금지했다. 수십만 명의 주민이 삶의 터전을 잃고 이재민이 되어 다른 지역으로 이사를 떠나야 했다. 이 재난은 전형적으로 현대 재난의 복합적 속성을 보여준다. 애초에는 지진과 쓰나미라는 자연재해로 출발했지만, 원자력발전소 사고라는 산업재해이기도 했고, 전력공급체계와 원전안전설비의 상호관계에서 발생한 시스템재해이기도 했다. 또한 이 사고는 방사능 물질이 대기 및 해수와 농수산물을 매개로 하여 인접국들로 이동한다는 점에서 재난의 세계화globalization라는 측면도 보여준다.

인류의 삶과
위험의 역사

사람은 누구나 인생을 살면서 여러 위험을 경험한다. 특히 예상하지 못한 사고나 사건이 발생하면 가장 기본적인 생존의 조건인 안전이 위협받게 된다. 위험의 예방과 대처 기술이 발달하고 각종 제도가 이를 뒷받침하는 오늘날에도 위험을 피하고 안전을 도모하는 일은 결코 쉽지 않다. 하물며 기술과 제도가 미비했던 과거에는 수많은 위험 요소가 인생의 매 단계를 위협했고, 그 결과 많은 사람이 안타깝게 목숨을 잃을 수밖에 없었다. 죽음을 가까스로 피하더라도 부상과 질병으로 육체적·정신적 고통을 지속적으로 겪어야 하는 사례가 비일비재했다. 실로 인생을 고해苦海, 즉 고통이 가득한 세계에 비유할 만했다.

인류의 삶을 역사적으로 들여다봐도 이런 상황은 지극히 일반적이었다. 왜 인간은 기나긴 역사를 거쳐 오고도 아직까지 재난으로부터 안전한 삶을 영위하지 못하는 것일까? 재난 자체가 인간이 극복하기에는 너무 위력적이었기 때문일까? 재난을 인간이 통제할 수 있는 영역이 아니라 신이 주관하는 영역이라고 생각했기 때문일까? 재난은 운명의 소산이라서 인간이 바꿀 수 없는 속성을 지녔다고 믿었던 탓일까? 인간의 기술 진보가 충분하지 않아서 재난에 대응하는 수단을 확실히 마련하지 못해서일까? 미래에 대한 인간의 예지력이 부족한 상황에서 재난이 외형을 조금씩 바꿔가면서 계속 일어났던 것일까? 재난 대비에 드는 비용을 감당하지 않으려고 사람들이 재난의 발생을 용인했기 때문일까?

이렇게 생각하다 보면 재난에 대한 대응을 결정하는 요인이 참으로 다양하다는 것을 알 수 있다. 재난의 원인에 대한 인식, 재난의 특성, 방재기술의 수준, 재난 예방에 드는 비용 등이 대표적이다. 이런 다양한 요인들이 실제 어떻게 작용했는지 알기 위해서는 역사적인 탐구가 필수다. 인간의 역사를 통해 구체적인 개별 상황에서 인간이 어떤 선택을 하고 어떤 행동을 보였는지를 파악함으로써 재난과 인간의 관계에 대해 좀 더 종합적으로 이해할 수 있을 것이다. 이 책에서 역사적 접근법을 취하는 이유이기도 하다.

지구상에 인간이 자신의 존재를 드러낸 이후 오늘날에 이르기까지, 인간은 무수히 많은 위험 요소에 직면하면서 이를 극복하고 생존을 유지해왔다. 그런데 모든 위험 요소가 시대와 무관하게 늘 유사한 형태를 띠었던 것은 아니다. 또한 위험 요소에 대처하는 방식도 일률적이지 않았다. 인류가 재난을 받아들인 역사를 아주 간략히 살펴보기로 하자.

초기에 인류는 무엇보다도 예측하기 어려운 자연의 변화나 식량을

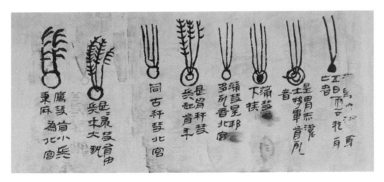

한나라 시대에 기록한 다양한 모양의 혜성들.
천문학에 대한 관심은 재난의 회피라는 목적과 깊은 관계가 있었다.

확보하는 과정에서 발생하는 위험, 생존을 위한 종족 간 싸움을 거치
며 살아왔다. 특히 자연에 대한 통제력이 지극히 약했던 원시시대에
는 갑작스러운 맹수의 공격이나 오늘날 보기에 대수롭지 않은 수준의
홍수나 가뭄, 또는 질병의 발생에도 어이없게 생존을 위협받곤 했다.
이렇듯 인류의 역사는 위험에 대응하는 노력으로 시작되었다. 부족
들이 자연물 가운데 힘 있는 대상을 토템totem으로 삼아 섬기고, 철따
라 부족들이 피해야 할 금기taboo를 설정한 것도 위험을 회피하려는 방
편이었다고 해석할 수 있다. 샤면shaman을 통해 절대자의 뜻이 무엇인
가를 해석하려고 노력한 데도 위험 회피라는 목적이 중요하게 작용했
다. 별자리와 천체의 움직임에 관심을 기울인 데도 재난의 전조를 사
전에 파악하려는 의도가 들어 있었다.

고대를 거쳐 중세를 지나면서 인간은 위험에 대처하는 능력을 점차
키워갔다. 그렇지만 여전히 대다수의 사람은 언제 닥칠지 모르는 위

마르텐 데 보스Marten de Vos,
〈역병, 전쟁과 기근Peste, guerra
e carestia〉(얀 사델레르Jan Sadeler
의 에칭 모사 작품), 16세기 말.
여러 재난이 한꺼번에 겹칠
때, 최악의 상황은 따라오기
마련이다.

험에 노출되어 있었고, 그런 상황에 맞춰 신앙을 갖거나 공동체적 상
호부조 체계를 마련했다. 정치 권력도 자연재해에 민감하게 반응했
다. 재난이 발생하면 권력자가 정당성을 상실했다는 여론이 쉽게 형
성되었기 때문이다. 특히 잦은 빈도로 발생하는 가뭄과 홍수는 농업
을 기간산업으로 삼고 있는 전통사회에서 각별히 신경을 쓴 재해였
다. 통치자가 심혈을 기울여 기우제祈雨祭나 기청제祈晴祭 행사를 거행
할 수밖에 없는 사정이었다.

　근대사회가 형성되면서 위험 요소에 대한 사람들의 인식이 극적인
변화를 맞았다. 종교의 영향력이 약화되고 과학혁명Scientific Revolution
이 진행되었으며 계몽주의Enlightenment 사조가 확산되었다. 이어서 산
업화가 진행되고 도시가 팽창하며 국가의 운영 방식이 변화했다. 이
에 따라 사람들의 지식과 사고 방식이 과거와 크게 달라졌다. 면밀한
관찰과 합리적 추론이 위험을 예방하는 데 효과적이라는 인식이 널리

공유되었다. 특히 18~19세기를 거치면서 산업재해, 즉 노동자가 업무상 겪게 되는 사고와 질병에 대한 관심이 높아졌다. 과거에 공방에서 소규모로 발생하던 사고가 이 시기에는 공장에서 일어나는 대규모 참사로 변모했다. 또한 교통수단의 발달이 새로운 형태의 재해를 양산했고, 화학공업의 발달이 위험한 신물질을 만들어냈다. 이에 대응해 다양한 형태로 방재 노력이 이루어졌으며, 제도적인 개혁이 필수라는 생각도 확산되었다.

그 후 20세기와 21세기 초를 통해 재난에 대한 지식, 대응 기술, 사회적 수습책이 다양한 진화 과정을 거쳐 오늘날에 이르렀다. 그렇지만 오늘날에도 재난은 크고 작은 규모로 계속 발생하고 있다. 산업재해만 보더라도 수많은 사람이 작업장에서 발생한 사고와 질병으로 죽거나 다치고, 재활을 위해 힘든 시간을 보낸다. 이로 인한 경제적 비용도 천문학적이다. 보상, 상실한 노동 시간, 생산의 중단, 훈련과 재훈련, 의료비 등을 포함해 계산해보면 산업재해의 경제적 비용은 대체로 매년 전 세계 국내총생산GDP의 4퍼센트 내지 그 이상이라는 추계가 나온다. 게다가 기술이 자동화되고 고도화됨에 따라 시스템재난이라고 하는 새로운 유형의 문제가 등장했고, 이것이 얼마나 엄청난 재앙으로 이어질 것인지에 대해 사람들의 우려가 커지고 있다. 4차 산업혁명의 문턱을 넘어서고 있는 현대인들의 미래가 과거보다 더 안전할수 있는지 쉽사리 낙관론을 제시하기 힘든 상황이다.

간략하게 짚어본 인류의 재난사에 대해 이제 본격적으로 살펴보기로 하자. 긴 역사 속에서 인간이 재난을 어떻게 인식하고 대응했는지,

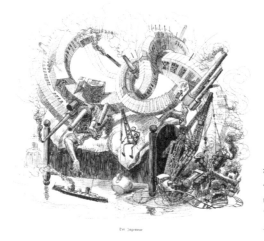

하인리히 클레이(Heinrich Kley,
〈기술자들의 꿈 Der Traum des
Ingenieurs〉, 1913년.
인간은 재난의 역사를 극복하
고 안전한 미래로 가고 있을까?

그리고 재난을 피하기 위해 어떤 노력들을 경주해왔고 그 가운데 어
떤 노력이 효과적이었는지를 추적하고 분석해볼 것이다. 특히 각 시
대를 대표하는 재난들과 재난을 극복하는 과정에서 인간은 무엇을 경
험하고 어떤 것을 배웠는지 찬찬히 살펴볼 것이다. 한마디로 말해 재
난이 인간을 어떻게 변모시켜 왔는지 거시적 시각에서 되돌아보고자
한다. 이 과정에서 우리의 미래를 어떻게 안전한 시간으로 만들 수 있
을지 함께 머리를 모아보기로 하자.

개별 인간이 아닌
인류는 강하다

인간은 약한 존재다. 계단을 내려오다 발을 헛디뎌 부상을 입기도 하고, 상한 음식을 먹어 배탈이 나기도 한다. 건물에서 화재가 나면 연기를 호흡해 순식간에 목숨이 위태로워지고, 갑작스러운 감염병이 창궐해 수백, 수천 명이 한꺼번에 치명상을 입기도 한다.

그러나 개별 인간이 아닌 인류는 강한 존재다. 기나긴 역사를 통해 수많은 재난으로 온갖 신체적인 피해, 정신적인 충격, 물질적인 타격을 받았지만, 이에 굴하지 않고 결국에는 다시 일어섰다. 부상과 질병에 대비해 치료 기술을 발전시켰고, 화재에 대비해 방화벽을 설치하고 소방 훈련을 했으며, 감염병에 대응해 백신과 치료제를 개발했다. 이밖에도 저장 시설, 상호 부조 제도, 사회복지망, 구휼제도, 심리상담, 종교, 보험제도 등 다양한 수단을 써서 우리가 몸과 마음을 추스르고 다시 일어설 수 있게 했다. 이런 면에서 인류는 참으로 강하다. 더 정확히 말하자면 인류는 재난을 극복하는 과정을 통해 스스로를 단련하고 강인함을 얻었다.

이 책은 인류가 경험한 재난의 역사를 살펴보고, 재난이 인간을 어떻게 더 강한 인간으로 재탄생시켰는지를 논의한다. 그리고 안전한 세계를 만들기 위해 앞으로 인류가 어떤 노력을 해야 하는지 살펴보고자 했다.

이 책을 쓰면서 재난이라는 극한적인 상황을 주제로 삼을 때 몇 가지 측면에서 균형감을 반드시 갖춰야 한다고 느꼈다.

첫째, 감정적인 균형이다. 재난을 지나치게 감정적으로 또는 지나치게 무덤덤하게 바라보지 않기로 했다. 모든 재난은 슬프고 안타깝지만 이런 감정에 너무 깊이 매몰되면 냉정한 분석을 방해하기 때문이다. 반대로 재난을 단지 규모로만 파악하면 인간이 나름의 지식과 계획을 가지고 재난과 치열하게 싸워나간 존재라는 점을 놓치기 쉽다. 따라서 때론 재난의 피해자에게 감정이입을 하다가도 곧 재난과 거리를 두고 객관적으로 이해하고자 의식했다.

둘째, 학문 분야적인 균형이다. 기존의 책들은 대부분 특정 시각에서 재난의 특정 면모를 살펴보았다. 이 책에서는 재난과 관련된 신화·신앙·문학 등 인문학적 관심, 구호 정책·산재입법·공조체제 등 사회과학적 관심, 지질·지구 구조·기후 등 자연과학적 관심, 감염병·치료법·예방법 등 의학적 관심을 종합적으로 다루고자 했다. 달리 말해 문·이과 통합형 시각으로 재난을 바라보고자 했다. 여기에 동시대의 그림 자료를 가급적 다양하게 소개함으로써 예술 부문도 어느 정도 포괄하고자 했다.

셋째, 세계적인 균형이다. 개별 감염병의 영향도 중요하지만 감염병이 왜, 그리고 어느 시점에 토착적 질병에서 팬데믹으로 변했는지 파악하는 것이 중요하다. 역으로 팬데믹에 대한 지역별 대응의 차이도 중요하다. 따라서 지역과 세계를 동시에 다루는 논의를 지향했는데, 이를 통해 특수성과 보편성 사이를 유연하게 오가고 싶었다.

넷째, 역사적인 균형이다. 역사적인 맥락을 배제하고 보면 재난이란 그저 오랜 기간에 걸쳐 반복해서 발생하는 사태일 뿐이다. 그러나 각

재난은 특정 시대에 특정 지역에서 발생함으로써 고유의 특징을 얻는다. 흑사병은 중세 동서교역과 관련해 창궐했고, 교통사고는 산업혁명 이후 재난의 지위를 획득했다. 마찬가지로 대항해시대, 계몽주의시대, 세계화시대는 각 시대의 특징을 반영하는 재난을 탄생시켰다. 시대와 재난의 연결이야말로 이 책에서 중점으로 두고자 한 목표였다.

이 책에서 우리는 약 2,000년간의 인류 역사를 통해 인간이 재난을 어떻게 경험하고 이해하며 극복했는지를 추적한다. 각 시대를 대표하는 재난을 소개하고, 재난의 역사 속에서 인간이 어떤 좌절과 오판, 시행착오를 겪었는지, 그리고 어떻게 해당 재난을 이해하고 해결책을 모색했는지 살펴볼 것이다. 그리고 아직 풀지 못한 문제가 무엇인지도 고민할 것이다.

이 책은 크게 세 부로 구성되어 있다. 제1부는 고대와 중세를 대상으로 하며 주로 자연재난을 다룬다. 폼페이 화산 분화, 흑사병, 대항해시대의 질병들, 소빙하기 추위, 리스본 지진 등이 핵심적으로 이야기할 내용이다. 제2부는 근대사회에 발생된 인공재난을 주제로 삼는다. 석탄재해, 교통 재난, 감자 기근, 콜레라, 화학 물질 사고 등을 산업혁명, 대분기, 세계화, 기술 진보라는 역사적인 맥락에서 설명한다. 제3부는 현대적인 속성이 강한 시스템재난을 이야기한다. 중국의 생태재앙, 세계적인 기후 격변, 다층적 네트워크가 초래하는 시스템재해, 마지막으로 코로나19 사태까지 차례대로 다룬다.

이 책을 쓰기로 마음먹은 시점은 코로나19가 등장하기 이전인 2018년으로 거슬러 올라간다. 영국의 산업 재해 역사에 관한 책을 이

전에 쓴 적이 있었는데, 이를 시간적·공간적으로 확장해 인류의 역사와 재난을 폭넓게 다루는 책으로 쓰고자 마음먹었다. 때마침 한국연구재단의 2018년 저술출판지원사업에 선정되어 연구비를 지원받을 수 있었다.

책의 내용을 갈무리해갈 무렵인 2021년 말, 네이버 '프리미엄콘텐츠'에 투고해달라는 요청을 받았다. 덕분에 '송병건 교수의 경제사 이야기'라는 제목으로 10여 개의 재난을 다소 짧은 길이로나마 소개할 기회를 얻었다. 두 기관 덕분에 마음먹은 집필을 원활하게 진행하고, 또 대중에게 내용을 쉽게 알릴 수 있었다.

위즈덤하우스에서는 풍부한 편집과 출판 노하우를 바탕으로 출판 과정 전반을 매끄럽게 진행해주었다. 특히 신민희 편집자 님의 뛰어난 솜씨에 큰 도움을 받았다. 감사의 마음을 전한다.

마지막으로, '아들 넷'이라는 재난 상황을 꿋꿋하고 당당하게, 그리고 훌륭하게 극복해내신 어머니 조남춘 여사에게 이 책을 바친다.

명륜동에서

송병건

차례

프롤로그
재난에 대처하고 도전해온 인류의 노력

인간을 위협하는 재난의 세계화_5 | 인류의 삶과 위험의 역사_8 | 개별 인간이 아닌 인류는 강하다_14

본문을 읽기 전에
재난을 이해하는 우리의 자세

통제하기 힘든 역사적 대재앙들_25 | 재난을 구분하는 세 가지 기준_28 | 오늘날에도 피할 수 없는 재난_31 | 재해, 재난, 재앙_34 | 무엇이 재난 관념을 만드는가_37 | 실제 재난과 재난 관념의 괴리_40 | 미디어에 등장하는 재난_43 | 재난이 촉발한 인류의 진화_47 | 고대 및 중세시대의 재난_51 | 근대의 재난_53 | 산업사회의 출현과 새로운 재해의 탄생_55 | 공업화사회 이후 재해의 확산_57 | 우리의 안전을 확보하는 방법_61

1부
거역할 수 없는 자연의 힘: 자연재난의 시대

1 도시를 멸망시킨 거대한 불: 화산 폭발 —————— 67

불을 쏟고 유독가스를 뿜는 화산의 공포_69 | 화산 폭발을 일으키는 지각판의 이동_72 | 베수비오 화산 폭발과 폼페이의 멸망_77 | 폼페이를 기억하는 방법_81 | 신의 형벌인가, 지구의 변동인가_85 | 백두산의 과거와 미래_88

2 중세를 휩쓴 최악의 팬데믹: 흑사병 ———————— 91

교역로를 따라온 대역병의 그림자_93 | 흑사병의 정체_96 | 감염에 대한 공포가 유럽을 지배하다_100 | 희생양 찾기에 급급한 대응책_102 | 흑사병이 변화시킨 세계_106

3 대항해시대의 끔찍한 교환: 감염병 ———————— 111

지구가 하나로 통합되다_113 | 콜럼버스의 교환_116 | 인디오를 향한 수탈과 정복의 흑역사_119 | 유럽 대륙을 건너온 감염병_122 | 조선시대에 창궐한 천연두의 공포_127 | 홍역의 소멸과 부활_130 | 세계화의 과정에서 나타난 재난_136

4 유럽에 불어 닥친 추위와 공포: 소빙하기의 저온 현상 ——— 139

2도 낮은 평균기온이 가져온 추위_141 | 소빙하기와 태양흑점의 관계성_143 | 오히려 추위를 반긴 사람들_145 | 냉해의 피해와 대기근_148 | 저온 현상과 마녀 사냥_152

5 계몽의 시대를 앞당기다: 리스본 지진 ———————— 155

종교적 사회에서 세속적 사회로_157 | 거대한 정신혁명의 시기_162 | 가공할 만한 지진의 파괴력_165 | 유럽에서 기록된 가장 강력한 지진_169 | 전통적 해석과 계몽주의의 충돌_175 | 자연재난을 어떻게 바라볼 것인가_180 | 지진 피해를 줄일 수 있는 방법_184

2부
인간이 스스로 만든 참사: 인공재난의 시대

6 검게 물든 죽음의 그림자: 석탄 산업 재해 ──────── 189

도시화와 석탄의 등장_191 | 아이들을 굴뚝 청소부로 고용하다_193 | 굴뚝 청소 노동의 개혁_198 | 산업혁명을 불러온 탄광의 증가_201 | 갱도에서 벌어진 끔찍한 재해_203 | 위험한 탄광 노동의 개혁_208 | 런던 하늘을 뒤덮은 '콩수프 안개'_210

7 교통의 진보가 가져온 비극: 운송수단 사고 ──────── 215

혁신과 발명의 전성시대_217 | 교통 발달로 인한 재난의 변화_220 | 대중의 관심을 끈 철도 사고_223 | 철도 사고를 막기 위한 노력_229 | 최초의 자동차 사고_232 | 타이타닉호의 비극_237 | 아직 끝나지 않은 해난 사고_240

8 가난과 굶주림의 공포가 엄습하다: 대분기와 감자 기근 ──── 245

대분기와 세계화의 이면_247 | 저소득층의 식량이 된 악마의 식물_251 | 감자 역병의 창궐_254 | 자유방임주의 정책에 희생된 사람들_256 | 새로운 기회를 찾아 떠난 사람들_258 | 세계화된 동식물 감염병의 위험_262 | 바나나로 보는 유전자 단일화의 경고_266

9 본격적인 팬데믹의 서막을 열다: 콜레라 ──────── 271

상호의존 관계를 만드는 세계화의 과정_273 | 다섯 차례나 확산된 대규모 전파_276 | 비위생적 환경과 물의 중요성_280 | 아프기도 하고, 창피하기도 하고_283 | 옛사람들이 인식한 콜레라의 개념_285 | 조선시대를 휩쓴 콜레라_288 | 수도시설의 위

생 강화_291 | 콜레라의 독특한 기원_294 | 공중 위생만이 해결책이다_297

10 기술의 진보로 건강이 위협받다: 화학 물질 사고 ———————— 303
'라듐 걸'에게 닥친 비극_305 | 카라바조도 피할 수 없었던 황 중독_309 | '침묵의 봄'을 강요한 DDT의 등장_313 | 우리만의 재해, 가습기 살균제 사건_317 | 바다로 유입되는 미세플라스틱의 위험성_320 | 점차 늘어나는 미세먼지와 초미세먼지_324

11 잘못된 정책이 불러온 생태계 파괴: 대약진운동과 토끼 사냥 — 331
중국의 서툴렀던 경제 발전 정책_333 | 참새 잡기를 장려하다_336 | '뒤뜰 용광로'와 황폐화된 산_340 | 문화대혁명으로 태세를 전환하다_344 | 사냥용 토끼를 강제로 번식시키다_348 | 인류의 공적, 모기를 퇴치하려는 노력_352 | 생태계 교란종의 위협_356

12 인간의 개입으로 급변하는 지구: 이상기후와 생태계 파괴 —— 359
인류세와 기후 변화_361 | 점점 상승하는 지구 온도의 추세_365 | 기후 문제를 해결하려는 국제적인 노력_370 | 아메리카 대륙에 불어닥친 더스트볼_373 | 온실효과로 생성된 북극한파_378 | 탄소발자국을 줄이기 위한 노력_382 | 식생활 변화가 지구를 바꾼다_385 | 탄소를 줄일 재생 에너지의 시대_388 | 생물의 다양성을 지키는 방법_391

13 한순간 마비되는 초연결성 사회: 디지털 사고 ——————— 395

2003년 뉴욕을 멈춘 정전 사태_397 | 시스템재난의 전형적인 사례, 정전_400 | 연결 매체의 원활한 작동 조건_403 | 후쿠시마 원전 사고와 방사능 유출_405 | 컴퓨터와 인터넷이 바꿔놓은 세계_406 | 컴퓨터 오작동이 가져온 혼란_409 | 노동자를 위험에 빠뜨리는 경제구조_412 | 해결책 없는 '위험의 외주화'_416 | 세계화시대에 확산되는 재해_419 | 초연결성 사회의 시스템재난_421

14 새로운 갈림길에 선 세계화: 코로나19 ——————— 425

빠르게 확산된 코로나19의 공포_427 | 코로나19에 대응하는 정부의 선택_430 | 왜 동서양의 감염률에 차이가 있을까?_434 | 아프리카의 백신 접종률이 낮은 이유_439 | 여전히 계속되는 희생양 몰이_440 | 가짜 정보의 함정에서 벗어나기_443 | 공공의료체계에 거는 기대_446 | 세계화에서 탈세계화로_449 | 코로나19와 자국우선주의_457

에필로그
역사 속 재난이 우리에게 주는 교훈

코로나19로 달라진 우리의 일상_459 | 파란만장한 재난의 세계사_463

참고문헌_467

본문을
읽기 전에

—

재난을
이해하는
우리의 자세

◆
◆

"아무도 우리의 말을 듣지 않아!
아무도 과학자와 의사들의
말을 듣지 않아.
그들은 과학과
의학을 정치로 끌어들였어.
정말 그랬다고!"

—

스베틀라나 알렉시예비치Svetlana Alexievich,
《체르노빌의 목소리》

통제하기 힘든
역사적 대재앙들

인류의 역사는 수많은 재난으로 점철되어 있다. 대부분의 재앙급 재난은 인간의 힘으로 통제할 엄두조차 내기 힘든 자연력에 의해 발생했다. 역사 속에서 얼마나 많은 자연재난이 있었는지 정확히 알기는 어렵다. 특히 근대 이전에 발생한 자연재난에 대해서는 정확한 기록을 찾기 어려운 경우가 많다. 그렇지만 역사가들이 각각 추계한 자료들을 모아보면 초대형 자연재해에 대한 개략적인 윤곽을 잡을 수 있다.

다음의 표는 역사적으로 가장 인명 피해가 컸던 10대 자연재난을 보여준다. 1931년에 중국에서 발생해 최대 400만 명의 사망자를 기

순위	재난	지역	사망자 최대 추정치(명)
1	1931년 중국 대홍수	중국	4,000,000
2	1887년 황하 범람	중국	2,000,000
3	1556년 산시 대지진	중국	830,000
4	1976년 탕산 대지진	중국	655,000
5	1970년 볼라 사이클론	방글라데시	500,000
6	2010년 아이티 대지진	아이티	316,000
7	526년 안티오크 대지진	터키	300,000
8	1839년 코링가 사이클론	인도	300,000
9	2004년 인도양 쓰나미	인도양 지역	275,000
10	1920년 하이유안 대지진	중국	273,400

감염병을 제외한 10대 자연재난과 사망자 수.
자료: 위키피디아, https://en.wikipedia.org/wiki/List_of_natural_disasters_by_death_toll
(2022년 1월 5일 기준).

록한 전대미문의 대홍수를 비롯해서 적어도 수십만 명 규모의 인명 피해를 끼친 자연재해가 사망자 최대 추정치 순으로 정리되어 있다.

10대 자연재난 가운데 지진이 다섯 건이고 쓰나미까지 지진에 포함하면 여섯 건으로 가장 많다. 이 중에서 세 건이 중국에서 발생한 것으로, 중국이 최다 발생지로 나타났다. 실제로 중국에서 초대형 지진이 지구상에서 가장 빈번하게 발생했던 것인지 아니면 다른 지역들보다 기록이 잘 남아 있는 것뿐인지는 확실하지 않다. 그러나 가공할 규모의 지진이 여러 차례 강타했다는 사실만은 분명하다. 지진 다음으로는 인도양 지역의 열대 저기압인 사이클론이 거대 재난으로 이름을 올렸다. 방글라데시와 인도에서 발생한 두 건의 초대형 사이클론으로 인해 총 80만 명이 목숨을 잃었다. 마지막으로, 중국에서 발생한 대홍수

온 시가지가 물에 잠긴 중국 후베이성 우한시의 모습.
1931년의 대홍수는 수백만 명의 목숨을 앗아간 대참사였다.

와 황하의 범람은 무려 최대 600만 명에 이르는 생명을 희생시켰다.

이 자료만으로도 결과가 끔찍한데 여기에서 우리가 꼭 알아야 할 점은 범세계적 감염병으로 인한 피해는 제외한 목록이라는 사실이다. 감염병이야말로 인류의 목숨을 앗아간 자연재난 중에서 최악이었다. 중세의 흑사병과 20세기 초반의 스페인 독감은 각각 적어도 수천만 명의 인명 피해를 초래했다. 대항해시대 초기에 스페인 정복자들이 아메리카에 퍼뜨린 감염병도 엄청난 수의 생명을 앗아갔다.

여기에서 제시한 표는 이들을 제외한 자연재난만을 다루고 있다. 이 표는 또한 자연재난이 초래한 직접적 인명 피해의 통계만을 보여줄 뿐이다. 거대한 자연재난이 발생하면 경제와 사회의 기반이 송두리째 흔들리기 마련이다. 경지가 망가지고 일손이 부족해져 흉작이 발생하기 쉽고, 이런 환경에서 기근이 발생하는 사례가 비일비재하다.

기근은 지진이나 홍수보다 더 많은 인명 피해를 불러오곤 한다. 역사적으로 세계 10대 기근은 각각 적어도 500만 명이라는 엄청난 수의 사망자를 냈다. 감염병과 기근이 발생한 상황에서 전쟁이나 내전, 또는 경제 위기까지 겹치면 피해 규모는 기하급수적으로 확대된다. 만일 실제로 자연재난이 가져오는 전체 피해를 계산한다면 실로 우리의 상상을 초월하는 어마어마한 수준이 될 것임이 분명하다.

재난을 구분하는 세 가지 기준

위에서 살펴본 역사적 재난들은 기본적으로 자연력에 의해 발생한 사태였다. 우리가 자연재난이라고 분류할 수 있는 종류인데, 여기에는 반드시 재앙급 사태만 포함되는 것은 아니다. 현대인에게도 낯설지 않은 크고 작은 여러 재난이 여기에 속한다. 지진, 화산 폭발, 산사태, 해일, 풍해, 호우, 홍수, 가뭄, 혹한, 혹서, 폭설, 우박, 낙뢰, 폭풍, 태풍, 토네이도 등 이루 나열하기도 어려울 정도로 종류가 많다. 지질이나 기후의 변화에 의해 발생하는 재난이 대부분 이들과 관련이 있다. 재난 대비 능력이 크게 개선된 오늘날에도 인간에게 피해를 주는 재난 가운데 다수가 자연력에 의한 것이라는 사실은 이에 대한 인간의 대응 능력이 아직까지도 턱없이 부족함을 말해준다.

지구 궤도를 돌고 있는
GPS 위성의 개념도.
ⒸNASA

　반면, 어떤 재난은 인간의 잘못으로 발생한다. 인공재난이라고 부를 수 있는 종류로, 개인이 부주의하게 행동하거나 부적절한 도구를 사용하는 바람에, 혹은 다른 사람들과 공간과 장비를 함께 사용하는 과정에서 예기치 못하게 사고가 발생한다. 특히 역사적으로 보면 산업혁명 시대 이후 공장이 곳곳에 건설되고 생산시설의 규모가 커지면서 이런 재해가 늘어났다. 나아가 다른 분야의 노동자들과 함께 일해야 하는 상황이 늘어나면서 과거에 없었던 새로운 유형의 재난이 등장했다. 개인이 특별한 잘못을 하지 않았더라도 타인의 잘못이나 작업 공간의 구조적인 문제로 인해 사고가 발생할 가능성이 커진 것이다.

　이것이 인공재난의 대표라 할 수 있는 산업재해의 가장 중요한 특징이다. 공업화시대에는 기술의 발달이 전혀 새로운 종류의 산업재해를 만들어 내기도 한다. 낯선 작동 원리를 따르는 기계, 새로운 소재를 사용하는 공정, 과거에 존재하지 않았던 화학물질의 개발 등이 이런 산업재해를 끊임없이 발생시킨다. 따라서 산업재해에 효과적으로 대처하기 위해서는 안전설비를 확보하거나 안전 교육을 실시하는 등 개인 차원을 뛰어넘는 대응이 필요하다.

오늘날의 기술은 진보의 속도가 빠르다는 특징뿐 아니라 기술에 대한 제어가 인간의 손을 떠나 자동화된 체계에 맡겨진다는 또 다른 특징을 지닌다. 자동화는 단순히 컴퓨터 성능의 향상만을 의미하지 않는다. 컴퓨터가 다른 사물들과 연결되어 사이버상의 제어를 통해 현실의 사물에 영향을 준다는 점이 중요하다. 이를 사이버-물리 시스템 Cyber-Physical System이라고 부르는데, 3차 산업혁명이 처음으로 만들어 낸 기술이자 4차 산업혁명의 핵심 기반이 되는 기술이다. 4차 산업혁명의 대표적인 특징은 지능화와 초연결화인데, 둘 다 상이한 사물들이 컴퓨터와 연결될 뿐 아니라 다양한 채널을 통해 서로 밀접하게 연결되어야만 가능하다. 광학카메라, 센서, 초음파, 적외선 등이 중층적으로 이런 역할을 수행하고, 빠르고 안정적인 통신망이 이들의 상호소통을 보장한다. 물론 사람도 다른 사람이나 사물과 연결되어 있다. 이미 휴대전화는 각종 앱과 SNS를 통해 실시간 연결을 구현하는 필수 장비다.

이렇듯 4차 산업혁명의 초입에 들어서고 있는 현대의 기술체계는 서로 다른 분야의 기술들이 다양한 방식으로 결합된다는 특징을 지닌다. 예를 들어 우리는 전통적으로 이미 익숙한 전력선과 전화선을 넘어 다양한 네트워크에 연결된 상태로 생활한다. 우리의 삶은 인터넷망, 지상파망, 무선통신망, GPS 등 다양한 통신수단으로 다른 사람들과 소통하고 학교, 기업, 공공기관, 정부와 연결되어 있다. 교통수단도 마찬가지여서 버스, 택시, 지하철, 기차, 비행기, 선박 등이 독립적으로 운행하는 것이 아니라 다양한 통신망을 통해 서로 긴밀하게 연결되어 있다. 우리가 지하철에서 버스로 환승해 약속장소에 갈 때, 공용자전거를 빌려 타고 거리를 누빌 때, 배고픔을 달래려고 음식 배달을 요청할 때, 그리고 명절에 고향에 가려고 철도나 항공편을 예약할 때 이런 네트워크들이 없다면 난감한 상황에 빠질 것이다.

이런 사회에서의 재난은 시스템적인 특징을 지닐 수밖에 없다. 만일 일주일 동안 아무런 통신수단도 사용할 수 없는 상황이 발생한다면 어떨까? 아마도 상상하기조차 싫은 모습일 것이다. 이렇듯 시스템재난은 자연재난이나 인공재난과는 성격이 크게 다른 새로운 재난이다.

오늘날에도
피할 수 없는 재난

현대사회는 그간의 기술적·경제적 발전에도 여전히 다양한 재난의 위험에 노출되어 있다. 오히려 현대로 오면서 재난의 잠재적 위험이 증가했다는 주장도 있다. 이런 주장의 근거로 다음과 같은 점들이 지적된다.

첫째, 과거보다 인구가 크게 증가했고, 인구밀도가 높아졌다. 산업

시설의 규모 또한 비교할 수 없을 정도로 커졌고 산업 밀집도가 높아졌기 때문에 재난의 가능성이 높고 재난이 초래하는 피해가 크다.

둘째, 산업 내 및 산업 간의 분업과 융합이 빨라짐에 따라 상이한 종류의 신기술과 구기술이 일정 기간 병존하면서 통합이 불완전하게 이루어진다는 지적도 있다. 이런 불완전성이 재난의 잠재적 위험을 증가시킨다.

셋째, 기술 발달로 인해 과거에 존재하지 않았던 새로운 화학 물질이 끊임없이 나타나고 있다. 현재 전 세계에 약 1억 1,500만 종의 화학 물질이 있고 해마다 170만여 종이 증가하고 있다고 한다. 새 화학 물질이 지닌 위험성에 대한 우리의 지식은 신속하게 보충되지 못하며, 유사시에 어떻게 대처해야 하는지도 준비가 부족하다.

넷째, 재난의 위험성에 사람들이 차별적으로 노출되고 있다는 점도 중요하다. 예를 들어 산업재해 연구에 따르면 모든 노동자가 유사한 수준의 재해 위험에 처하지 않는 것이 현실이다. 정규직 노동자, 조직 노동자, 풀타임 노동자, 원청기업 노동자, 본국 노동자, 공식부문 노동자는 재해로부터 상대적으로 안전한 환경에서 일을 한다. 이와 대조적으로 비정규직과 특수고용직 노동자, 가내 노동자, 파트타임 노동자, 하청기업 노동자, 이주 노동자, 비공식부문 노동자는 사고와 직업병에 훨씬 취약하다. 전자와 달리 후자에 대해서는 사회의 관심이 매우 부족하기에 이들을 위한 안전 대책이 취약하기 마련이다.

다섯째, 재난은 기술적·경제적 요인뿐 아니라 사회구조와 고용방식에도 영향을 받는다. 현대의 노동시장은 신자유주의적 환경의 영향

기술 변화에 따라 새로 등장한 낯선 유해 물질을 접해야 하는 노동 현장이 늘고 있다.

으로 유연화가 깊이 진행되었기 때문에 재난의 잠재적 위험도 크다고 볼 수 있다. 고용과 해고가 쉽게 이루어지는 노동환경에서는 노동자 집단의 결속력이 약하고 노동조합의 실행력도 부족하기 마련이다. 따라서 노동자들이 안전한 노동 조건을 요구하고 방재를 위한 설비와 제도를 도입해달라는 목소리를 내기가 어렵다.

　마지막으로, 오늘날 우리는 다른 문화권의 사람들과 긴밀하게 교류하며 살아가고 있다. 세계화시대에는 사고방식과 생활양식이 이질적이고 교육 배경과 제도가 다른 사람들이 섞여 지내는 게 불가피하다. 이런 다문화적인 상황에서는 상호 이해가 충분하지 않은 탓에 재난을 피하지 못하게 될 가능성이 높다.

　이렇듯 재난을 극복하고 안전한 사회를 이루려는 인류의 오랜 꿈은 아직도 달성하기에는 멀어 보인다. 시기적인 추이를 살펴보면, 재난의 총량적 추세가 변화를 보였다기보다 오히려 시대에 따라 상이한 특성의 재난이 지배적이었던 것으로 이해할 수 있다. 공업화 이전까지는 자연적인 재난이 대부분이었고, 19~20세기에는 산업재해와 같은 인공적인 재난이 대표적이었으며, 오늘날에는 시스템재난이 특징적이다. 이러한 역사적 유형화는 지나친 단순화의 위험을 지니며 복합적인 속성을 띤 재난을 설명하기에는 취약한 측면이 있다. 그러나 장기적으로 추세를 파악하고 재난의 시대별 특징을 쉽게 이해하는 데는 유용하다.

논의에 본격적으로 들어가기에 앞서 우선 재난의 개념, 그리고 실제 재난과 사람들이 인식하는 재난의 관계를 좀 더 살펴보자.

재해, 재난, 재앙

우리는 재난과 관련해 몇 가지 개념을 섞어서 쓰곤 한다. 실제로 이 개념들에 대해서는 명명백백한 구분선을 정하기 어려운 경우가 많다. 학자들은 화산, 지진, 홍수, 가뭄 등과 같은 자연적 참화를 중심으로 유사한 개념들 사이에 뚜렷한 구분을 짓고자 노력해왔다.

우선 재해hazard는 '인명이나 재산에 피해를 입히는 사태'를 지칭한다. 태풍 자체가 재해인 것이 아니라 사람이 활동하는 지역에 태풍이

닥쳐 피해를 주는 사태가 재해다. 반면에 재난disaster은 '제한된 기간에 제한된 지역에서 발생하는 재해'를 말한다. 일반적으로 10명 이상이 사망하고 100명 이상이 피해를 입으며, 비상사태가 선포되고 대규모 구호활동이 전개되는 상황을 재난이라고 부른다. 마지막으로 재앙catastrophe은 강도가 각별히 높은 재난을 일컫는다. 즉 피해를 복구하는 데 많은 비용과 시간이 소요되는 재난이 재앙이다. 역사적으로 본다면 중세의 흑사병, 19세기의 콜레라, 20세기 초의 스페인 독감과 같은 초대형 감염병 창궐이나, 한 지역의 기반을 송두리째 붕괴시키는 수준의 지진과 대홍수가 재앙에 속한다. 현대의 사례로는 2004년 인도네시아에서 발생해 20만 명이 넘는 사망자를 낸 쓰나미, 그리고 2019년에 시작되어 팬데믹으로 확대된 코로나19의 창궐을 들 수 있다.

한편 우리나라에서 통용되는 공식적인 정의는 이와 차이가 있다. 재해는 인간의 사회생활과 인명, 재산에 발생한 '외력에 의한 피해'를 의미하고, 재난은 '재해를 유발하는 원인'이라고 정의한다. 그리고 재해를 자연재해와 인위재해로 구분한다. 즉 재해는 인간의 생존과 건강 및 재산에 가해지는 피해이고, 재난은 그 원인이라고 구분하는데, 이 구분은 재해와 재난을 언어적인 의미 차이에 따라 구분한 것일 뿐이어서 우리가 일상에서 사용하는 언어 활용 사례와는 거리가 있다. 따라서 이 책에서는 이 정의보다 사고와 피해의 규모에 따른 분류를 따르고자 한다.

그렇다면 이 구분법을 자연적 참화의 범위를 넘어서는 인위적 참화

대량 학살의 현장인 아우슈비츠의 화장 시설.
ⒸMarcin Bialek

에도 적용할 수 있을까? 자연적 참화를 기준으로 만들어진 구분법을 널리 확장하는 것이 개념 정리에 어느 정도 도움이 되겠지만 이런 일반화에는 곤란한 점이 존재한다. 예를 들어 어떤 사고는 인명 피해가 크지 않지만 재산상의 피해는 엄청난 규모로 발생시킨다. 현대의 대도시에서 발생하는 대규모 정전 사태나 통신선의 마비 사태를 생각해보자. 이런 사고는 다수의 사람을 죽음으로 몰아넣지는 않지만 수많은 사람의 경제활동에 문제를 유발하기 때문에 총량적으로 볼 때 엄청난 수준의 사회적 피해를 입힌다. 이런 사고는 재해라고 불러야 옳을까, 아니면 재난 혹은 재앙이라고 불러야 옳을까? 이런 난점을 고려해 이 책에서는 재해, 재난, 재앙을 엄격하게 구분하지 않고 혼용하려고 한다. 예를 들어 '산업재해'는 작업 현장에서 발생하는 소규모 사고

뿐 아니라 더 큰 규모의 참사도 포함하는 것으로 이해하면 된다. 이 책을 통해 우리는 특별히 용어를 구분해야 하는 경우를 제외하고는 편의상 '재난'이라는 용어로 총칭한다.

때로는 재해나 재난뿐 아니라 재앙 수준의 자연재해보다도 사람의 특정 행위가 더 심각한 피해를 초래하기도 한다는 점을 유의해야 한다. 수천만 명의 사망자를 낸 두 차례의 세계대전이나 수백만 명을 죽음으로 몰아간 독재자들의 폭정을 생각해보자. 무차별 폭격, 인종 청소, 핵무기 사용은 모두 엄청난 피해를 가져온다. 그러나 전쟁과 내란은 다른 종류의 재앙과는 속성의 차이가 크기 때문에 이 책에서 다루기가 어렵다. 대공황과 같은 경제 위기도 마찬가지 이유로 논의에서 제외하기로 한다.

무엇이 재난 관념을 만드는가

재난의 발생은 객관적이다. 즉 일정한 시점에 발생한 자연재난, 작업장에서의 재해, 사회 인프라 시설의 사고는 누가 보아도 동일한 양상으로 나타나는 실체다. 재난은 분명 현실에서 발생하는 객관적·확정적인 현상인 것이다. 그러나 재난을 바라보는 사람들의 관념은 그렇지 않다. 문화권이나 국가에 따라 어떤 사고를 재난으로 인식하느냐에 큰 차이가 나고, 동일한 문화권이나 국가라 할지라도 개인에 따라 재난을 이해하는 사고의 틀과 재난에 대한 우려의 정도에서 뚜렷한 차이가 있다.

　재난과 재난 관념을 구분해서 살펴봐야 하는 이유가 여기에 있다. 사람들은 재난을 객관적으로 실재하는 현상으로 받아들이면서도 동시에 서로 상이한 재난 관념을 가지고 있다. 어떤 요소들이 재난 관념에 개인적 차이를 가져오는 것일까? '위험'을 연구하는 학자들의 분석을 살펴보면, 대표적으로 제시되는 '위험 인식' 요소로 통제성, 편익, 자발성, 공평성, 이해도, 불확실성, 개인적 관련성, 재앙의 가능성 등을 든다. 풀어서 말하자면, 개인은 자신이 상황을 통제할 수 있다고 생각할수록 위험을 적극적으로 수용하는 경향이 있다. 확실한 편익이 발생할수록, 참여가 자발적일수록, 여러 사람에게 공평하게 영향이 미칠수록, 그리고 위험이 익숙한 종류여서 이해하기 쉬울수록 위험에 대한 수용도가 높아진다. 이와 대조적으로 사람의 실수가 관여된 위험이나 재앙으로 비화될 가능성이 높은 위험에 대해서는 수용을 꺼리는 경향이 강하다고 한다.

　이 분석은 재난 관념에 대해서도 비슷하게 적용될 수 있다. 사람들은 재난에 대해 인식할 때 객관적·분석적인 방식만을 따르지 않는다. 많은 경우 직관이나 마음속으로 느끼는 감정이 중요한 역할을 한다. 분석적인 이해 못지않게 경험적인 판단과 정서적인 반응이 재난 관념의 형성에 중요하게 작용하는 것이다. 분석적인 이해와 심리적인 감정 가운데 어떤 것이 재난 관념에 더 결정적인 영향을 미치는지에 대해서는 학자들 간에 의견이 분분하다. 그렇지만 분석적인 이해와 감정 간에 괴리가 꽤 클 수 있다는 점에 대해서만은 의견이 일치한다.

예를 들어 사람들은 일반적으로 재난의 규모에는 민감하지만, 재난이 발생할 확률에는 둔감한 경향이 있다. 원자력발전소의 사고 가능성이 대표적인 사례로 지적되곤 한다. 원자력발전소에서 일어날 사고에 대해 사람들은 재난이 벌어질 확률보다 재난의 규모에 더 많이 주목하는 경향이 있다는 것이다. 한편 재난의 위험성이 언어적인 표현이 아니라 비율의 형태로 제시될 때 감정적인 영향을 더 받는다는 흥미로운 연구도 있다. "많은 주민이 부상을 당했다"보다 "주민의 89퍼센트가 부상을 당했다"는 표현이 사람들의 마음에 더 깊이 와닿는다는 이야기다.

재난 관념을 갖거나 재난과 관련한 의사결정을 할 때 여러 종류의 편견이 작용할 수 있다. 우선 위에서 살펴본 것처럼 감정의 개입이 편견으로 이어지는 경우가 많다. 그렇지만 그 외에도 편견을 가져오는 요인들이 많다. 예를 들어 과학 지식이나 특정 기술에 대한 과도한 신뢰, 또는 인간의 실수에 대한 고려의 부족이 편견을 초래한다.

미디어에 자주 보도되는 재난처럼 마음속에 쉽게 떠오르는 재난은 더 심각하게 여기는 편견도 있다. 미래에 대한 예측을 과도하게 신봉하고 잠재적인 불확실성은 과소평가함으로써 발생하는 편견도 있다. 일반인이 전문가에 비해 각종 편견을 갖기 쉬운 게 보통이지만, 전문가는 자기 분야에 몰두한 나머지 여러 분야 간에 균형 잡힌 관점을 유지하지 못하는 편견을 가질 수도 있다.

실제 재난과
재난 관념의 괴리

'우리나라는 안전한 나라인가?'라는 질문을 생각해보자. 이 질문에 대한 대답은 스펙트럼이 매우 넓을 것이다.

한쪽에는 지극히 부정적으로 답을 제시할 만한 근거들이 있다. 북핵 문제를 잠재적인 재난에 포함시키지 않더라도, 크고 작은 화재와 해상 사고, 높은 교통사고율, 하루가 멀다하고 언론에 등장하는 각종 산업 현장의 사고들, 많은 사람의 건강을 위협하는 미세먼지와 초미세먼지, 사람과 가축들을 주기적으로 괴롭히는 감염병들, 그리고 이런 재해들에 대해 만족스러운 대응책을 제시하지 못하는 정부, 위험에 무감각한 개인과 기업…….

하지만 다른 한쪽에는 정반대의 견해를 가질 이유들이 있다. 우선 우리나라는 화산활동과 대규모 지진의 위험이 매우 낮다. 태풍과 폭풍이 이따금 찾아오긴 하지만 주변 국가들에 비해 빈도와 강도가 낮은 편이다. 한여름에 자연발화로 산불이 날 가능성도 낮고 한겨울에 가끔은 혹한과 폭설이 찾아오긴 하지만 엄청난 피해를 입힐 정도는 아니다. 총기를 소유한 범죄자를 걱정하지 않아도 되고, 밤늦게까지 거리를 돌아다녀도 대체로 안전한 치안 상황, 또 일시적으로 치안이 흔들리는 상황에서도 집단 약탈 사태가 발생하지 않는 사회…….이런 면에서 보면 우리나라는 세계적으로 안전도가 높은 나라라고 볼수 있다. 실제로 이렇게 평가를 내린 국제 조사도 쉽게 찾아볼 수 있다. 이렇듯 우리가 인식하는 재난은 실제 재난과 상당한 차이를 보이는 사례가 비일비재하다.

심지어 동일한 재난에 대해서도 그 강도와 심각성을 인식하는 데 차이가 있다. 예를 들어 오늘날 미세먼지는 한국인이 매우 심각하게 받아들이는 재해 가운데 하나다. 그렇다면 미세먼지는 과거에 비해 현재에 더 심각해졌을까?

42쪽의 그래프는 우리나라 주요 도시들의 미세먼지 농도의 시간적 추이를 보여준다. 1995년부터 2015년까지 20년 동안의 변화를 볼 수 있는데, 도시 간에 다소 편차는 있지만, 전반적으로 미세먼지의 농도가 낮아졌음을 확인할 수 있다. 그에 비해 미세먼지에 대한 사람들의 관심과 우려는 시간이 흐르면서 훨씬 커졌다. 기상예보에 미세먼지 항목이 등장하고 공기정화기의 판매가 증가하며 마스크를 상시적으로 착용하는 사람의 수가 크게 늘어났다는 점이 이를 말해준다.

그렇다면 실제 재난의 수준과 사람들의 재난에 대한 관념에는 왜 괴리가 생길까?

첫째, 사람들이 관심을 가지는 영역이 다르기 때문에 괴리가 발생할 수 있다. 산업재해를 염려하는 노동자라면 작업장에서 발생하는 사고와 직업병에 민감할 것이고, 어두운 밤거리가 무서운 여성이라면 치안 문제를 크게 우려할 것이다. 익숙한 위험에는 상대적으로 둔감한 반면, 새로운 위험에 대해서는 감수성이 예민하다는 연구도 있다. 예를 들어 풍수해나 교통사고보다는 메르스나 싱크홀의 위험에 더 민감하다.

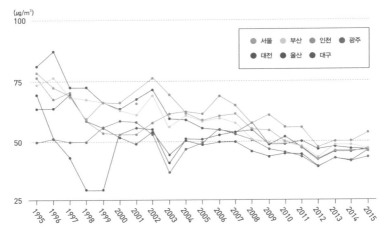

(μg/m³)

한국 주요 도시의 연평균 미세먼지 농도 추이(1995~2015년).
자료: 통계청

둘째, 과거보다 생활 수준 향상에 대한 기대가 높아지면서 쾌적하고 안전한 삶에 대한 욕구가 커졌다. 이에 따라 재난을 예방하고 피해를 최소화할 방안을 더욱 적극적으로 찾게 되었다. 재난에 관한 지식의 증가도 영향을 미쳤다. 재난이 불가피하다거나 개인의 운명이라는 인식이 크게 줄어드는 대신, 인간의 의식적인 노력으로 재난을 막을 수 있다고 생각하는 사람이 늘어났다.

셋째, 재난 예방과 대응에 대해 사회적 또는 국가적 차원에서 접근해야 한다는 관념이 증가했다. 개인이 조심함으로써 피할 수 있는 재해는 한정적일 뿐이고, 자신이 속한 기업, 지역사회, 또는 국가가 재해 문제를 적극적으로 해결해야 한다는 인식이 널리 확산되었다. 방재 기술의 개발과 확산, 재해보험제도의 마련과 재정적 지원, 재난 지역의 선포와 관리, 안전 교육의 실시와 전문가 육성, 새로운 위험 요소에 대한 정보 제공, 국가 간 재난 대책 협의 등이 모두 이에 포함된다. 현대사회에서 재난은 이제 개인이 알아서 스스로 대응해야 하는 문제가 아니라 사회와 국가가 나서서 해결의 실마리를 찾아야 할 문제로 인식하게 된 것이다.

미디어에
등장하는 재난

미디어는 현대인이 머릿속에 재난에 대한 이미지를 각인시키는 중요한 통로들 가운데 하나다. 특히 영화는 재난과 궁합이 잘 맞는 매체다. 영화는 대중적인 오락성을 추구하는 경향이 강하다. 특히 재난 영화는 시각적인 효과를 극대화하고 절체절명의 위기 상황에 처한 등장인물을 보여주기 때문에 관객의 관심을 끌기에 적합하다. 그런데 바로 이런 속성 때문에 재난 영화는 현실의 재난을 있는 그대로 반영하기보다 영화적인 상상력을 더 많이 반영해 극적이고 때론 비과학적인 방식으로 표현한다. 또한 영화는 등장인물이 겪는 고통과 충격을 실감나게 전달하는 매체이기 때문에 관객이 상황에 쉽게 몰입하고 등장인물의 처지에 쉽게 동조한다. 그렇기에 영화는 다른 어떤 매체보다도 재난에 대한 대중의 인식 형성에 영향을 주기 쉽다.

위키피디아Wikipedia에서 '재난 영화disaster films'를 주제어로 검색해

보면 엄청나게 긴 영화 목록을 찾을 수 있다. 여기에는 우리가 현실에서 재난으로 여기지 않는 주제들도 들어 있다. '외계인(예를 들어 〈에일리언〉〈클로버필드〉〈우주전쟁〉)', '괴수(〈고질라〉〈괴물〉〈스위트홈〉)', '뱀파이어(〈드라큘라〉〈황혼에서 새벽까지〉〈박쥐〉)', 또는 '좀비(〈28일 후〉〈부산행〉〈킹덤〉)'처럼 상상의 산물이 등장하는 영화들이 대표적 사례다.

그러나 현실에서 이미 발생했거나 앞으로 발생할 가능성이 있는 재난을 대상으로 한 영화들만 추려도 목록이 매우 길다. 이 영화들이 더 직접적으로 사람들의 재해 인식에 영향을 준다고 볼 수 있다. 대표적으로 1997년에 개봉한 블록버스터 영화 〈타이타닉〉은 전 세계에서 어마어마한 인기를 끌었다(현재까지도 세계 영화 매출 규모로 역대 2위라는 기록을 보유하고 있다). 1912년 최첨단 호화 여객선의 첫 항해에서 침몰한 비극적인 사고를 재구성한 이 영화를 통해 수많은 사람이 해상 재난 사고의 처절한 상황을 생생하게 간접 체험했다. 우리나라만 해도 영화관에서 이 영화를 본 관객이 43만 명에 육박했다. TV, DVD, OTT 등 다양한 매체를 통해 영화를 접한 사람까지 포함하면 정말 많은 사람이 영화를 보고 해상 재난 상황을 머릿속에 그려보고 자신을 그 상황 안에 대입시켜 보았을 것이다.

〈타이타닉〉 이외에도 많은 영화가 관객을 다양한 재난 상황으로 밀어 넣었다. 〈트위스터〉(1996)와 〈인 투 더 스톰〉(2014)은 토네이도를 소재로 했고, 〈볼케이노〉(1997)와 〈폼페이〉(2014)는 화산 재난을 다뤘다. 〈딥 임팩트〉(1998)와 〈아마겟돈〉(1998)은 소행성이 지구와 충돌하는 상황을 그렸고, 〈대지진〉(2010)과 〈샌 안드레아스〉(2015)에서는 거

재난 영화를 대표하는 〈타이타닉〉의 촬영 현장. 조명 풍선을 공중에 띄워 선박 모형을 환하게 비춘 채 촬영하고 있다.
ⓒAirstar international

대 지진이 발생했다. 우리나라에서 제작된 영화들을 보면, 쓰나미의 공포를 담은 〈해운대〉(2009)가 1,100만 명이 넘는 관객 수를 기록했고, 〈타워〉(2012), 〈감기〉(2013), 〈터널〉(2016), 〈판도라〉(2017), 〈엑시트〉(2019)가 각각 화재, 바이러스, 붕괴 사고, 원전 폭발, 화학 물질 테러를 다뤘다. 그밖에도 생명공학적 변형, 대기오염, 방사능 물질, 기후 이변, 인공지능 등을 소재로 한 수많은 재난 영화가 국내외적으로 사람들의 이목을 끌어왔다.

　재난 영화가 더 많이 제작되고 재난 영화를 찾는 관객이 더 많아질수록, 그리고 재난 영화가 시각적으로 더 강렬한 화면을 제공할수록, 재난에 대한 사람들의 인식은 강렬해지기 마련이다. 픽션과 논픽션의 경계가 모호하고 현실과 상상이 뒤섞이는 영화 속에서 사람들은 재난에 처한 주인공을 본인과 동일시하는 생생한 경험을 한다. 이것이 부지불식간에 재난 관념을 형성한다.

　TV나 신문에 보도되는 뉴스는 재난 영화보다 즉각적인 충격은 작게 다가오지만 지속적·누적적인 효과를 가져온다. 또한 영화와는 달리 실제 재난에 대해 더 객관적인 정보를 제공하기 때문에 시청자에게 신뢰할 만한 정보로 기억된다. 뉴스 보도의 위력을 확인할 수 있는 사례로 1979년 미국 스리마일 아일랜드Three Mile Island의 사고를 들 수 있다. 이곳에 위치한 원자력발전소에서 발생한 사고는 수많은 뉴스와 시사 프로그램, 토론 프로그램을 통해 꾸준히 시청자에게 노출되었다. 뉴스 보도를 접한 사람들은 다른 사람들과의 대화와 정보 교류를 통해 순차적으로 받은 충격을 뇌리에 새기게 되었다. 실제로 이 발전소 사고는 한 명의 사망자도 없었지만, 미국인의 재난 관념에 엄청난 변화를 초래했고, 결국 미국의 원자력 정책을 대대적으로 수정시키는 결과로 이어졌다.

오늘날에는 SNS가 위력적인 영향력을 갖고 있기 때문에 재난 보도의 파급 효과가 과거와는 비교가 되지 않을 정도로 확대되었다. SNS의 특성상 공식적인 뉴스 매체보다 훨씬 자극적·선별적이고 때로는 부정확한 정보가 빠른 속도로 전파될 수 있게 된 것이다. 뉴스가 사실인지 아닌지 팩트체크를 할 겨를도 없이 SNS 공간에서는 엄청나게 많은 사람이 지극히 짧은 시간에 재난에 대한 정보와 그에 대한 평가를 듣게 된다. 또한 SNS는 정파적으로 또는 사회적·문화적으로 동질적인 사람들 간에 커뮤니티를 형성하는 경향이 강하기 때문에, 유사한 선입견을 가진 사람들이 유사한 편향을 가진 정보를 받아들이고 이를 내부적으로 강화하는 방향으로 움직이기 쉽다. 사람들의 확증편향을 강화하는, 이른바 '에코 체임버Echo Chamber 효과'라고 부르는 현상이다. 재난의 위험을 있는 그대로 받아들이기보다 누군가에게 책임을 전가하거나, 특정 정책의 잘못 탓이라고 섣부른 결론을 내리거나, 상관성이 낮은 다른 요소를 들여와 재난의 원인을 설명할 위험이 큰 것이다. 이런 면에서 볼 때 재난 관념이 왜곡되거나 편향될 위험은 뉴스는 물론이고 영화보다도 SNS가 크다.

재난이 촉발한
인류의 진화

이제 다시 역사 속의 재난으로 돌아가보자. 인류의 역사는 재난의 역사와 떼놓을 수 없다. 어찌 보면 인류는 재난을 극복하는 과정을 통해 진보했다고 봐도 과언이 아니다. 세계사를 돌아보면 재난이 인간을 어떻게 단련해왔는지를 확인할 수 있다.

인간은 영장류라는 동물 집단 가운데 호미닌hominin이라는 갈래에 속한다. 호미닌의 진화 과정에서 처음 인간이 두 발로 보행하는 독특한 형태로 등장한 사건이 매우 중요한데, 이것이 자연재난과 밀접한 관계가 있다고 볼 수 있다. 이 재난은 아주 오랜 기간에 걸쳐 발생했기 때문에 오늘날 우리가 말하는 통상적인 재난과는 차이가 있지만, 시간을 압축해 상상해보면 인간의 등장에 대해 많은 것을 보여준다.

우선 지구가 어떤 구조로 이루어져 있는지 잠깐 살펴보자. 지구의 겉면을 지각earth crust이라고 부르는데, 부서지기 쉬운 얇은 껍데기에 비유할 수 있다. 대륙에 있든 바닷속에 있든 지구의 겉면은 모두 지각이다. 그런데 지각은 여러 개의 판plate으로 나뉘어 있고, 지각 아래에 위치한 뜨겁고 걸쭉한 맨틀 층이 서서히 움직임에 따라 이 판들도 끊임없이 움직인다. 지구가 이런 모습을 띠고 있다는 이론을 '판 구조론Plate Tectonics'이라고 부르는데, 오늘날 대다수의 과학자들이 동의하는 이론이다. 이에 따르면 상이한 판들이 충돌하거나 발산하는 지점에서 지질학적인 대격변이 발생한다. 화산과 지진이 빈번하게 발생하는 것으로 유명한 환태평양 조산대(이른바 '불의 고리')가 바로 대표적인 지각판의 경계에 해당한다.

최초의 두 발 보행 호미닌으로 여겨지는 오스트랄로피테쿠스는 약 400만 년 전에 동아프리카에서 등장했다. 과학 연구에 따르면 이 초기 인간이 등장한 데는 그 이전부터 진행된 지질학적 격변이 큰 영향을 끼쳤다. 과거 어느 순간 땅속에서 대량의 마그마가 솟구쳐 올라 지각이 부풀어 오르면서 평평했던 숲 지대에 엄청난 변화를 일으켰다. 오늘날 동아프리카지구대라고 불리는 이 지역에서는 용암이 지표면에 분출하여 흐르고 굳어지는 과정을 거치면서 양쪽으로 높은 산맥들이 형성되었다. 이 산맥들이 습기를 머금은 대양의 공기가 이 지역으로 들어오는 것을 가로막아 대기를 건조하게 만들었다. 한편 태평양에서는 오스트레일리아와 뉴기니가 속한 지각판이 북쪽으로 이동했다. 그러자 온난한 남태평양 해류가 서쪽으로 더 이상 흐르지 못하게 막혔고, 그 대신에 차가운 북태평양 해류가 인도양으로 흘러들어왔다. 그에 따라 바닷물의 증발량이 줄자 동아프리카의 기후는 더욱 건조해졌다. 이런 격변 속에서 그동안 나무 위에서 생활하던 호미닌은 생존을 위해 땅 위로 내려올 수밖에 없었다. 이것이 바로 두 발 보행을 하는 인간이 출현하게 된 계기다.

현생인류, 즉 우리의 직접적인 혈연 조상은 대략 15만 년~20만 년 전에 아프리카에서 출현한 것으로 보인다. 호모 사피엔스Homo sapiens 라고 불리는 이들은 6만 년~10만 년 전부터 아프리카 대륙을 벗어나 다른 지역으로 퍼져나갔다. 그중 한 갈래는 중동에서 동쪽으로 이동해 동남아시아에 다다랐고 이어서 약 4만 년 전에 오스트레일리아에 도착했다. 이들 가운데 일부는 인도 북부 지역에서 갈라져 나와 동아시아 쪽으로 방향을 틀었고, 약 2만 년 전에 얼어 있던 베링해를 건너 북아메리카 대륙으로 건너갔다. 이들이 계속 이동해 남아메리카 남단에 도착하는 데는 그 후 약 9,000년이 걸렸다. 한편 호모 사피엔스의 다른 갈래는 중동에서 북쪽으로 방향을 바꿔 유럽과 중앙아시아로 이동해갔다.

인류의 초기 역사는 이들이 생존을 위해 먹을거리를 찾고 추위와 맹수로부터 자신을 보호하는 활동으로 시작되었다. 이런 활동들은 각종 부상과 질병의 위험을 동반하곤 했는데, 이것이 초기 인류의 재난이라고 볼 수 있다. 초기 인류는 기술 수준이 낮았기 때문에 재난에 맞서는 능력에도 한계가 있었다. 당시에 재난을 초래한 원인들 중 압도적으로 많았던 것은 자연환경, 특히 기후에 의한 것이었다. 구석기인이 예상하기 힘든 양상으로 닥쳤던 추위와 무더위, 홍수와 가뭄, 갑작스러운 기후 변화는 극복하기 힘든 재난이었다. 험난한 지형, 들

기원전 5000년 이전에 제작된 이집트의 '야수 동굴'의 벽화.
인간의 초기 역사는 생존을 확보하기 위해 자연과 부딪히는 험난한 과정의 연속이었다.
ⓒClemens Schmillen

짐승과 독충의 위협도 수렵과 채집 활동에 수반된 위험 요인이었다. 다른 인간 집단과의 충돌, 무기와 채집 도구의 제작과 사용 과정에서 발생하는 사고도 무시하지 못할 요인이었다. 종합하자면, 인류는 수많은 기후 변화와 지질학적 격변과 같은 자연재난을 경험하면서, 그리고 인접한 집단과의 갈등을 피해가면서 지구 전역으로 거주지를 확대했다. 헤아리기 어려운 고난과 시행착오를 겪은 인류는 조금씩 재난의 성격을 이해하고 대응책을 마련하는 지혜를 터득하기 시작했다.

고대 및
중세시대의 재난

신석기시대가 시작되어 사람들이 한곳에 정착해 농경과 목축에 종사하게 되면서 수렵과 채집보다는 덜 위험한 방식으로 식량을 구할 수 있게 되었다. 이동의 필요성이 줄어들고 맹수로부터 방어하기도 쉬워졌기 때문이다. 또한 가옥도 점차 견고하게 짓게 되어 더 안전한 환경에서 지낼 수 있었다. 그러나 근래의 연구에 따르면 신석기인은 구석기인에 비해서 하루에 더 긴 시간을 일했고 더 단조로운 식단으로 먹었다. 그렇기 때문에 건강 면에서는 신석기인이 구석기인보다 오히려 불리한 측면이 있었다. 농업이 인구를 부양할 능력을 증대시킨 것은 분명하지만 개인의 삶의 질이 반드시 높아졌다고는 볼 수 없다.

신석기시대의 발전은 문명Civilazation의 형성으로 이어졌다. 문명은 청동기 사용에 기초해 발달했는데, 시간이 지나자 더 강한 도구와 무기를 제작할 수 있는 철기가 개발되었다. 금속기의 사용은 두 가지 측면에서 재해의 위험성을 높였다. 첫째, 금속으로 만든 도구가 날카롭기 때문에 이를 사용하는 작업에서 사고가 발생하기 쉬웠다. 둘째, 금속의 원료를 획득하기 위해서는 광산을 개발해야 하는데 이 작업이 재해의 위험성을 높였다. 한편 금속기가 생산 활동에 널리 사용되자 작물의 수확량이 증가했고, 이렇게 발생한 잉여는 사회적 위계의 성립과 분업의 진전을 가져왔다. 사회적 위계의 맨 꼭대기를 차지한 권력자가 신전과 궁궐을 원했으므로, 대규모 토목 공사와 건축 공사가

중세 유럽의 성당 건축 장면.
인부들이 불안정한 발판 위에서 도르래를 이
용해 작업을 하는 모습이 위태로워 보인다.

진행되었는데, 이런 공사는 수많은 인력이 협업하는 방식으로만 진행될 수 있었다. 따라서 동원된 인력은 본인의 부주의만이 아니라 동료의 잘못에 의해서도 사고를 당할 위험을 안은 채 작업했다.

수평적인 분업도 진전되어 직업이 점차 전문화되고 공정이 세분화되었다. 유리, 도기, 장신구 등을 제작하는 인력은 분업 체계 속에서 특정한 작업을 반복적으로 행했고, 특정한 물질에 반복적으로 노출되었다. 이에 따라 직업별로 특유한 사고와 질병의 양상이 점차 두드러지게 나타났다.

중세사회에서도 직업의 분화는 계속되었다. 도시를 건설하고 종교시설을 건축하고 농사를 짓고 무역을 위해 이동하는 작업에는 모두 재해의 위험이 도사리고 있었다. 예를 들어 직물을 염색할 목적으로 쓰는 명반alum이라는 재료의 사용이 늘어남에 따라 질병 위험이 증가했고, 아시아에서 이슬람 세계를 거쳐 유럽까지 유입된 화약이 널리 사용됨에 따라 폭발 사고의 위험이 커졌다. 이런 위험에 공동으로 대처하기 위해서 상공업에 종사하는 사람들은 동업조합을 형성하여 상호부조 체제를 갖추었다. 유럽의 경우 길드guild라고 불리는 동업조합이 재해의 위험에 공동 대응하는 역할을 했다. 지방분권적인 중세 유럽사회에서는 중앙 권력이 재난에 대처하는 방안을 적극적으로 제공하리라 기대하기 어려웠기 때문에 개별 행동 주체가 공동체적 조직을 결성해 위험에 대비했던 것이다.

권력의 집중도가 높았던 아시아의 제국들에서는 국가가 방재 사업을 지휘하고 구휼 체계를 갖추는 사례가 많았다. 어느 지역에서건 재해가 발생하면 나름의 사회적 구호 체계가 발동해 피해자의 치료와 재활, 가족의 생계 유지에 도움을 주었다. 종교적인 색을 띤 기관들을 통해서도 치료와 요양의 기회가 제공되었다.

근대의
재난

중세사회가 봉건적·분권적·종교적·농업중심적이었다면, 그 뒤를 이은 근대 초기의 사회는 국민국가적·중앙집권적·세속적·중상주의적 속성이 강했다. 화약 무기가 발달하면서 기사 계급이 더는 사회의 주축이 되지 못했고, 대신 정부가 주도하는 상비군 체계와 거액의 군사비 지출이 보편화되는 시기가 되었다. 이 군사혁명Military Revolution의 과정에서 절대주의왕정Absolute Monarchy들이 분권적 체제를 넘어서 국민국가 형태로 국가 체계를 재편했다. 요하네스 구텐베르크Johannes Gutenberg가 개발한 금속제 활판인쇄술은 사람들의 문자 해독률을 높였을 뿐 아니라 종교개혁Reformation이라는 거대한 시대적 조류에 힘을 보탰다. 과학적 사고와 합리성에 대한 신뢰가 확산되어 대중의 사고 방식과 세계관을 변화시켰고, 장거리 탐험가들에 의해 대항해시대가 개막해 미지의 세계가 지식의 범주 안으로 속속 들어오게 되었다.

직업과 질병에 관심이 높아지고 특히 이들의 관계에 대해 과학적인 이해와 분석이 시작된 것이 바로 이 시기였다. 광산에서 일하는 노동자들이 가장 많은 주목을 받았지만, 다른 직업들도 각종 산업재해에 노출되어 있긴 마찬가지였다. 기계와 동력이 작업 현장에 본격적으로 등장하기 이전이므로 사고의 규모가 그다지 크지 않았고, 사고 현장이 세간의 관심을 불러일으킬 만큼 특별히 강한 인상을 남기지 않았다. 그러나 사람들이 주목하지 않는 가운데 사고와 질병은 끊임없이 발생했고, 대부분 노동자 개인의 부주의와 태만, 미숙한 숙련 탓에 재해를 입은 것으로 여겼다.

앞으로 도래할 공업화 시대를 앞두고 이 시기에는 전통적인 방식이지만 생산 규모가 점차 확대되고 경제활동의 범위가 넓어졌다. 그에 따라 재해의 가능성도 높아졌다. 예를 들어 도로 환경은 아직 중세 특유의 거칠고 불규칙한 모습을 유지했지만, 그 위를 달리는 마차의 수는 점차 증가했다. 수많은 사람과 재화와 우편물을 나르기 위해 바퀴

게오르기우스 아그리콜라Georgius Agricola, 《금속에 관하여De re metallica libri》, 16세기.
광산 노동자의 직업병을 깊이 탐구한 독일 광산학자의 책에 묘사된 작업 광경. 노동자들이 보호 장구를 착용하지 않은 채 위험하게 채굴 작업을 하고 있다.

들이 지나갈 때마다 도로는 더욱 많이 손상되었지만, 이를 보수하는 작업에 충분한 예산이 편성되기는 어려웠다. 공업화시대가 와서 새로운 도로 포장 기술이 개발되고, 민간이 투자해 새 도로가 놓이거나, 정부의 재정이 투입되어 도로 보수가 이루어질 때까지 이런 전통적인 재해는 끊임없이 발생했다.

산업사회의 출현과
새로운 재해의 탄생

18세기에 영국에서 시작된 산업혁명은 새로운 직업군의 탄생을 알리는 신호탄이었다. 공업화를 전 세계에 전파시킨 일등 공신인 면공업을 필두로 해서 기계공업, 석탄공업, 제철공업 등이 전례 없는 속도로 성장을 거듭했다. 새로운 포장 방법을 도입한 도로, 강줄기를 이은 운하, 하천과 바다를 오가며 사람과 화물을 나른 증기선, 그리고 동력과 제철, 토목공사의 기술을 결합한 철도가 도시와 도시, 지역과 지역을 연결하는 교통망을 혁신시켰다. 산업혁명의 중심에는 증기기관으로 대표되는 동력의 혁신과 이를 이용하는 기계의 도입, 그리고 한 장소에 모여 기계와 동력을 공동으로 사용하도록 설계된 공장이 있었다.

새로운 작업 환경은 그에 익숙하지 않은 노동자들이 재해를 입을 위험성을 높였다. 산업재해의 시대가 등장한 것이다. 특히 19세기 초반까지는 기계의 날카로운 칼날이나 톱니바퀴, 빠르게 회전하는 벨트를 안전하게 감싸 사고를 방지해야 한다는 개념이 희박했다. 고용주에게 이런 안전장치를 설치하는 일은 법적 강제조항이 아니었기 때문이다.

새로운 노동 여건의 등장, 방재 설비의 미비, 관리 감독의 부재, 안전 의식의 부족, 과도한 노동 시간, 부족한 휴식 등이 누적된 결과로 신흥 공장 지역에서는 재해가 급증했다. 작업 중 사고를 당한 노동자는 손발이 잘리고 피부가 찢기는 고통을 당한 것은 물론이고, 노동 능력을 일시적 혹은 영구적으로 상실하기도 했다. 대부분의 사고는 여전히 노동자 개인의 책임으로 여겨졌기 때문에 고용주로부터 치료와 재활에 충분한 보상을 받는 것은 애초에 기대하기 어려웠다. 결국 재해를 당한 노동자는 온갖 고통과 비용을 개인적으로 감당해야 했고, 가족들이 생계의 어려움에 직면하는 경우가 다반사였다. 그러면서도 재해를 줄이려고 적극적인 노력을 기울이는 고용주는 많지 않았다. 산업재해 문제는 사회적 차원에서 해결책을 모색해야 한다는 인식이 점차 만들어진 배경이었다.

공업화사회 이후
재난의 확산

영국의 산업혁명에 뒤이어 19세기 후반부터 서구의 많은 국가가 공업화의 길을 뒤따랐다. 프랑스, 독일, 미국, 이탈리아 등이 앞다투어 공업화를 추진했고 아시아에서는 일본이 유일하게 공업국 리그의 일원이 되었다. 증기기관을 주축으로 면공업과 석탄공업 등이 핵심 산업이었던 영국의 산업혁명과 달리 후발 국가들은 전기를 새로운 동력원으로 삼고 철강공업, 기계공업, 화학공업 등 중화학공업을 중심으로 경제 발전을 도모했다.

학자들은 전자를 '1차 산업혁명' 그리고 후자를 '2차 산업혁명'으로 구분한다. 재해의 측면에서 보자면 2차 산업혁명은 1차 산업혁명에 비해 사고와 직업병의 발생 규모를 크게 키웠다. 수직적·수평적으로 상호 복잡하게 연결된 공정 구조 속에서 개인의 잘못이 아니어도 타인의 잘못이나 공정 간 상호 조율의 문제로 재해가 발생할 가능성이 커졌기 때문이다. 특히 거대한 중화학공장에서 발생하는 재해는 과거에 볼 수 없었던 대규모의 참사를 낳곤 했다.

요한 바흐Johann Bahr, 〈공작 기계 사고Unfall in einer Maschinenfabrik〉, 1889년.
독일의 공작 기계 공장에서 발생한 사고 현장. 쓰러진 환자가 간호를 받고 있고 환자의 가족들이 놀란
표정으로 다가간다. 다른 노동자들은 사고 원인을 두고 이야기를 나누고 있다.

　　20세기 중반 컴퓨터의 기능이 향상되고 가격이 하락하면서 공장과
사무실은 물론 개인 작업 공간에도 컴퓨터가 놓이게 되었다. 또한 인
터넷이 빠르게 보급되면서 컴퓨터는 개별 도구에 머물지 않고 서로
긴밀하게 연결되어 거대한 네트워크를 이루었다. 인공위성과 광통신
을 이용한 통신기술이 비약적으로 발달해 통신 속도가 눈부시게 향
상되었다. 한편 다양한 컴퓨터 소프트웨어가 개발되어 컴퓨터 사용이
편리해졌다. 이 모든 변화들이 시너지 효과를 일으켜 이른바 '정보화
사회Information Society'가 개막했다. 성능 좋은 하드웨어와 소프트웨어
로 무장하고 네트워크로 외부와 촘촘하게 연결된 컴퓨터 시스템은 기
업과 개인의 행동 양식에 변화를 가져왔을 뿐 아니라 정부와 금융기

관이 운영되는 체계를 바꿨고, 나아가 국가 경제와 국제 경제가 작동하는 방식에도 중대한 전환을 가져왔다. 빠르고 저렴하게 많은 정보를 소통할 수 있게 된 환경 속에서 전산화와 자동화는 경제 전반으로 폭넓게 확산되었다.

'3차 산업혁명'이라고 불리는 이런 변화는 노동시장에도 중대한 변화를 가져왔다. 생산과 유통, 금융에 필요한 노동력이 감소됨에 따라 '고용 없는 성장'이라는 새로운 현상이 발생했다. 경제성장이 어느 정도 이루어지는 사회에서도 고용 증가가 미미하거나 심지어 줄어드는 상황이 펼쳐졌다. 재해의 속성도 크게 바뀌었다. 개별 기업이나 기업 집단, 심지어는 산업을 넘어서는 복합적인 성격의 재해가 발생할 가능성이 높아졌다. 컴퓨터 시스템상의 오류나 컴퓨터의 보안 약점을 공략하는 바이러스의 침투로 인해 수많은 기업과 산업이 심각한 악영향을 받을 수 있음이 명백해졌다. 심지어 적대적인 해킹 공격이 전례없는 규모의 사고를 유발할 가능성도 생겨났다.

오늘날 '4차 산업혁명'에 관한 논의가 뜨겁다. 4차 산업혁명은 앞선 세 차례 산업혁명과 달리 아직 본격적으로 시작되지 않았음에도 이름이 먼저 만들어졌다는 면에서 매우 특별하다. 4차 산업혁명의 본질이 무엇인지, 3차 산업혁명과 차별성이 명확한지, 어느 시점을 기준으로 시기를 구분하는 것이 타당할지 등에 대해 아직은 논의만 무성할 뿐 합의점에 이르기는 멀어 보인다. 이런 한계에도 4차 산업혁명 시대는 이전에 비해 사람이나 사물의 상호 연결성이 비약적으로 강화된 초연결사회가 될 것이며, 인공지능 기술의 발달을 기반으로 해서 기존에

안전 검증을 받았음을 인정하는 스티커를 붙인 전자기기.
1999년에서 2000년으로 바뀌는 시점에 'Y2K(일명 밀레니엄 버그millennium bug)'가 주요 전산 시스템을 붕괴시키리라는 우려가 팽배했다.

전문가들이 해왔던 업무의 상당 부분을 인공지능이 대체하는 초지능 사회가 될 것이라는 점에 동의하는 이가 많다.

여기에 더해 여러 산업의 요소들이 섞여 새로운 변화를 만들어내는 융합적 기술체계와 경제구조가 만들어질 것이라는 예상도 있다. 구체적으로 보자면 사물인터넷, 자율주행차, 3D 프린팅, 로봇공학, 인공지능, 메타버스, 생명공학 등이 경제의 중심축을 이룰 것이다. 재난의 관점에서 본다면, 3차 산업혁명 기간에 이미 드러나기 시작한 연결망의 취약성이 4차 산업혁명에서는 한층 배가된 위협으로 등장하리라 예상된다. 통신망, 전력망, 수자원과 가스망, GPS, 각종 교통망 등 다양한 종류의 연결망이 거의 모든 사물을 중층적으로 연결하는 시대에는 시스템 오류가 재난의 핵심 원인이 될 가능성이 높다.

우리의 안전을
확보하는 방법

누구도 재난을 원치 않는다. 하지만 재난을 완벽하게 막는 건 현실적으로 불가능하다. 그렇다면 우리는 어떤 준비를 해야 할까? 재난의 발생 가능성을 낮추고, 재난이 발생했을 경우 신속한 관리를 통해 재난의 확산을 저지하며, 재난의 원인을 밝혀 재난이 재발할 위험을 줄이고, 불가피하게 재난을 입은 사람들에게 적절한 보상 대책을 마련해 줘야 한다.

기술적으로 본다면, 재해를 방지하는 설비를 개발하고 이를 작업 공간에 설치하는 일이 필수적이다. 예를 들어 날카로운 칼날이 빠르게 돌아가는 기계가 있는 작업장이라면 보호 장치를 설치하거나 아예 외부 공간에서 원격으로 조종하는 설비를 갖춤으로써 노동자의 안전을 지킬 수 있을 것이다. 또 자동차에 차로 이탈 경고 장치를 설치하면 불의의 사고를 상당 부분 피할 수 있을 것이다.

그렇지만 기술적인 수단만으로 모든 재해가 사라지기를 기대하기는 어렵다. 노동자가 충분한 휴식을 취하지 못하고 과로할 수밖에 없는 상황이라면, 또는 상관의 압박이나 기업 사정에 따라 안전 설비를 충분히 활용하지 못하는 경우라면 재해가 쉽게 발생할 수 있다. 물리적인 방지책과 인간적인 방지책이 동시에 마련되어야만 안전을 강화할 수 있는 법이다. 규제의 필요성이 절실한 이유가 바로 여기에 있다. 정부는 재해 방지 효과를 보기 위해 필요한 예방책이 무엇인지 정해야 하고, 예방 조치를 무시하는 개인과 기업에 어떤 처벌을 가할지 규정을 마련해야 한다.

정부가 얼마나 재해 방지에 관심을 보이느냐가 규제의 적절성과 효율성을 결정한다. 역사적으로 보면 경제 발전과 정치적 민주화를 경험한 국가가 재해 방지 측면에서 선진적인 면모를 지니는 경향이 강하다. 이런 국가에서는 재해에 대한 우려가 여론과 정치 과정에 작용하고 그 결과 안전을 향상시키는 방향으로 제도와 관행이 변화하기 때문이다. 또한 재해가 초래하는 엄청난 비용을 피하지 않고서는 지속적인 경제 발전과 사회적 성숙을 기대하기 어렵다는 인식이 역사를 통해 무르익었으리라고 추측할 수 있다.

교육이 재해 방지에 필수적이라는 점도 분명하다. 가장 먼저 개인이 재해에 대한 예방 의식을 갖는 것이 중요하다. 그렇지만 작업장, 기업과 경제 인프라 수준의 재해 위험성에 대해서도 정확하게 이해해야 한다. 재해 관련 법령과 제도에 대한 교육도 빼놓을 수 없는 부분이다. 근로기준법, 산업안전보건법, 산업재해보상보험법 등 재해와 관련된 법률에 대해 기본 지식을 갖춰야 한다.

아무리 주의를 기울여도 재난을 완벽하게 막을 수는 없다. 따라서 재난이 불가피하게 발생한 경우 어떻게 피해를 최소화하고 피해자가 건강을 회복할 수 있게 할지를 고민해야 한다. 무엇보다 사회적 안전망을 꼭 갖춰야 한다. 국가 차원에서는 대규모 재난이 발생하면 해당 지역을 재난 지역으로 선포하고 국가 재정을 활용해 피해자 구호와 피해 복구에 힘을 쏟아야 한다. 또한 농작물재해보험이나 산업재해보험과 같은 사회적 보험의 역할도 중요하다. 사회적 보험을 의무화하거나 보조금 지원 정책을 펼침으로써 재난으로 인한 피해의 복구가 수월하도록 정부는 힘써야 한다.

이렇듯 재난은 상호적·종합적이다. 나만 안전할 방도는 없다. 남이 안전해야 나도 안전할 수 있고, 내가 안전해야 남도 안전해질 수 있다. 결국 우리 모두 함께 안전을 이루어야 한다. 재난으로부터 안전한 사회는 특정한 사람과 집단의 노력만으로 이루어지지 않는다. 기술, 법률, 경제, 교육, 정부가 각각의 전문성을 살려 효과적인 대응책을 마련하고 이를 유기적으로 연결해야만 만들어질 수 있다.

1부
—
거역할 수 없는 자연의 힘
: 자연재난의 시대

1

도시를 멸망시킨 거대한 불

: 화산 폭발

위험하게 살아라.
그대의 도시를
베수비오의
비탈면에 세워라.

—

프리드리히 니체Friedrich Nietzsche

불을 쏟고 유독가스를 뿜는
화산의 공포

이제부터 지난 2,000년 동안 인류가 경험한 재난의 역사를 돌아보고 자 한다. 재난의 원인에 대해 당시 사람들은 어떻게 생각했는지, 그리 고 오늘날에는 어떻게 이해하는지 살펴보자. 둘 간의 차이에서 인류 가 재난의 역사를 통해 무엇을 배웠는지를 알 수 있다.

각 시대의 재난이 인간을 어떻게 변화시켜 왔는지 알려면 여러 재 난의 사례를 들여다볼 필요가 있다. 먼저 화산 폭발부터 시작해보려 한다.

우리는 화산 폭발이 주는 공포에 대체로 익숙하다. 오늘날에도 해마다 세계적으로 50~60개의 화산이 분화한다. 화산 근처에 거주하는 인구는 무려 5억 명에 이른다. 지난 1세기 동안 화산 분화로 사망한 인구가 10만 명이나 되는데, 인도네시아, 일본, 멕시코와 같이 활화산이 많고 부근에 거주민이 많은 국가에서 대부분의 희생자가 발생했다. 이곳의 사람들은 왜 다른 곳을 놔두고 하필 활화산 근처에 삶의 터전을 마련했을까? 화산이 터지지만 않는다면 화산지대는 사람이 살기에 꽤 적당한 곳이기 때문이다. 무엇보다도 화산지대의 토양은 물이 잘 빠지고 영양분이 풍부해서 농작물을 기르기에 적합하다. 또한 화산 주변 지역은 굴곡 있는 지형이 형성되어 있어 외부 세력의 공격으로부터 방어하기에 유리하다. 이런 장점이 화산의 분화 위험이라는 단점보다 크다고 생각하는 사람들에게는 이곳에 거주하는 게 합리적인 선택이었을 것이다.

화산은 역사적으로 인류의 기억에 강렬한 인상을 남겨왔다. 산에서 불이 뿜어 나오고, 시뻘건 용암이 흘러내리며, 화산재가 하늘을 시커멓게 물들이는 화산활동은 다른 어떤 재난보다도 시각적으로 충격적인 양상을 보인다.

역사적으로 대표적인 화산 활동의 사례를 간략히 살펴보자. 79년 이탈리아의 베수비오Vesuvius 화산 폭발은 로마제국의 상업 도시 폼페이Pompeii를 파멸시키고 수많은 시민을 죽음으로 몰고 갔다. 약 1,000년 전에는 백두산에서 화산이 불을 뿜었다. 강력한 화산 폭발로 분화구가 파열되었고, 그 결과 지름이 5킬로미터에 달하는 거대한 칼데라가 생겨나 오늘날의 천지天池를 만들어냈다. 당시 지구상에서 규모가

파커 앤 카워드Parker & Coward,
석판화, 1888년.
인도네시아의 크라카타우 화
산 폭발을 묘사했다.

가장 큰 화산활동이었다. 1815년에 분화한 인도네시아 탐보라Tambora
화산은 1만 명의 사망자를 냈고, 뒤이어 발생한 기근으로 8만 명이
굶어죽었다. 탐보라 화산은 전 세계 기후변화를 초래할 정도로 강력
한 영향을 미쳤다. 화산 폭발로 인한 먼지구름이 기온을 낮춰 세계 곳
곳에서 흉작과 기근이 발생했을 정도였다. 이때의 화산 폭발로 성층
권에 생겨난 이산화황 미세방울이 최근 지구의 양극 지역인 그린란
드와 남극의 빙하 속에서 발견되어 과학자들을 흥분시킨 바 있다. 한
편 1883년에는 인도네시아의 또 다른 화산인 크라카타우Krakatau 화
산이 폭발해 쓰나미를 일으켰다. 이 화산 분출로 인해 3만 6,000명 이

상이 사망한 것으로 추정되었다. 1951년에는 파푸아뉴기니의 레밍턴Remington 화산이 분화해 6,000명의 목숨이 희생되었다.

지난 50년 이내에도 화산활동에 의한 피해가 적지 않았다. 1985년 콜롬비아의 네바도델루이스Nevado del Ruiz 화산의 분화는 22,000명이나 되는 사망자를 낳았다. 2010년에는 인도네시아의 므라피Merapi 화산이 터져 산 정상이 붕괴함으로써 300명이 넘게 사망하고 32만 명이 다른 지역으로 대피해야 했다. 같은 해 아이슬란드에서는 에이야퍄들라이외퀴들Eyjafjallajökull 화산이 분화했다. 이때 대량의 화산재가 뿜어져 나와 북유럽과 서유럽의 항공 노선이 몇 주간 폐쇄되어 경제적으로 타격을 입었다. 가장 최근에 뉴스를 장식한 화산활동은 인도네시아 발리섬의 아궁Agung 화산이었다. 이미 1963년에 분화해 1천 명 이상의 사망자를 낸 화산인데, 2017년에 다시 분화해서 수백 편의 항공기 운항이 취소되고 공항이 폐쇄되어 수만 명의 여행객들의 발을 묶는 사태가 발생했다.

화산 폭발을 일으키는
지각판의 이동

그중에서 우리가 자세히 살펴볼 재난은 79년에 발생한 이탈리아의 베수비오 화산 폭발이다. 베수비오 화산 인근에는 로마제국에서 가장 번성했던 도시 중 하나인 폼페이가 위치하고 있었다. 순식간에 화산이 터져 수많은 사상자를 낸 이 엄청난 재난은 여러 문학작품과 영화로 재현되면서 사람들에게 화산의 위험성에 대한 전형적인 인식을 형성했다. 이후 '폼페이 최후의 날'의 이미지는 지구 곳곳에서 화산폭발이 발생할 때마다 비교 대상으로 반복적으로 언급되는 준거기준이 되었다. 그만큼 베수비오 화산의 분화와 폼페이의 멸망은 우리의 관심을 받을 만하다.

그렇다면 과연 화산은 왜 달궈지고 폭발하는 것일까? 근본적인 원인을 파악하기 위해서는 지구의 구조와 지각변화가 작동하는 원리에 대한 이해가 먼저 필요하다.

자연재난은 여러 원인에 따라 발생한다. 그렇지만 자연의 힘으로 발생하는 대부분의 초대형 재난은 기본적으로 지구 자체의 구조에 의해 발생한다. 좀 더 정확하게 말하자면 지구 내부의 힘과 외부의 태양열에 의해 발생한다.

지구 내부는 고체로 된 내핵이 반지름 1,200킬로미터의 구체를 이루고 있고, 그 바깥쪽에는 액체로 구성된 외핵이 2,200킬로미터 두께로 위치한다. 그리고 그 바깥을 두께가 3,000킬로미터인 맨틀이 둘러싸고 있다. 맨틀에서는 뜨거운 물질이 거대한 규모로 대류현상을 일으킨다. 맨틀의 바깥으로는 지각이라고 불리는 암석층이 존재하며, 맨틀과 지각 사이에는 불연속적인 경계면이 존재한다. 바로 이 맨틀과 지각의 경계층에서 발생하는 변화들이 대규모 자연재난의 원인으로 작용하는 경우가 많다.

지각은 서서히 움직이는 여러 개의 거대 조각, 즉 지각판으로 이루

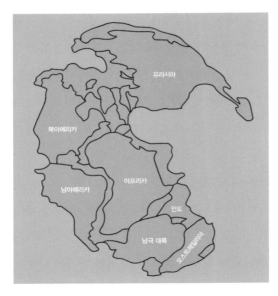

유라시아

북아메리카

남아메리카

아프리카

인도

남극 대륙

오스트레일리아

판게아와 오늘날 대륙의
위치.

어져 있다. 아래쪽의 연약한 부분이 유동적이라서, 또는 맨틀이 대류 작용을 하기 때문에 지각판이 움직인다고 과학자들은 말한다. 20세기 초, 독일의 과학자 알프레트 베게너Alfred Wegener가 처음으로 이런 판구조론을 주장했다. 처음에는 그의 이론이 과학계에서 널리 받아들여지지 않았지만 지구의 구조에 대한 과학적 이해가 깊어지면서 점차 통설로 받아들여졌다.

지구가 탄생한 이래 지각판은 계속 움직여왔다. 그리고 지각판의 움직임에 따라 대륙의 위치가 정해지고 산맥과 바다의 형태가 결정되었다. 지질학적으로 '최근'에 발생한 지각판 이동은 약 1억 8,000만 년 전에 시작되었다. 이전에는 '판게아Pangaea'라는 단일한 초대륙

supercontinent이 존재했다. 판게아는 '모든 땅'이라는 의미의 그리스어에서 유래한 것으로, 북극에서 남극까지 지구상의 모든 땅덩어리를 연결한 단일 대륙이었다. 그런데 해저가 확장되면서 땅덩어리가 나뉘고 각각 다른 방향으로 이동하게 되었다. 6,500만 년 전부터는 오늘날의 대륙과 비슷한 형태가 갖춰지기 시작했다. 우리 인류가 현재 살아가고 있는 5대양과 6대주로 구성된 지구는 시간적으로 고정된 것이 아니라 1억 8,000만 년에 걸친 대륙 이동의 결과다.

그렇다면 지각판의 이동은 어떤 영향을 가져올까? 현재 지각판은 보통 사람의 머리카락이나 손톱이 자라는 속도로 이동하므로, 1년에 3~4센티미터가량 이동한다고 보면 된다. 얼핏 생각하면 속도가 매우 느린 것 같지만, 이 이동이 지속됨으로써 일으키는 영향은 실로 어마어마하다. 과학자들은 대규모의 화산과 지진이 거의 모두 지각판들 사이의 경계에서 발생한다는 사실을 밝혀냈다. 대서양 한복판에는 중앙해령이 있는데, 양쪽의 지각판이 멀어지면서 그 경계를 따라 대규모 지진이 발생하고 화산이 분출한다. 미국 서부의 샌앤드레이어스San Andreas 단층은 지각판이 서로 스쳐가는 경계여서 거대한 지진이 발생할 위험이 크다. 두 지각판이 만나는 사례 중에서도 특히 한 지각판이 다른 지각판 아래로 밀려들어가는 경우(연구자들이 '섭입대subduction zone'라고 부른다)에 화산 발생의 위험이 두드러지게 크다. 일본, 알래스카, 뉴질랜드, 남아메리카 서부 등이 바로 이런 지역에 해당한다. 두 개의 지각판이 서로 충돌하는 경우에는 히말라야 산맥이나 티베트 고원처럼 험준한 고지대가 형성된다. 이런 지역에서는 지진과 더불어

1984년 필리핀 마욘Mayon 화산의 분화 당시 쇄설류.
빠른 속도로 쏟아져 내리는 쇄설류는 가장 큰 화산 피해를 가져온다.

산사태의 위험이 크다.

  마그마가 솟아올라 지표면에 도달해 화산이 분화하면 어떤 일이 발
생할까? 직접적으로는 화염과 더불어 화산재가 하늘 높이 분출되고
다양한 크기의 뜨거운 쇄설류pyroclastic flow, 즉 화산가스, 화산재, 암석
등이 뒤섞인 물질이 최대 시속 400킬로미터의 속도로 화산 아래쪽을
향해 쏟아져 내린다. 또한 용암과 화산가스가 사람과 주변 생태계에
피해를 초래한다. 충격은 여기서 끝나지 않는다. 곧이어 크고 작은 암
석 조각들이 이리저리 날아들고 화산에 의해 촉발된 산사태와 홍수,
화재 등이 2차 피해를 발생시킨다. 바닷가나 해저에서 화산이 터지면
쓰나미가 발생하기도 한다. 큰 쓰나미는 주변 해안 지역을 강타할 뿐
아니라 내륙까지 깊숙이 진입하며, 심지어 매우 멀리 떨어진 해안까
지 적지 않은 피해를 입히기도 한다.

베수비오 화산 폭발과
폼페이의 멸망

사람들에게 역사적으로 가장 유명한 화산 폭발 재난이 무엇이냐고 묻는다면 가장 많이 나오는 대답이 베수비오 화산의 분화일 것이다. 이 화산 분화는 이탈리아 남부 나폴리 부근의 번화한 항구 도시이자 귀족들이 즐겨 찾던 휴양 도시였던 폼페이와 인근의 작은 도시 헤르쿨라네움Herculaneum을 덮쳤다. 폼페이는 로마인이 사랑한 도시였다. 로마제국의 부유층은 바다가 내려다보이는 아름다운 지역에 별장을 짓곤 했는데 폼페이가 이런 장소로 인기가 높았다. 도시 뒤쪽에 1,300미터가 넘는 높이를 자랑하는 베수비오 화산이 바다와 대조되는 멋진 풍경을 선사했으니 금상첨화였다. 사람들은 베수비오 화산을 로마 신화에 나오는 대장장이의 신 불카누스Vulcanus의 집이라고 여겼다. 하지만 화산이 머지않아 분화하리라고 생각하지는 않았을 것이다. 지난 600년 동안 산이 잠잠했으니 그럴 만했다.

베수비오 화산은 전형적인 성층화산stratovolcano, 즉 층이 켜켜이 형성된 화산이었다. 이 화산은 산 정상을 중심으로 화산재와 용암이 층층이 쌓여 원뿔 형태를 이룬다. 이런 화산의 내부에 있는 용암은 점성이 높아 안으로부터 압력을 잘 버텨낼 수 있다. 하지만 이는 한번 분화하면 더 거대한 규모의 폭발로 이어질 수 있음을 의미하기도 했다. 더욱 근본적인 문제는 이 성층화산이 위에서 언급한 지각판의 섭입대, 즉 화산활동이 가장 활발한 지대에 해당한다는 점이었다. 아프리카

안드레아 만테냐Andrea Mantegna, 〈파르나소스Parnassus〉(부분), 1497년. 불의 신이자 대장장이 신인 불카누스를 묘사했다.

대륙이 서서히 유럽 대륙 쪽으로 이동하면서 알프스산맥, 피레네산맥, 아펜니노산맥 등을 밀어올리고, 지중해의 바닥 면을 이탈리아반도 밑쪽으로 밀어넣는다. 지중해의 바닥 면에 쌓여 있던 퇴적물이 반도 아래로 밀려 들어가면서 마찰열에 영향을 받아 녹는다. 베수비오 화산은 이런 원인으로 내부부터 온도가 높아지고 있었다.

대폭발이 있기 며칠 전부터 작은 진동이 몇 차례 감지되었지만 그것이 화산 분출의 전조라고 생각하는 사람은 거의 없었다. 베수비오 화산 부근은 이미 소규모 지진이 종종 일어나던 곳이었기 때문이다. 하지만 이틀 동안 이어진 화산 분출이 모든 것을 바꿔놓았다. 10월 후반으로 추정되는 어느 날 베수비오 화산이 분화를 시작했다. 첫 18시

카를 브륄로프 Karl Bryullov, 〈폼페이 최후의 날 The Last Day of Pompeii〉, 1830~1833년.

간 동안에는 분화가 천천히 진행되어 주민들이 대피할 여유가 있었다. 그러나 화산은 점차 거칠어졌고, 곧이어 거대한 폭발의 위력을 보여주기 시작했다. 곧 시뻘건 불기둥이 분화구에서 뿜어져 나와 하늘로 치솟았고, 재를 가득 머금은 구름이 30킬로미터 이상 상공으로 솟구쳐 성층권까지 도달했다. 화염과 용암, 쇄설류와 암석 조각, 화산재와 유독가스가 도시를 완전히 초토화시키고 수많은 시민을 순식간에 죽음으로 몰아넣었다.

한 추계에 따르면 당시에 베수비오 화산 폭발의 위력이 태평양전쟁 당시 일본 히로시마에 투하된 원자폭탄의 위력과 유사했다고 한다. 또한 최근의 연구에 따르면 폼페이의 시민 중에는 화산재가 섞인 공기에 질식하기보다는 뜨거운 화염으로 죽은 이가 많은 것으로 추정되었다. 분화구에서 10킬로미터 떨어진 지역에서도 온도가 무려 250도나 되는 뜨거운 쇄설류의 공격을 받았을 것이라는 시뮬레이션이 이런 추정의 근거다. 이들은 약 15분간 지속된 불덩어리 쇄설류의 공격으로 즉시 목숨을 잃었을 것이고, 뒤를 이어 일부 주민들은 화산재 가득한 공기를 흡입해 질식사했을 것이다. 당시 폼페이와 헤르쿨라네움의 시민은 약 2만 명이었는데, 이때 적어도 1,500명이 죽은 것으로 확인되며, 정확히 몇 명이 희생되었는지는 알 수 없다.

그 후 긴 시간 동안 폼페이는 화산재 속에 파묻힌 전설 속의 도시로만 알려졌다. 그런데 1748년, 한 농부가 우연히 베수비오산에서 긴 쇠붙이를 발견했다. 곧 역사가들이 이것이 로마시대에 사용되던 수도관의 일부라고 확인해주었다. 이를 계기로 본격적인 발굴 작업이 시작되었고, 1755년 독일의 고고학자 요한 빙켈만Johann Winckelmann이 이 유적이 고대 폼페이라는 사실을 밝혀냈다.

그로부터 오늘날까지 여러 차례에 걸쳐 폼페이 발굴 작업이 진행되었다. 평균 6미터나 되는 두께로 뒤덮인 화산재가 발굴 작업을 더디게 했지만, 역설적으로 이 화산재 덕분에 재난 직전의 도시 모습이 그대로 보존될 수 있었다. 발굴을 통해 화려했던 상업 도시 폼페이가 하루 아침에 대재앙의 제물이 되는 상황을 재구성할 수 있게 되었다.

폼페이를
기억하는 방법

폼페이가 베수비오 화산분화로 인해 한순간에 사멸된 이야기는 너무도 극적이어서 수많은 화가가 상상의 광경을 화폭에 담고자 했다. 독일의 화가 미하엘 부트키Michael Wutky도 그 가운데 한 명이다. 82쪽의 그림 위쪽으로 베수비오 화산이 불을 뿜는 모습으로 묘사되고 있는 가운데 하늘은 온통 화산재 분진으로 뒤덮여 있다. 엄청난 양의 용암이 분화구로부터 쏟아져 내려 사방에 가득하다. 아래쪽에는 몇몇 사람이 멀리 떨어진 바위에 올라가서 분화 장면을 안타깝게 지켜보고 있다.

이번에는 다른 작품을 감상해보자. 영국의 화가 존 마틴John Martin이 그린 83쪽의 작품도 앞의 작품과 마찬가지로 화면 전체가 검붉은 색으로 가득 차 있고 천지를 분간하기조차 어려울 지경이다. 화산 아래쪽의 도시 폼페이는 이미 화산의 열기와 뜨거운 공기, 하늘에서 떨어지는 화산재에 질식할 것만 같다. 분화구로부터 불기둥이 치솟아 오르다가 꼭대기에서 사방으로 퍼져나가는 모습이 선명하다. 화산 폭발 당시를 목격한 소플리니우스Gaius Plinius Caecilius Secundus가 자신의 일기에 묘사한 내용과 일치한다. 그는 분화 장면이 마치 "소나무 같았다"고 썼다. 길고 높은 화염의 몸통이 하늘로 뻗어오르다 꼭대기에서 나뭇가지처럼 옆으로 퍼져나가는 양상이었다는 것이다.

부트키의 그림보다 등장하는 인물들도 더 실감나게 묘사되어 있다.

미하엘 부트키, 〈베수비오의 용암 Vesuvius lava〉, 1780년대.

그림에서 사람들은 바닷가에서 배를 타고 탈출해 가까운 뭍으로 상륙하고 있다. 자세히 보면 여러 척의 배들이 얕은 바다 위를 떠돌고 있다. 갑옷을 입은 군인들은 뭍에 올라 힘들어하는 일반인들을 부축하며 피난처를 찾고 있다.

한 19세기 화가가 상상해서 그린 이 참상은 우리의 마음을 아프게 한다. 과연 이 이재민들은 목숨을 부지할 수 있었을까? 가족을 잃고 재산을 잃은 이들은 다시 평온한 삶을 찾을 수 있었을까? 재난을 묘사한 작품들은 언제 보아도 우리의 마음을 먹먹하게 만든다.

화가들의 상상을 벗어나 그날의 참상을 직접적으로 보여주는 증거도 있다. 특히 후대인들을 놀라게 한 것은 84쪽의 사진처럼 남겨진 수많은 사람의 화석이었다. 폼페이 최후의 날을 보여주는 이런 화석은

존 마틴, 〈폼페이와 헤르쿨라네움의 파괴The Destruction of Pompei and Herculaneum〉, 1821년.

총 1,044구나 된다. 화석들은 죽음 직전의 처절한 상황을 생생하게 보여준다. 어떤 이는 몸을 잔뜩 웅크리고 있고, 어떤 이는 손을 길게 뻗은 채 몸부림을 치고 있다. 어떤 이는 질식 때문인지 입을 막고 있고, 아이를 끌어안고 괴로워하는 모습의 어머니도 있다. 너무나도 급박한 상황에서 비명조차 제대로 지르지 못하고 목숨을 잃게 된 바로 그 순간을 보여주는 극적인 모습이다.

화석 중에는 동시대인들이 애지중지 길렀을 강아지와 같은 동물들도 다수 있다. 오늘날 폼페이를 찾는 방문객은 해마다 약 500만 명에 이르고, 이들 가운데 상당수가 재난의 역사적 흔적을 확인하기 위해 박물관을 찾는다. 현재 박물관에 전시되어 있는 이 화석들을 보고 관람객들은 희생자들의 처절한 모습에 마음 아파하고 때로는 차마 눈길

화산 폭발로 최후의 순간을 맞이한
폼페이 시민의 화석들.
ⓒLancevortex

을 돌리기도 한다. 사람과 강아지의 시신이 굳어져 화석이 되었다고
생각하기 때문이다.

그런데 사실 이 화석들은 엄밀한 의미의 '화석fossil', 즉 생명체가 돌
처럼 굳어진 것이 아니다. 폼페이 발굴이 한창이던 시기, 발굴에 전념
하던 학자들은 두껍게 쌓인 잿더미에서 여기저기 뚫려 있는 구멍을
발견했다. 구멍의 정체가 궁금했던 발굴자들은 구멍 속에 석고 반죽
을 부었다. 석고가 굳은 후에 잿더미를 파보니 바로 위에서 설명한 다
양한 자세의 인간과 동물의 형체가 있었다. 이 화석들은 어떻게 형성
된 것일까? 화산재에 묻힌 시신은 시간이 지나면서 굳는다. 그리고 시

간이 더 흐르면 시신이 썩으면서 그 자리에 빈 공간이 생긴다. 이것이 잿더미 아래에 존재했던 공간의 정체였다. 석고 반죽을 통해 만들어진 이 '화석'들은 대재앙에 직면한 절체절명의 상황을 생생히 보여주는 증거물이다.

최근에는 사람들이 몸뚱이를 구부리거나 뒤틀고 있는 것이 사망 당시의 고통을 말해주는 것이라는 일반적인 설명도 학자들에 의해 반박되고 있다. 희생자들은 엄청난 열기에 닿아 즉사했을 것이라고 학자들은 추측한다. 그리고 사람들이 사망한 후 뜨거운 온도의 작용으로 시신이 경련을 일으켜 굽은 모습이 되었을 것이라는 설명이다. 하지만 새로운 설명이 얼마나 위안이 될지는 모르겠다.

신의 형벌인가, 지구의 변동인가

로마제국의 시민들은 폼페이의 멸망을 어떻게 이해했을까? 지구의 구조나 지질학적 작동원리에 대해 과학적 지식을 갖지 못했던 동시대인들에게 그럴싸하게 들릴 만한 설명은 신과 관련된 해석뿐이었을 것이다. 즉, 그들은 불을 관장하는 대장장이 신 불카누스가 노여워한 탓이라고 생각했다. 실제로 로마인은 혹여 불카누스가 분노하지 않도록 정성 들여 마음을 달래는 축제를 해마다 개최했다. 매년 8월 후반이 되면 불카날리아 축제라는 이름하에 많은 시민이 모여 공들여 준비한 제물을 불카누스에게 바치고 성대한 행사를 치렀다. 79년 불카날리아 축제를 전후해 작은 지진들이 발생하기 시작했는데, 로마인은 이점을 근거로 삼아 축제에 정성을 다하지 않고 향락에 빠져 도덕심을 상실한 인간들을 불카누스가 못마땅하게 여긴 나머지 인간들을 벌하기 위해 베수비오 화산을 터뜨렸다는 해석을 내놓았다. 화산을 불카누스 신과 연결하는 해석은 사실 그리스시대에 이미 존재했던 설명이었다. 불카누스에 해당하는 그리스 신이 헤파이스토스Hephaistos인데, 이 신이 화산 아래에서 제우스의 무기를 만들며 산다는 내용이다.

다신교 시대인 로마가 멸망하고 기독교 유일신을 신봉하는 중세가되자 이번에는 새로운 해석이 이를 대체했다. 베수비오 화산이 폭발하기 9년 전에 로마제국의 군대가 예루살렘을 점령하고 약탈하는 사건이 있었다. 그리고 이를 주도한 장군 티투스Titus가 화산 분화 두 달전에 황제로 즉위했다. 이 역사적 사건을 근거로 삼아 베수비오 화산폭발이 분노한 하느님이 내린 형벌이라는 해석이 널리 퍼졌다. 선한사람이 거의 남아 있지 않은 타락한 도시 소돔과 고모라를 신이 하늘에서 유황불을 퍼부어 멸망시킨 이야기를 떠올리게 하는 기독교적 해석이었다. 중세에 기독교 교리가 더 다듬어지면서는 인간의 원죄를해석에 포함시키는 논리도 등장했다. 어느 해석이든 과거 사람들이자연재난을 이해한 방식은 현대인의 인식과는 거리가 한참 멀었다.

신의 의지를 배제하고 화산 폭발을 설명하려는 노력은 중세가 지난이후부터 서서히 등장했다. '폼페이 최후의 날'이 천형天刑이 아니라는생각도 이와 함께 성장했다. 특히 17세기에 과학혁명을 대표하는 인물들이 다양한 이론을 제시했다. 프랑스의 철학자 르네 데카르트Renè Descartes는 신이 지구를 창조할 때 위로부터 공기, 물, 불의 세 층위로 만들었는데 태양빛이 지구를 관통하는 곳에서 화산이 형성된다는 기이한 주장을 펼쳤다. 독일의 광물학자 아그리콜라G. Agricola는 태양빛은 화산과 아무런 관련이 없다고 데카르트를 비판하고 화산은 압력을 받은 증기가 분화를 일으키는 것이라고 주장했다. 이즈음부터 지진을 지구의 내부구조와 연결하려는 시도가 본격화되었다. 독일의 물리학자 요하네스 케플러Johannes Kepler는 화산을 '지구의 눈물과 배설물이 빠져나오는 배출구'라고 설명했다.

비슷한 시기에 독일의 예수회 수사이자 뛰어난 과학자였던 아타나시우스 키르허Athanasius Kircher는 당시에 대규모로 다시 폭발한 베수비오 화산의 분화구를 포함해 여러 화산 지역을 직접 찾아가 연구했다. 그리고 화산 분화가 왜 일어나는지에 대해《지하 세계Mundus Subterraneus》라는 책을 통해 새로운 주장을 펼쳤다. 그는 화산의 열은 황이나 역청과 같은 물질이 불타서 발생한다고 주장했다. 또한 화산이 뿜어내는 물질의 양은 화산 자체보다 크므로 땅속 깊은 곳에서부터 분출되는 것이 틀림없다고 설명했다.

더욱 흥미로운 점은 그가 화산활동을 지구 내부의 구조와 직접 관련시켜 설명하고자 했다는 데 있다. 88쪽의 그림이 키르허가 그린 지구의 구조도다. 지구 중앙에 불덩이가 있는데 이것이 다른 불덩이들과 이어져 있고 나아가 지표면의 화산들과도 연결되어 있다는 내용이다.

화산의 분화가 지구 전체의 활동과 관련이 있다는 키르허의 시대를

키르허의 《지하 세계》에
묘사된 지구의 내부 구조
와 화산들, 1678년.

앞선 통찰은 우리에게 놀라움을 전해주기에 충분하다. 이렇게 인류는
지적 거인들이 내디딘 한 발 한 발에 힘입어 화산에 대한 지구과학적
인 이해를 점차 갖춰나갔다.

백두산의
과거와 미래

화산 이야기가 나온 김에 세계적으로 알려진 우리나라의 화산에 대해
서도 알아보자. 우리나라는 지각판이 만나는 곳에 위치하지 않으므로
지질학적으로 화산과는 거리가 멀어 보이지만 꼭 그런 것만은 아니
다. 분화의 규모로 본다면 백두산도 가히 세계적이었던 것이 분명해

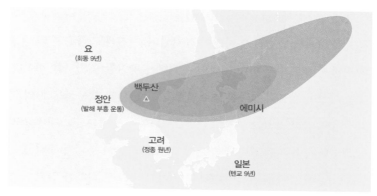

946년 백두산 분화의 영향권.

보인다.《조선왕조실록》과 같은 사료를 보면 백두산이 16~20세기 초 기간에 여러 차례 분화했다는 사실을 알 수 있다. 특히 이보다 한참 앞선 시점인 946년 겨울에 발생한 화산 폭발은 가장 규모가 컸다.

과학자들은 화산 분출물이 성층권인 25킬로미터 상공까지 올라갔으며 100~120세제곱킬로미터에 달하는 엄청난 양의 화산재를 배출했을 것이라고 추정한다. 정상의 분화구에서 나온 화산재와 가스는 서풍을 타고 함경도를 거쳐 동해를 넘어 일본 북부까지 도달했다. 홋카이도와 혼슈에 5센티미터 이상의 화산재 퇴적층이 형성될 정도였다.

《고려사》에 "하늘의 북소리가 울렸다"고 표현된 이 대분화로 인해 막대한 인명 피해는 물론이고 가축과 농작물, 야생 동식물도 심각한 피해를 입었으며 성층권의 오존층도 일부 파괴되었을 것이라고 추정된다. 기원후 발생한 세계의 화산 폭발 가운데 가장 규모가 큰 것이었다는 주장이 있을 정도로 대단한 위력의 화산 폭발이었다.

최근 백두산에서 다시 화산이 터질 수 있다는 주장이 나오고 있다. 천지 주위에서 빈번하게 지진이 감지되며, 지진파 측정을 통해 백두산 지하에 규모가 큰 마그마 방이 존재함을 확인할 수 있다는 것이다. 모든 화산이 재앙적 결과를 초래할 위험이 있지만, 백두산은 20억 톤의 물을 저장하고 있는 천지가 해발 2,700미터가 넘는 고지대에 자리하고 있다는 특징이 있다. 백두산이 분화해 정상이 무너져 내릴 경우 엄청난 양의 물이 한꺼번에 아래로 쏟아져 내려 큰 피해를 입힐 가능성이 높다. 백두산 분화의 잠재적 피해국이라고 볼 수 있는 우리나라와 북한, 중국, 일본이 공동으로 조사를 진행하고 연구를 축적해야 할 필요성이 제기되는 이유다.

2

중세를 휩쓴
최악의
팬데믹

: 흑사병

◆
◆

이 유행병은
천체의 작용에 의한 것인지,
아니면 우리 인간을 올바로게
만들기 위해 신이 가하신
정의의 노여움에 의한 것인지
알 도리가 없습니다……

—

조반니 보카치오, 《데카메론》

교역로를 따라온
대역병의 그림자

인류는 역사 속에서 여러 차례 공포스러운 감염병의 대창궐을 경험했다. 그중에서도 가장 대표적인 것이 14세기에 발생한 흑사병Black Death 이었다. 흑사병이 끼친 피해는 실로 막대했다. 인구 대비로 볼 때 사상 최악의 팬데믹이라고 볼 수 있는 대재앙이었다. 흑사병이 창궐한 약 5년 동안 유럽 인구 3분의 1이 목숨을 잃었고, 중국과 인도, 중동 지역에서도 수많은 인구가 흑사병으로 사망했다. 유럽에 흑사병이 시작된 1347년 직전까지 이런 거대한 참극이 곧 유럽을 강타할 것이라는 기미는 아직 전혀 느껴지지 않았다. 우리가 불과 몇 년 전까지도 코로나19가

곧 유행하리라는 생각을 전혀 하지 못했던 것과 다를 바 없다.

사실 당시 유럽 경제는 장기적인 성장과 번영을 누려오고 있었다. 1200년에 4,900만 명이었던 유럽 인구는 흑사병 직전인 1340년에 7,400만 명으로 증가했다. 억압적이었던 중세 초기의 농노제도 점차 느슨해지고 있었다. 영주는 농노를 가까이서 감독하고 쥐어짜는 존재이기보다 자신의 땅을 임대하고 지대를 받는 지주처럼 바뀌어가고 있었다. 동시에 농노는 과거보다 신분적 굴레가 약화되어 점차 자유민의 지위에 가까워졌다. 14세기 초에는 오히려 오래 지속되던 경제 성장세가 점차 둔화되면서 안정적인 국면에 접어든 듯했다.

상업도 번영을 누렸는데 특히 지중해 해상교역로를 통해 이탈리아와 아시아를 연결하는 상권이 가장 발달했다. 베네치아나 제노바와 같은 이탈리아의 도시국가들이 동양에서 진귀한 향신료와 직물 등의 이국적인 재화를 들여와 유럽 전역에 판매해 큰 이익을 보았다. 이 도시들은 아시아로 가는 교통의 요지들을 점령하고 자국의 무역 전진기지로 삼았다. 유라시아를 잇는 통상로를 빼앗기는 순간 자국의 경제적 운명이 위태로워진다는 사실을 너무도 잘 알고 있었다. 다행히도 동아시아의 판도가 몽골제국으로 집중되면서 동서교역은 활황을 누렸다. 대외무역에 개방적인 몽골 지도자들의 유연한 태도 덕분에 이탈리아 상인들은 번영의 단맛을 만끽할 수 있었다.

이렇게 평화롭고 잠잠하던 상황이 어떻게 대역병이 창궐하는 상황으로 급반전된 것일까? 전해지는 바에 따르면 사태의 발단은 흑해에 위치한 무역항 카파Kaffa에서 시작되었다. 카파는 이탈리아의 제노바

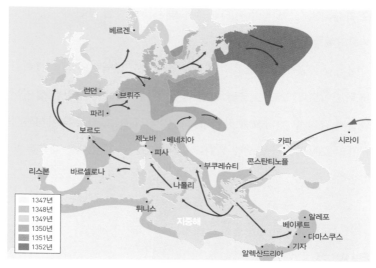

베르겐

런던 · 브뤼주

파리

보르도

제노바 · 베네치아
· 피사

리스본 바르셀로나

나폴리

튀니스

카파 시라이

부쿠레슈티 콘스탄티노플

알레포
베이루트
· 다마스쿠스
기자
알렉산드리아

지중해

1347년
1348년
1349년
1350년
1351년
1352년

흑사병의 전파 경로.

가 동서교역을 위해 무역 전진기지로 삼고 있던 항구도시였다. 세력을 확장한 몽골제국이 수년간 서쪽으로 진격을 거듭해왔는데, 1347년이 되자 바로 카파의 인근 지역까지 접근해 도시를 위협하는 상황이 전개되었던 것이다. 몽골군대는 금방이라도 제노바 병사들이 방어하는 카파의 성채를 공격할 태세였다.

그런데 바로 이때 몽골군 진영에서 역병이 발생했다. 전투가 어렵다고 판단한 몽골군은 퇴각하면서 감염된 병사의 시신을 제노바 진영으로 던져 넣었다. 제노바인이 서둘러 시신들을 수습하고서 고향 제노바와 지중해 연안으로 배를 타고 돌아갔는데, 이것이 흑사병을 전파하는 직접적인 계기가 되었다. 역병은 맹렬한 속도로 유럽 내륙으로 확산되었다. 95쪽의 지도에 흑사병의 감염 진행 과정이 연도별로 표시되어 있다.

이처럼 불과 5년 만에 유럽 대부분의 지역이 대역병의 검은 그림자에 뒤덮이고 말았다. 오늘날 어떤 역사가들은 이 드라마 같은 설명이 사실과 다를 수 있다고 주장한다. 하지만 그들도 흑사병이 아시아와 유럽의 교차점에서 발생해 유럽에 전파되었으리라는 데는 대부분 동의한다.

흑사병의
정체

이 역병에 흑사병이란 이름이 붙은 이유는 환자들이 겪는 대표적인 증상이 피부가 괴사되어 검게 변하는 것이어서였다. 이 감염병의 정체는 무엇일까? 당시에는 병원균이라는 개념 자체가 없었기 때문에 당연히 흑사병에 대해 제대로 이해할 길이 없었다. 이때 유럽에서 최고의 권위를 지녔던 파리 의과대학의 교수진은 역병의 원인을 어떻게 설명했을까? 그들의 견해가 담긴 보고서의 내용을 살펴보자.

우리는 이 감염병의 원인이 천체의 별자리라고 말하겠습니다. 1345년 3월 20일 오후 1시에 물병자리와 세 행성이 교차했습니다. 이 교차는 기존에 발생한 교차 및 일식들과 더불어 대기를 치명적으로 오염시켰습니

다. (중략)

행성이 교차될 때 오염되었던 많은 증기가 땅과 물에서 빠져나왔고, 이 것이 공기와 섞인 후 자주 불어온 남풍을 타고 널리 퍼진 것입니다. 바람을 탄 이질적 증기 때문에 공기의 물질이 부패하게 되었다는 말입니다. 이 부패한 공기를 마시면 공기가 심장까지 침투해 그곳에서 정신을 오염시키고 주변의 습기를 부패시킵니다. 이렇게 해서 발생한 열이 생명력을 파괴하게 되는데 이것이 지금의 역병을 야기한 가까운 원인입니다.

별자리에서 근본 원인을 찾는 것도, 공기가 부패한 탓으로 보는 것도, 호흡이 정신을 관장하는 심장을 망가뜨린다는 것도 오늘날에는 전혀 받아들일 수 없는 주장이다. 하지만 당시의 의사들에게 비난의 화살을 돌릴 수 있을까? 그 시대의 전반적인 의학 및 과학 지식의 수준을 원망한다면 모를까, 그 이상 누구를 탓할 수 있을 것인가?

흑사병의 실체를 밝히는 일은 19세기 말에 가서야 가능했다. 그사이 인류는 과학혁명을 경험했고 인체에 대한 지식이 증가했으며, 나아가 미생물의 존재를 이해하게 되었고 오염된 공기가 아니라 세균이 여러 질병의 원인임을 찾아냈다. 이런 긴 과학적 진화 과정을 겪고 나서야 비로소 대역병의 정체를 제대로 밝혀낼 수 있게 된 것이다.

1894년 프랑스의 알렉상드르 예르생Alexandre Yersin이라는 과학자가 페스트 병원균을 분리해내는 데 성공했다. 이 병원균은 훗날 그의 이름을 따 '예르시니아 페스티스yersinia pestis'라고 불리게 된다. 페스트

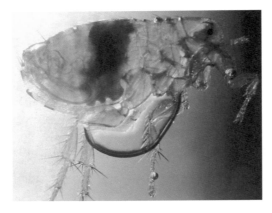

페스트 감염의 주된 매개체는 쥐벼룩이다. 사진은 아시아 쥐벼룩 종으로, 흡입한 피가 배 속에 가득 차 있는 모습이다.

균은 검은 쥐와 같은 설치류에 기생하는 벼룩에 서식하다가 인간에게 감염되는 게 일반적이다. 이런 페스트를 선腺페스트라고 부르는데, 이와 달리 호흡을 통해 감염이 이루어지는 변종인 폐肺페스트도 유행했다고 추정되기도 한다. 그 근거로 흑사병이 전파되는 속도가 매우 빨랐다는 점, 그리고 쥐가 거의 서식하지 않는 아이슬란드에서도 역병이 퍼졌다는 점을 학자들은 지적한다.

그런데 왜 14세기 초에 흑사병이 유럽에서 창궐한 것일까? 이 시기 이전에 흑사병이 전혀 없었던 것은 아닌 듯하다. 6세기 중엽 비잔틴제국을 유스티니아누스Justinianus 황제가 통치하던 시기에 수도 콘스탄티노플(지금의 이스탄불)을 중심으로 한 지중해 동부 지역과 동쪽의 페르시아 지역에서 역병이 대규모로 창궐했고, 그 후로도 7세기 말까지 반복해서 역병이 발생했다. 역사가들은 이 감염병으로 무려 2,000만 명 이상이 사망한 것으로 추정하는데, 이 감염병의 정체가 흑사병과 동일한 질병이라는 주장에 다수가 동의하고 있다. 그 이후 약 7세기 동안 흑사병은 다시 유럽인을 괴롭히지 않았다. 그렇다면 흑사병은 왜 14세기 초에 다시 창궐하게 된 것일까?

현대 의학사 연구에 따르면 흑사병은 원래 중앙아시아 지역에 오래전부터 존재해왔던 토착 질병이었다고 한다. 그런데 중세에 몽골제국의 영향하에 유라시아 동서교역이 활성화되면서 사람, 가축, 물자의 이동이 잦아졌고, 이에 따라 설치류의 서식 범위도 교역로를 따라 확대되었다. 상인들과 더불어 군인들의 이동도 같은 효과를 냈다. 즉 무역과 정복의 세계화가 토착 질병이었던 흑사병을 팬데믹으로 재탄생시킨 배경이었다는 것이다.

여기에서 의문이 또 하나 생긴다. 동서교역의 확장과 활성화가 토착 질병을 세계적인 질병으로 전환시켰다면, 흑사병이 유럽에서만 창궐했다고 생각하기는 어렵지 않을까? 이런 문제의식을 가진 학자들이 연구를 계속한 끝에 흑사병이 실제로 유라시아 전역에 걸쳐 발생했다는 사실을 확인했다. 1330~1350년대에 중국에서 흑사병이 대규모로 유행했으며, 인도와 서아시아의 분주한 무역항들, 그리고 이슬람 최고 성지인 메카에서도 흑사병으로 많은 희생자가 발생했다. 교역과 교류가 활발했던 지역은 어디든 무시무시한 병마에서 벗어날 수 없었던 것이다.

수년간 맹위를 떨치던 흑사병은 갑자기 잠잠해졌다. 언제 그랬냐는 듯 한순간에 감쪽같이 역병이 자취를 감췄다. 사람들은 지긋지긋한 흑사병의 시대가 마침내 끝났다고 환호했다. 그러나 사실 흑사병은 그 후로도 주기적으로 찾아왔다. 비록 처음보다 치명률은 낮아졌지만 대략 10여 년을 주기로 유럽에서 발병을 거듭했다. 18세기 초에 이르러서야 주기적인 유행이 사라졌고 마침내 사람들은 흑사병의 공포에서 벗어날 수 있었다.

감염에 대한 공포가
유럽을 지배하다

흑사병시대의 모습을 좀 더 들여다보자. 흑사병이 한창 맹위를 떨칠 때 질병의 감염 기세는 가히 폭발적이었다. 중세를 대표하는 소설가 조반니 보카치오Giovanni Boccaccio의 작품《데카메론Decameron》은 흑사병을 피해 피렌체 외곽의 한 별장으로 옮겨 온 10인이 들려주는 이야기를 담고 있다. 이 책은 흑사병에 대한 묘사로 시작한다.

> 이렇듯 흑사병은 가공할 기세로 퍼져나갔습니다. 환자를 잠깐 찾아보기만 해도 마치 불이 옆에 가까이 댄 바짝 마른 사물이나 기름 묻은 물건에 확 옮겨붙듯이 건강한 사람에게도 옮겨 갔습니다. 아니, 그보다 더 지독한 일이 일어났습니다. 환자와 말을 주고받거나 환자와 사귀는 것만으로도 전염되거나 죽음의 원인이 되었고, 심지어는 환자가 우리를 만지거나 혹은 우리 쪽에서 환자가 입던 옷이나 그 밖의 물건을 건드리기만 해도 병에 감염될 정도였습니다.

존 윌리엄 워터하우스John William Waterhouse, 〈데카메론The Decameron〉, 1916년.
그림 속에서는 아름답게 묘사했지만, 실상은 매우 암울했을 것이다.

이렇게 감염력이 높은 대역병이 갑자기 창궐하자 유럽사회는 발칵 뒤집혔다. 늘 함께 지내온 가족과 이웃이 한순간에 피부가 검게 변해 고통스러워하다 곧 목숨을 잃는 믿기 힘든 참혹한 사태에 직면하자 사람들은 천태만상의 반응을 보였다. 역병을 타락한 인간에 대한 신의 분노가 표현된 것이라고 받아들인 독실한 기독교 신자들은 신에게 간절한 참회의 기도를 올렸다. 반면에 신이 무기력하다고 여기고 신앙심을 내팽개친 사람도 많았다. 어차피 곧 죽음에 직면할 것이라면 순간적인 쾌락이나 실컷 즐겨보자고 마음먹는 사람도 있었다. 어떤 이는 감염의 위험을 알면서도 환자를 극진히 간호했다. 한편 공포에 사로잡혀 부모, 자식, 배우자까지 다 버리고 멀리 도망친 사람도 있었다.

사회의 지배층도 효과적인 대응책을 제시하지 못했다. 교회의 가르침도, 영주의 지침도, 의사의 처방도 별 효과가 없기는 마찬가지였다. 오히려 좁은 교회 공간에 사람들이 빽빽하게 모여 함께 기도하고 찬송을 하다가 감염병을 옮기 십상이었고, 영주가 생각하는 대응법이 하층민의 민간요법보다 낫다는 보장도 전혀 없었다. 의사라고 해서 효과적인 치료 방법을 알거나 뾰족한 예방책을 제시할 수 있을 리 만무했다.

희생양 찾기에 급급한 대응책

일부 사람들의 반응은 개인적인 대응에 머무르지 않고 훨씬 집단적인 대응의 형태로 나타났다. 때로는 이런 집단적인 대응이 지극히 사악한 결과를 낳기도 했다. 역병이 창궐하자 기독교인 사이에서는 '채찍질 고행flagellation'이라는 독특한 형태의 예배 방식이 유행했다. 애초에 채찍은 일부 금욕적인 교단에서 성직자와 교인들이 참회하는 수단으로서 일찍부터 사용해왔다. 흑사병 시대의 채찍질 고행은 각 지방을 돌아다니면서 순차적으로 개최하는 공공집회의 형태로 개조한 것이었다. 원래 채찍질 고행은 흑사병 이전에 이탈리아 지역을 중심으로 이루어지곤 했는데, 흑사병이 창궐하자 남유럽만이 아니라 북유럽과 중부 유럽에서도 빠른 속도로 퍼져갔다.

네덜란드의 채찍질 고행 행렬, 1349년.
날카로운 쇳조각이 달린 채찍을 손에 들고 자신을 때리며 행진하고 있다.

오늘날의 독일과 네덜란드 지역에서는 '십자가형제단Brothers of the Cross'이라는 채찍질 고행단이 가장 세력이 컸다. 이 단체의 의례를 들여다보자. 십자가형제단의 단원들은 예수의 생애 1년을 하루로 환산해 33일 반 동안 매일 지역을 옮겨가면서 의례를 거행했다. 그들은 하루에 두 차례씩 땅바닥에 꿇어앉고서 자신이 범한 죄를 참회하면서 피가 철철 날 때까지 서로에게 채찍질을 가했다.

위 그림을 통해 네덜란드에서 이루어진 채찍질 고행 행렬의 모습을 떠올릴 수 있다. 고행단원들이 각자 철편이 박힌 채찍을 손에 들고 스스로를 때려가며 줄지어 행진을 거행하고 있다. 적어도 현대 의학의 관점에서 보자면 채찍질 행렬은 감염병의 확산을 막은 게 아니라 반대로 빠르게 확산시켰을 것으로 평가된다. 몸에 상처가 반복적으로 났으니 외부 병원균에 감염되기 쉬웠을 것이고, 많은 사람이 늘 자리를 함께했고, 여러 지역을 거쳐 가면서 더 많은 사람을 불러 모아 의례를 거행했으므로 밀접 접촉자의 수가 계속 증가했을 것이다. 이는 '사회적 거리두기'에 전면적으로 역행하는 활동이었다. 하지만 당시의 종말론적 분위기에서 이런 비판적 의견은 나오기도 힘들었고, 설령 나왔다 한들 대중에게 잘 먹히지도 않았을 것이다. 어쨌든 채찍질 고행의 열풍은 유럽 전역으로 걷잡을 수 없이 확산되어 갔다.

이에 우려를 느낀 교황은 채찍질 고행 의식을 금지한다는 명령을 내렸다. 그러고도 채찍질 고행의 광풍이 잠잠해지지 않자 아예 채찍질 고행이 이단과 연계되었다고 천명하기까지 했다. 하지만 채찍질 고행에 마음을 쏟는 종교적 광풍은 쉽사리 잦아들지 않았다.

대역병에 대한 더욱 지독한 대응은 희생양을 의도적으로 만들어내고 그들을 가혹하게 다루는 형태로 나타났다. 흑사병이 신이 분노해 내린 형벌이라고 여긴 일부 사람들은 유대인이 예수를 못 박았다는 점을 내세우면서 그들을 애꿎은 희생양으로 삼았다. 사악한 반유대주의 분위기는 걷잡을 수 없이 타올랐다. 유대인이 우물에 독을 타서 질병이 확산되었다는 근거 없는 소문이 들불처럼 퍼졌고, 분노한 사람들은 유대인이라면 아무나 붙잡아 잔혹한 방식으로 고문을 가하거나 심지어 집단 학살했다. 스페인의 바르셀로나, 스위스의 바젤, 독일의 쾰른을 포함한 수많은 도시에서 각각 적게는 수십 명, 많게는 수천 명의 유대인이 안타깝게 목숨을 잃었다. 프랑스의 스트라스부르에서는 아직 역병이 퍼지지 않았음에도 2,000명이나 되는 유대인이 화형에 처해지기도 했다.

다음 그림이 이 모습을 묘사하고 있다. 뒤편에서 유대인이 집단으로 화형에 처해지고 있고 앞쪽에서는 기독교인들이 자신의 종교만을 앞세우고 유대인에게서 귀중품을 빼앗고 있다. 독일의 프랑크푸르트

에밀 슈바이처Émile Schweitzer, 〈1349년 스트라스부르의 학살Pogrom de Strasbourg 1349〉, 1894년.

와 마인츠에서는 도시에 거주하는 유대인이 아예 몰살당하는 사태도 발생했다. 유대인이 실제로 감염병을 일으켰는지 더는 중요하지 않았다. 학살에 가담한 사람들은 그저 분노와 증오심을 쏟아낼 대상이 필요했을 뿐이다.

하지만 동시대인들 중에서 유대인이 역병의 원인이 아니라고 판단한 이가 없었던 것은 아니다. 예를 들어 교황 클레멘스 6세Clemens VI는 칙서를 발표해 유대인이 역병을 일으켰다고 보는 행위는 악마에 의해 조종된 것이라고 천명했다. 교황은 세계 곳곳에서 유대인과 거리를 두고 살아온 사람들도 무참히 병마에 희생되는 것을 보면서 유대인을 감염병의 원천으로 볼 수 없다고 판단했다. 그는 당시 아비뇽에 있었던 교황청을 중심으로 유대인에게 피난처를 제공하도록 조처를 취하기도 했다.

하지만 그의 노력은 기대한 만큼 효과를 거두지 못했다. 신성로마제국의 황제 카를 4세Karl IV가 소요 중에 사망한 유대인의 재산을 몰수해도 좋다는 칙령을 내렸기 때문이다. 이에 금전적 욕망에 가득 찬 지방 통치자들이 유대인 학살을 방조하는 태도를 취하곤 했다.

비이성적인 유대인 학살이 유럽 전역에서 자행된 이유를 어떻게 설명할 수 있을까? 부분적으로는 대중에게 감염병의 원인에 대한 지식이 부족했던 탓이라고 주장할 수 있다. 어쩌면 실제로 유대인이 흑사병 창궐에 책임이 있다고 믿은 이들도 있었을 것이다. 그러나 왜 하필 유대인이 희생양이 되어야 했는지는 당시에 만연했던 반유대주의 정서를 제외하고는 설명하기 어렵다. 유대인의 악행이 정말로 핵심 원인이었다고 볼 객관적인 근거가 있는지, 왜 유대인 거주지가 없는 지역에서도 병이 확산되었는지, 왜 신은 유대인에게 직접 형벌을 내리지 않고 '선량한' 기독교인들까지 희생하게 만들었는지 등의 질문들은 희생양 찾기에 광적으로 골몰하던 사회에서 발붙일 곳이 없었다.

흑사병이
변화시킨 세계

흑사병은 수많은 사람에게 엄청난 고통을 안겨주었다. 그런데 지옥 같은 역병이 수그러들자 상황이 급변했다. 인구가 격감하면서 노동력이 부족해지자 인력난이 찾아왔다. 높은 임금을 준다고 해도 부족한 일손을 메울 새 노동력을 찾기가 어려워졌다. 많은 토지가 경작자를 구하지 못해 버려지는 사태까지 발생했다.

이에 따라 과거 농노의 처지에 있었던 사람들의 지위가 점차 개선되었고 더 좋은 여건을 좇아 다른 지역으로 이주할 수 있는 가능성도 커졌다. 흑사병에서 운 좋게 생존한 이들은 "고생 끝에 낙이 온다"는 말을 실감할 수 있었다. 바야흐로 역사가들이 '농업노동자의 황금기'라고 부르는 시기가 찾아온 것이다.

그러자 영주들은 농민들에 대한 통제력을 회복하고 싶어 했다. 함께 머리를 쥐어짠 끝에 그들이 고안해낸 방안은 임금 상승을 제한하고 노동력의 이동을 강제로 막는 것이었다. 영국에서 1351년에 반포된 〈노동자조례〉가 바로 이런 방안을 대표하는 조치였다. 자신의 통제력을 되찾으려는 지배층과 이에 저항하는 피지배층 사이의 충돌은 피할 수 없는 숙명처럼 보였다. 프랑스에서는 자크리Jacquerie의 봉기(1358)가 발생했고, 영국에서는 와트 타일러Wat Tyler의 봉기(1381)가 뒤를 이었다. 스페인, 포르투갈, 독일, 이탈리아 등 서유럽 각지에서도 봉기가 끊임없이 이어졌다.

대부분의 봉기에서 처음에는 농민 측이 일시적인 우세를 점했지만 시간이 흐르면서 점차 영주 측으로 승리의 축이 기울어졌다. 그 결과 영주가 주도하는 지배체제가 일시적으로 강화되었다. 하지만 노동력이 계속 부족한 상황에서 영주들 간의 담합 체계가 안정적으로 유지

장 프루아사르Jean Froissart의 연대기에 삽입된 작품.
1381년 자크리가 이끄는 농민군이 왕에게 요구사항을 제시하고 있다.

되기는 어려웠다. 시간이 흐르면서 개별 영주는 노동력을 확보하기
위해 농노였던 사람들의 처우를 점차 개선시켜주었다. 이런 과정을
통해 서유럽의 농노는 서서히 신분의 억압에서 벗어나 자유민의 지위
를 누릴 수 있게 되었다.

　흑사병 이후 영주의 통제력이 약화된 서유럽과는 달리 동유럽에서
는 전혀 다른 상황이 전개되었다. 대역병 이후 경제가 쇠퇴하고 노동
력이 부족해지자 이곳 영주들도 농민들에 대한 억압을 강화하고자 했
는데, 서유럽과 달리 동유럽에서는 영주들이 농노제를 더욱 강화하는
데 성공했다. 서유럽에 비해 사회적으로 낙후되어 있던 동유럽의 농

노들은 영주 계급에 효과적으로 대응하지 못하고 예속화와 신분제의 강화라는 강압적 흐름에 끌려갔다. 서유럽이 신분제가 약화되면서 근대사회에 접근해갈 때 동유럽은 오히려 중세 초반의 억압 체제로 되돌아가는 대조적인 현상을 보였던 것이다. 이렇듯 흑사병을 기점으로 서유럽과 동유럽은 중요한 역사적 분기점을 맞았다.

한편 아시아에서도 흑사병의 영향이 선명하게 드러났다. 팬데믹이 창궐한 결과 동서 교역은 쇠퇴의 길에 접어들게 되었다. 팍스 몽골리카Pax Mongiloca 시대, 즉 몽골제국에 의해 안정적 질서가 유지되던 무역 전성기는 이제 옛말이 되었다. 통상로는 예전과 달리 장거리 상인들의 발길이 서서히 끊어졌고 무역도시의 숙소들은 한산할 뿐이었다. 무역의 쇠퇴가 몽골제국의 재정 악화로 이어지는 사태는 피할 수 없는 일이었다. 그리고 이는 곧 군사력의 약화로 이어졌다. 결국 몽골제국은 과거의 영광을 뒤로한 채 역사의 뒤안길로 사라지게 되었다.

흑사병의 창궐은 중앙아시아의 토착 질병이 세계화된 형태였다. 그리고 이 전환을 초래한 것이 팍스 몽골리카 시대의 교역과 교류였다. 경제적 세계화의 의도치 않았던 부산물이었던 흑사병이 오히려 동서 교역을 쇠퇴시키는 결과를 초래했다는 사실, 그리고 경제적 세계화를 주도했던 몽골제국이 흑사병으로 인해 쇠락의 길을 걷게 되었다는 사실이 참으로 역설적이다. 따지고 보면 오늘날 세계화가 더욱 발달한 환경에서 빠르게 확산한 코로나19가 자국우선주의와 탈세계화의 분위기를 만들어 내고 있는 상황과 같은 이치일 것이다.

3

—

대항해시대의
끔찍한 교환

—

: 감염병

◆
◆

인디오만 죽이고
스페인인에게는
피해가 없는 질병의
심리적 효과는 의미심장하다……:
신이 싸움에서 어느 편을 드는지
의심의 여지가 없어 보였다.

—

윌리엄 맥닐William McNeill, 《역병과 민족》

지구가 하나로
통합되다

인류의 역사에서 15세기에 개막한 대항해시대는 매우 중요하다. 이른바 구세계(아시아, 유럽, 아프리카)와 신세계(남북 아메리카)로 단절되어 있었던 지구가 하나로 통합되는 역사적인 사건이 이때 발생했기 때문이다.

　풍경에 관한 이야기로 논의를 시작해보자. 미국의 대평원은 신세계를 대표하는 지역이다. 끝 모르게 펼쳐진 광활한 대지를 배경으로 말을 탄 카우보이들이 소 떼를 몰고 다니는 모습은 이곳을 상징하는 풍경이다. 그런데 이런 풍경은 언제부터 존재했을까? 말과 소는 원래 아

프레더릭 레밍턴Frederic Remington이 그린 카우보이.
그림에 등장하는 사람과 소, 말은 모두 구세계에서 신세계로 건너온 생명체들이다.

메리카 대륙에 있었던 가축이 아니다. 대평원에는 야생 버펄로들이 가득했을 뿐이다. 말과 소가 구세계인 유럽에서 아메리카로 들어오게 된 것은 16세기 이후의 일이다. 카우보이는 또 어떠한가? 우리가 생각하는 카우보이는 백인이다. 대평원에서 원래 생활했던 사람은 우리가 인디언이라고 부르는 아메리카 원주민이다. 그들은 백인과의 싸움에서 밀려 대부분 목숨을 잃었고 살아남은 일부는 멀리 떨어진 제한된 구역으로 쫓겨 가서 존재감을 거의 상실한 채 살아가게 되었다. 그들과 대조적으로 카우보이는 유럽에서 건너온 백인 이주민과 그 후예들이다. 우리가 신세계의 전형적 모습이라고 여기는 풍경이 실은 구세계에서 이입되어 새롭게 만들어진 풍경이다.

이런 엄청난 변화는 언제 발생했을까? 바로 대항해시대가 그 기원이다. 크리스토퍼 콜럼버스Christopher Columbus의 탐험대가 아메리카 대륙에 도착하기 전까지 구세계의 아시아, 아프리카, 유럽은 서로 교역과 교류로 이어져 하나의 경제권을 형성하고 있었다. 신세계인 남북아메리카 역시 상호 연결되어 나름의 경제권을 운영하고 있었다. 그런데 15세기 말 콜럼버스의 탐험으로 시작되어 16~17세기에 활발하게 전개된 장거리 항해를 통해 구세계와 신세계가 연결되고 서로 밀접하게 소통하게 되었다.

스페인 정복자들을 필두로 영국인, 프랑스인, 네덜란드인 등이 아메리카 대륙에 식민지를 건설하고자 치열하게 경쟁했고, 뒤이어 아시아인도 이주 행렬에 동참했다. 구세계의 이주민들이 정착하면서 그들이 본국에서 가져온 동식물도 새로운 토양과 기후에 적응하기 시작했다. 대항해시대는 사람과 동식물을 매개로 오랜 기간 단절되어 있었던 두 세계가 하나로 통합된 역사적 시기였다. 지구를 하나의 경제권으로 묶은 시대, 달리 말하자면 최초로 지구 전체를 대상으로 한 세계화가 성큼 진행된 시기였다.

콜럼버스의
교환

구세계와 신세계의 연결에 대해 좀 더 자세히 알아보자. 두 세계의 연결은 점차 많은 사람과 가축, 작물, 그리고 많은 재화가 서로 이동하게 됨을 의미했고, 이는 두 세계가 하나의 세계로 긴밀하게 통합되는 결과를 가져왔다. 우선 동식물의 이동이 인간에게 장기적으로 지대한 영향을 미쳤다. 초기의 탐험가들이 관심을 가졌던 대상은 후추·육두구·정향처럼 중세 이래 유럽에서 높은 인기를 구가한 향신료 품목이 주를 이루었다. 탐험가들은 아시아 대신에 아메리카에서도 이런 작물들을 찾으려고 애썼다. 이 노력은 성공하지 못했지만 다른 식물들이 의식적 노력 또는 우연적 과정을 통해 대륙을 넘어 옮겨졌다. 시간이 흐르면서 이동은 양방향으로 이루어졌다. 동물도 마찬가지 경로를 밟아서 대양을 건너 이동했다.

대표적으로 신세계에서 자라던 감자·호박·토마토·고추·옥수수·담배·인디고 등이 구세계로 옮겨져 재배되었다. 초콜릿·바닐라·카사바·땅콩·강낭콩·파인애플·피망·칠면조 등도 같은 방향으로 이동해 갔다. 반대로 밀·보리·귀리 등의 곡물류와 사탕수수 그리고 소·말·양·돼지·당나귀·염소 등 많은 종류의 가축이 구세계에서 신세계로 들어갔다. 이어서 아시아가 원산인 바나나·쌀·감귤도 신세계에서 새로 재배되기 시작했다. 각각의 동식물 종이 성장과 번식에 적합한 기후와 토질, 수요처를 찾아 지구 곳곳으로 퍼져나갔다. 비유하자면

아메리카의 서인도제도에 상륙하는 콜럼
버스를 묘사한 초기 판화, 1494년.

구세계와 신세계에서 각각 존재하던 생물의 명단을 한데 모은 후 두 세계를 합쳐놓고서 전 세계에서 가장 잘 자랄 곳을 찾아 내보낸 것과 같았다. 하지만 모든 것이 사람들의 의도로 옮겨간 것은 아니었다. 박테리아와 바이러스도 인간과 동식물을 따라 대양을 건넜는데, 이들은 이후 새로운 환경에서 예상치 못한 영향을 미치게 된다.

두 세계가 연결되면서 상호 교차해 흘러들어간 인적·물적·생물학적 요소들과 이것이 초래한 변화를 총칭해서 '콜럼버스의 교환 Columbian Exchange'이라고 부른다. 콜럼버스의 교환은 본질적으로 유전자가 세계적 차원에서 혼합되고 확산되는 것을 의미했다. 지구 생태계에 실로 혁명적인 변화를 초래한 인류사의 대사건이라고 말할 수 있다. 두 세계 간에 교환된 동식물들은 새로운 식량원, 공업 원료, 운송 수단, 기호품으로 향후 세계 경제에서 중요한 역할을 담당하게 된다. 특히 인구 부양 능력으로 보자면 기후와 토질에 대한 적응력이 뛰어난 감자와 옥수수 같은 작물의 역할이 엄청나게 컸다. 이들이 신세계에서 출발해 전통적으로 곡물이 재배되기 힘들었던 구세계의 여러 지역에 전파되었기 때문에 지구 전체의 인구 부양 능력이 비약적으로 커질 수 있었다. 대항해시대는 앞으로 살펴볼 것처럼 질병의 세계화로 인해 신세계 인구를 급속하게 감소시켰지만, 장기적으로 보면 그보다 더 많은 수의 세계 인구를 먹여 살릴 수 있는 생산 기반을 마련했다.

식량 증가와 그에 따른 인구 부양 능력의 증대 같은 양적인 변화가 콜럼버스의 교환이 초래한 변화의 전부는 아니었다. 사람들의 식단이 다양화되고 기호식품의 소비가 확산되는 등의 질적인 변화도 함께 일어났다. 예를 들어 17~18세기의 유럽인 중산층 가정이라면 아프리카에서 기원한 커피, 아메리카에서 수입된 코코아, 아시아에서 생산된 차 중에서 무엇을 식탁에 올릴지 선택해서 소비할 수 있게 되었다.

시간이 흐를수록 식단은 더욱 세계화되었다. 아메리카에서 아시아로 건너온 고추는 인도에 들어가 카레의 풍미를 강화시켰고, 이것이 17세기 포르투갈과 18세기 영국의 요리책에 등장했다. 우리 선조의 밥상에도 고춧가루를 넣어 담근 김치가 올라왔다. 한편 토마토는 중국으로 유입되었는데 케첩의 형태로 개발되어 동남아시아의 화교들을 통해 인도에 전해졌으며, 나중에 다시 영국으로 건너갔다.

필리프 뒤푸르Philippe Dufour, 1685년.
커피, 차, 코코아 음료를 묘사한 책의 표지
그림이다.

　인구 부양 능력의 급속한 확대라는 양적 변화와 식단의 다양화라는
질적 변화가 향후에 세계적으로 전파된 사실에 주목해보자면, 대항해
시대가 농경과 목축이 시작된 이래 인류의 식생활에 가장 중대한 변
화가 발생한 시기라고 판단해도 무리가 아닐 것이다.

인디오를 향한 수탈과
정복의 흑역사

다시 대항해시대 초기로 돌아가보자. 아메리카로 들어온 스페인 정복

에마누엘 로이체Emanuel Leutze, 〈코르테스 군대의 테오칼리 공격Storming of the Teocalli by Cortez and His Troops〉, 1848년.
아스텍제국을 무력으로 공격하는 코르테스 군대를 묘사한 작품으로, 무기와 보호 장구의 차이가 명확히 드러난다.

자들은 어떻게 아메리카의 기존 세력들을 제압할 수 있었을까? 그들이 취한 전술은 간단했다. 원주민들을 최대한 위협하고 폭력적인 방식을 한껏 구사해 정복을 완수하고 인력과 재산을 취하는 것이었다. 북아메리카의 아스텍제국을 무너뜨린 에르난 코르테스Hernán Cortés와 남아메리카의 잉카제국을 멸망시킨 프란시스코 피사로Francisco Pizarro는 화약 무기와 말을 앞세워 공포심을 극대화하고, 기습 공격과 인질극을 통해 승기를 잡는 데 성공했다. 인구가 약 50만 명이었던 아스텍

디에고 리베라Diego Rivera의 벽화.
스페인 정복자 밑에서 강제 노역을 하는 아스텍인을 묘사한 20세기 작품.

제국을 굴복시키는 데 불과 600명의 스페인 병사들이면 족했고, 잉카 제국을 무너뜨리는 데는 겨우 180명으로 구성된 부대면 충분했다는 사실이 참으로 놀라울 따름이다.

　탐험가이자 동시에 군인의 성격이 강했던 초기 스페인 정복자들의 뒤를 이어 많은 스페인인이 아메리카로 이주해 들어왔다. 이들은 정복지를 확대해 식민지로 조성했고, 인디오 원주민의 노동력을 마음대로 동원해 노역을 시키는 체제를 만들어갔다. 인디오는 금·은을 채굴하고 가축을 사육하고 농작물을 재배하는 작업에 투입되었고, 때로는 스페인 가족을 위해 봉사하는 일에 종사했다. 스스로를 보호할 아무런 수단도 없었던 인디오는 백인이 가하는 가혹한 착취를 벗어날 길이 전혀 없었다. 노예 처지와 하나도 다를 바 없는 상황이었다.

스페인 정복자의 명령 한마디에 인디오 원주민은 자신의 가족으로부터 분리되어 어디든 정복자들이 원하는 곳으로 가야 했다. 한 지역에서 다른 지역으로, 한 주인에게서 다른 주인에게로 강제로 이주해야 했으므로 전통적인 생활방식과 공동체적 안전망이 완전히 붕괴되었다.

스페인 정복자들은 금·은의 채굴에 각별히 공을 들였다. 채굴 작업을 위해 강제 동원된 인디오 원주민들은 일 년에 8~10개월 동안 혹독한 노역에 시달려야 했다. 과중한 노동, 부족한 식량, 고산지대의 추운 기후, 백인의 학대 등 인디오의 노동력을 고갈시킬 요인이 넘쳐났다. 오래지 않아 인디오 원주민들의 사망률이 급속히 증가했고, 정복자들은 부족한 노동력을 메울 방도를 찾아내야만 했다. 이것이 아프리카의 흑인 노예를 아메리카로 수입하기 시작한 출발점이었다.

유럽 대륙을
건너온 감염병

처참한 전투, 혹독한 노동, 열악한 처우, 낯선 기후는 인디오 원주민의 인구 격감을 초래한 주요인들이었다. 그런데 이보다 더 결정적으로 타격을 입힌 요인이 바로 유럽에서 건너온 감염병이었다. 천연두·홍역·발진티푸스가 대표적이었는데, 인디오 원주민들은 이 질병들을 접해본 역사가 전혀 없었다. 따라서 그들은 이 질병들에 대해 아무런

이집트 벽화. 신석기시대 정착 생활과 목축업은 인간과 가축을 가깝게 연결했는데, 이런 환경이 질병의 변이를 낳았다.

면역력을 갖고 있지 못했다. 생소한 병원체를 접한 원주민들 사이에서 감염병이 창궐했고 엄청나게 많은 사망자가 발생했다. 그에 비해 구세계 사람들 사이에서는 이 감염병들로 인한 치사율이 아메리카만큼 높지 않았다.

이런 차이는 어떻게 발생한 것일까? 이 질문에 제대로 답하기 위해서는 역사를 한참 거슬러 올라가야 한다. 이 감염병들은 한 가지 공통점이 있다. 모두 가축에서 사람으로 전이된 질병이라는 점이다. 현생 인류가 처음 등장한 시대로 잠시 돌아가보자. 앞서 간단히 살펴본 것처럼 호모 사피엔스는 15~20만 년 전에 아프리카 동부에서 처음 등장했고 6만~10만 년 전부터 아프리카 대륙을 벗어나 다른 대륙으로 이동했다. 이들 가운데 한 집단은 광대한 아시아를 가로질러 동아시아 끝까지 도달했고, 빙하시대 말기인 2만 년 전 육지로 연결되었던 북아메리카로 들어섰다. 이후 수천 년에 걸친 남하 과정을 통해 남아메리카 하단까지 이르렀다.

여기에서 중요한 점은 호모 사피엔스가 아메리카로 들어온 시점이 약 2만 년 전이었다는 사실이다. 그로부터 약 8,000년의 세월이 흐른 후 서아시아의 메소포타미아 지역, 즉 '비옥한 초승달Fertile Crescent'이라고 불리는 지역에서 '신석기혁명Neolithic Revolution'이 발생했다. 수렵과 채집을 기초로 했던 구석기 경제활동을 대신해 한곳에 정착해 농경과 목축을 영위하는 사회가 되었다. 인간이 가축을 사육한다는 사실은 인간과 가축의 접촉이 채취 경제 시대에 비해 훨씬 일상화되었음을 의미했다. 그 과정에서 가축에만 존재했던 일부 병원체가 사람에게도 감염이 가능하도록 변이를 일으켰다. 이렇게 인수공통人獸共通 감염병으로 정체를 바꾼 질병은 초창기에 사람들에게 치명적인 타격을 주었을 것이다. 그러나 사람들은 여러 세대를 거쳐 반복적으로 이 병원체에 노출되면서 점차 면역력을 키워가게 되었다. 그러면서 이 감염병들은 처음보다 한결 낮은 치사율을 기록하게 되었다.

천연두의 경우를 자세히 살펴보자. 천연두의 초기 발병 사례는 인도, 이집트, 중국 등 고대문명이 발달한 지역들에서 기록되었는데, 이르게는 지금으로부터 3,000년이 넘는 시점에 발생했다. 그 후 천연두에 의해 목숨을 잃은 유명인만으로도 매우 긴 명단을 만들 만큼 사망자가 많았다. 대표적으로 기원전 1157년에 사망한 이집트의 파라오 람세스 5세Ramesses V는 사후 제작된 미라에서 천연두의 흔적인 곰보

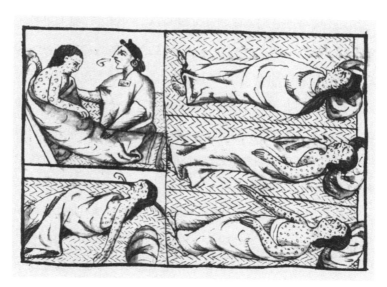

《피렌체 코덱스*Florentine Codex*》 12권, 16세기.
16세기 초 유럽에서 건너온 천연두는 인디오에게 치명적인 영향을 미쳤다.

자국이 발견되어 천연두에 걸린 최초의 인물로 확인되었다. 로마제국 시대에는 황제 마르쿠스 아우렐리우스Marcus Aurelius가 훈족과 전쟁을 치르고 나서 천연두에 걸린 채 로마로 귀국해 자신을 포함해 상당수의 사망자를 냈다는 기록이 있다.

대항해시대에 천연두는 유럽에서 아메리카로 전파되어 수많은 희생자를 낳았다. 위 그림은 아스텍인이 천연두에 걸려 고통스러워하는 모습을 묘사하고 있다. 원주민의 손으로 제작된 작품이라는 점이 특징적이다. 천연두는 그림이 보여주는 것처럼 인디오 원주민들에게 공포의 대상이었다. 1520년 여름 아스텍제국의 수도 테노치티틀란

Tenochititlan에서 주민 가운데 절반이 이 낯선 감염병에 의해 사망했다. 천연두는 잠복기가 약 2주인데, 감염된 테노치티틀란 주민들이 지방으로 피난을 떠나 수백 킬로미터를 이동함에 따라 천연두가 전국적으로 확산되었다. 스페인 정복자들에 대응해 방어 전투를 벌일 능력을 급속히 잃었음은 물론이고, 제국 전체의 사기가 속절없이 떨어졌다. 스페인 군대의 입장에서는 승전의 기회를 너무도 손쉽게 잡은 셈이었다.

한 연구에 따르면 대항해시대가 시작되기 직전에 멕시코 중부의 원주민 인구는 약 2,500만 명이었다고 한다. 그러던 것이 1532년에는 1,600만 명으로 줄었고, 이후 감소 추세에 가속도가 붙어 불과 70여 년 만에 16분의 1 수준인 100만 명 수준으로 격감했다. 고원지대에 비해 해안지대에서 인구 감소세가 더 가파르게 나타났다. 해안의 저지대가 상대적으로 기온이 높아 병원체의 활동이 활발했으며 인디오가 높은 밀도로 거주하다가 정복자들의 수탈로 생활 여건이 크게 망가진 곳이었기 때문으로 분석된다. 분명히 인구 감소는 감염병의 위력에만 기인한 것이 아니라 인구를 둘러싼 사회적 환경의 변화에도 원인이 있었다.

천연두는 아스텍에서 남하를 계속해 오늘날의 에콰도르에 이르렀다. 그곳에서 반란군을 진압하러 와 있던 잉카제국의 황제 우아이나 카팍Huayna Capac이 천연두에 감염되어 숨을 거두었다. 천연두는 이어서 잉카제국의 수도 쿠스코까지 전파되었다. 천연두가 창궐하는 가운데 내전이 발생했고 거기에서 승기를 잡은 아타우알파Atahualpa가

1532년에 왕좌에 올랐다. 그러나 이미 수많은 사람이 천연두에 희생된 후였다. 스페인 정복자들은 기회를 놓치지 않고 잉카제국을 공격했다. 잉카인은 최악의 순간에 적을 맞이한 것이었다.

조선시대에 창궐한
천연두의 공포

대항해시대 이후에도 세계 곳곳에서 천연두로 인한 희생자는 끊임없이 발생했다. 그와 함께 끔찍한 병마를 퇴치하려는 사람들의 노력도 쌓여갔다. 수많은 실험과 시행착오 끝에 1796년 영국에서 의사 에드워드 제너Edward Jenner가 우두를 접종하는 방법을 확립했다. 그의 예방접종법이 여러 국가로 전파되면서 천연두와 인간의 싸움에서 인간이 승기를 잡기 시작했다. 이렇듯 종두법種痘法으로 시작해 효과적인 백신이 개발되고 널리 보급될 때까지 천연두는 줄곧 사람들 주변을 서성거리며 목숨을 위협했다. 우리나라에서도 19세기 말 지석영이 종두법을 보급하기 시작하면서 비로소 천연두의 희생자를 줄일 수 있게 되었다.

　천연두는 우리 역사를 통해 수많은 사람을 위협한 무서운 감염병이었다. 조선시대 사람들은 천연두를 마마媽媽라고 불렀는데, 이는 별성마마別星媽媽의 준말로서 역병 귀신을 높여 부르는 말이었다. 최상의 존칭으로 높여 부름으로써 천연두 귀신이 마음을 너그럽게 누그러뜨

조선 후기 인물인 오명항의 초상.

리기를, 그래서 사람들에게 큰 피해를 주지 않기를 바라는 마음이 담겨 있었다. 왕실도 천연두에서 자유롭지 않았다. 예를 들어 숙종 때 장희빈은 세자가 천연두에 걸리자 무당의 말에 따라 붉은 떡과 여아 옷을 마련해 마마신에게 빌었다는 기록이 있다.

천연두는 치사율도 무척 높았지만 살아남은 사람도 얼굴에 질병의 흔적을 선명하게 지닌 채 살아가야 했다. 천연두에 걸리면 피부에 움푹 팬 흉터가 남는데, 이를 곰보 혹은 마마 자국이라고 불렀다. 특히 여성들의 경우 마마 자국이 있으면 박색薄色이라고 불렀는데, 여기에서 유래해 박색이 못생긴 외모를 의미하게 되었다. 위험한 질병으로 고생한 것만도 마음이 아픈데 그에 더해 외모에 남은 흉터까지 비웃다니, 참으로 잔인한 비하의 사례였다.

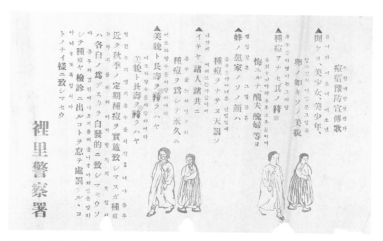

20세기 초 천연두 예방 홍보물.
종두를 해야 미모와 장수를 누릴 수 있다고 적혀 있다.

천연두는 이따금 옛 그림에 역사적 흔적을 남겼다. 128쪽의 그림은 영조 때 이인좌의 난을 진압한 인물인 오명항吳命恒의 초상화인데, 얼굴에 마마 자국이 가득한 모습이다. 안색이 검은 것은 간경변증을 앓고 있었던 탓일 것이라고 현대 의사들은 추정한다. 초상화를 지극히 사실적으로 그린 화가 덕분에 우리는 당시의 마마 자국을 생생하게 확인할 수 있다.

천연두로 인한 희생자가 많았기 때문에 의관들은 치료법과 예방법을 찾기에 몰두했다. 국왕은 유능한 의관들이 의서를 집필해 의학 지식을 확산할 것을 독려했다. 예를 들어 허준은《동의보감東醫寶鑑》에 천연두에 대응하는 방법을 상세히 기술했다. 그에 따르면 황련, 매화꽃, 호로파의 뿌리, 검정콩 등이 천연두 감염을 예방하거나 환자의 상태가 악화되는 것을 막는 효능이 있었다.

제너의 종두법은 다른 국가에도 알려졌다. 1820년대에 중국의 의학서에 종두법이 소개되었고, 이를 읽은 정약용이 자신의 책《마과회통麻科會通》에서 종두법을 언급했다. 그는 일찍이 박제가와 더불어 종두법에 관심을 가진 선구자였다.

그렇지만 우리나라에서 본격적으로 천연두 퇴치의 길이 열리기 시작한 것은 19세기 말에 와서였다. 지석영 등이 종두법을 적극적으로 보급하기 시작하면서 비로소 천연두의 희생자를 눈에 띄게 줄일 수 있었다. 129쪽의 그림은 종두법을 자발적으로 접종하라는 권고를 담은 20세기 초 홍보물이다. "벌집 같은 그 얼굴은 종두를 아니 한 천벌일세" "종두를 해서 영구히 미모와 장수를 자랑하여라"라고 적혀 있다. 이는 꽤 효과적인 홍보물이 아니었을까?

홍역의
소멸과 부활

현대인이라고 감염병으로부터 안전한 것은 아니다. 천연두의 사례가 우리에게 알려주는 바는 인수공통감염병이 단지 흘러간 과거에만 존재한 것이 아니란 사실이다. 오늘날 인류를 괴롭히고 있는 여러 감염병, 예를 들어 조류독감avian flu과 메르스MERS, 그리고 세계적으로 맹위를 떨치고 있는 코로나19가 모두 인수공통감염병이다. 사람과 동물

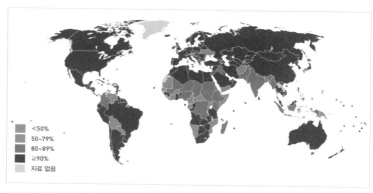

2010년 세계의 지역별 홍역 백신 접종률.
자료: 세계보건기구(WHO)

의 상호작용, 그리고 세계화된 환경만 있으면 질병은 언제든지 변이해 팬데믹으로 바뀔 수 있다.

어떤 인수공통감염병은 역사가 매우 길어서 오늘날까지 상당히 큰 악영향을 미치고 있다. 대표적인 감염병의 사례로 홍역을 들 수 있다. 홍역은 홍역 바이러스에 의해 감염되며 발열, 콧물, 결막염, 반점 등이 특징적인 증상이고 심해지면 림프절증, 기관지 폐렴 등도 나타날 수 있다. 홍역 바이러스는 인간이 유일한 숙주이고 감염력은 매우 높은 편이다. 호흡기 분비물의 비말과 오염된 물건을 통해서 주로 전파된다. 근래에는 어릴 때 예방접종을 하도록 널리 실시해왔기 때문에 홍역의 발생이 눈에 띄게 줄었다. 그러나 아직도 개발도상국에서는 충분한 예방 조치가 이뤄지지 않아서 피해자가 여전히 발생하고 있다.

위 지도에는 세계 각 지역의 국가별 홍역 백신 접종률이 표시되어 있다. 남아메리카, 아프리카, 남아시아, 태평양 도서 지방의 일부가 상대적으로 낮은 접종률을 보이고 있음을 알 수 있다.

지금은 홍역이 그다지 위협적이지 않다고 여기지만, 과거에는 그렇지 않았다. 역사적 연구에 따르면 지금으로부터 2,000여 년 전에 홍역과 유사한 증상을 기록한 초기 사료들이 있고, 12세기경의 사료에서는 인수공통전염병의 특징을 확연히 볼 수 있다고 한다. 홍역이 인간에게 가장 심각한 피해를 입힌 것은 대항해시대에 접어들어서였다. 유럽인에 의해 신세계로 전파된 홍역은 면역체계를 전혀 갖지 못했던 인디오 원주민들에게 치명적 타격을 입혔다.

예를 들어보자. 1529년 쿠바에서는 천연두의 유행을 견디고 살아남은 원주민 인구 가운데 무려 3분의 2가 홍역으로 사망했다. 쿠바만이 아니라 아스텍과 잉카 문명에 속한 중앙아메리카와 남아메리카의 넓은 지역이 홍역의 피해를 막대하게 입었다. 18세기 중반에서 20세기 말에 이르는 시기에도 홍역은 수많은 희생자를 낳았다. 이 시기에 세계적으로 약 2억 명이 홍역에 의해 사망한 것으로 추정된다. 20세기 중반에 백신이 발명되기 이전에는 한 해에 700만 명 이상의 어린이가 홍역으로 목숨을 잃었다고 한다. 이후 홍역의 발생은 현저한 감소 추세를 보였다.

미국의 사례를 보여주는 다음의 그래프에서 홍역 백신 접종이 미친 효과가 얼마나 극적이었나를 확인할 수 있다. 1963년 미국에 홍역백신이 도입되자 곧 홍역 환자의 수가 가파르게 떨어지기 시작했다. 불과 5년 만에 홍역 환자는 매우 낮은 수준에 머물게 되었다. 1989년에

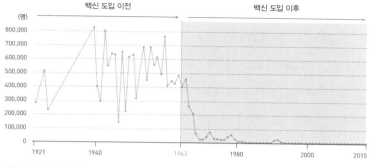

미국 홍역 백신 접종의 효과, 1921~2015년.
자료: Our World in Data

홍역 백신 2차 접종이 권고된 이후 홍역은 더는 인류에게 위협이 되지 않았다. 마침내 세계보건기구는 2000년에 미국에서 홍역이 완전히 퇴치되었다고 공표했다. 2016년에는 아메리카 대륙 전체에서 홍역이 사라졌다는 낭보를 전했다. 그런데 놀랍게도 2015년 완전 퇴치국이라는 미국에서 홍역이 발생해 적어도 14개 주에서 100명이 넘는 확진자가 나왔다. 2019년에는 1,200건이 넘는 대규모 발병 사례가 있었는데, 일부 주에서는 홍역 환자가 수백 명으로 늘어가자 홍역 비상사태를 선포하기까지 했다. 미국에서만 홍역의 부활이 목격되고 있는 것이 아니다. 오스트레일리아, 프랑스 등 수많은 '방역 선진국'에서 홍역이 새삼스럽게 유행하고 있다.

홍역이 새롭게 유행하게 된 데는 백신 접종 반대운동이라는 움직임이 상당한 역할을 했다. 백신 접종에 반대하는 대중운동의 역사는 꽤 길다. 사실 백신이 등장한 시점부터 백신의 효과를 불신하거나, 백신의 부작용을 과장하거나, 백신이 특정 집단의 음모와 관련되어 있다는 주장이 줄곧 존재해왔다. 오늘날의 백신 접종 반대운동은 홍역을 예방하는 MMR백신(볼거리와 풍진도 동시에 예방한다)을 맞으면 자폐증에 걸린다거나 정신질환을 앓게 된다는 등 허무맹랑한 주장을 신봉하는 사람들이 주도하고 있다. 홍역 백신을 맞은 아이들이 정신병에 시달린다는 주장도 있다. 미국의 대통령 도널드 트럼프Donald Trump는 한 걸음 더 나아가 백신 회의론자를 백신안전위원장으로 임명하기도 했다. 백신 접종 반대운동이라는 불덩이에 석유를 끼얹은 형국이었다. 만 2세 이하 아동의 백신 미접종 비율이 2001년에는 0.3퍼센트에 불과했는데, 2011년에는 0.9퍼센트로 증가했고 다시 2015년에는 1.3퍼센트로 증가했다. 시대를 거슬러 올라가는 추세였다. 유럽에도 백신에 반대하는 집단들이 있다. 우크라이나에서는 한때 홍역 백신 접종률이 급감해 확진자가 2만 명 이상 나오기도 했다. 영국과 아일랜드에서는 사이비 의학자가 논란을 일으키는 바람에 접종률이 일시적으로 크게 감소하기도 했다. 프랑스에서는 극우 정당이 백신 접종 의무화에 반대 목소리를 높였고, 이탈리아에서는 한때 예방 접종의 의무화를 유예하는 법안이 통과될 정도로 백신 회의론의 영향력이 컸다.

　오늘날 의사와 과학자들은 유아의 백신 접종에 압도적으로 찬성한다. 공중보건의 역사상 가장 성공적인 사례로 백신을 꼽기도 한다. 그러나 놀랍게도 백신 접종에 반대하는 목소리는 아직도 상당한 힘을 발휘하고 있다. 백신 회의론의 근거는 다양하다. 우선 대형 제약회사들이 이윤을 창출할 목적으로 불필요한 백신을 계속 만들어 낸다는

캐나다 토론토에서 1919년에 열린 백신 접종 반대 집회.
ⓒWilliam James, City of Toronto Archives

음모론이 있다. 가짜 뉴스들이 백신 접종 반대운동에 허위의 정당성 근거를 제공하기도 했다. 종교적 근본주의 입장에서 백신을 사탄 숭배자의 비밀 음모라고 여기는 사례도 있다. 이슬람 세계에서는 율법이 금지하는 돼지 추출물로 백신을 만든다는 괴담도 돌았다. 교육 수준이 낮거나 과학적 지식이 부족한 사람들이 미신적 주장이나 유사과학에 현혹되는 경우도 많다. 이런 집단을 정치적 목적으로 이용하려는 계산도 존재할 수 있다.

우리나라의 상황은 어떨까? 20세기 중반 이래 적극적인 백신 접종 정책의 결과로 홍역은 거의 소멸 상태에 이르렀다. 2006년 우리나라는 공식적으로 홍역 퇴치 국가로 인정을 받았고, 사람들의 뇌리에서 홍역의 위험성은 먼 과거의 일처럼 사라져갔다. 그런데 예상치 못한 사태가 발생했다. 2011년과 이듬해에 전국적으로 홍역이 유행한 것이다. 확진자의 수가 5만 명을 넘어설 정도로 규모가 컸다. 정부가 화들짝 놀라 홍역 퇴치 5개년 계획을 세워 백신 접종을 강화해야만 했다. 그 결과 다행히 홍역 발생률은 급속히 낮아졌고, 마침내 2014년 세계보건기구로부터 홍역 퇴치 국가라는 인증을 다시 받았다. 그러나 2018~2019년에 다시 확진자가 여럿 발생해 우리나라가 홍역으로부터 완전히 안전한 국가가 아니라는 점이 밝혀졌다. 우리나라에도 백신 접종에 반대하는 집단적인 움직임이 존재한다. 이른바 자연 육아를 표방하는 포털사이트 카페들을 중심으로 전개되는 백신 접종 거부 운동이다.

세계보건기구에 따르면, 2018년에 세계적으로 홍역 감염자가 22만 9,000명이었고 그중 사망자가 13만 6,000명이나 되었다. 불과 1년 만에 50퍼센트나 증가한 수치다. 공식 집계에서 빠진 사례가 적지 않았을 것임을 감안하면 실제 감염자 규모는 이보다 훨씬 컸을 것이다. 다양한 음모론과 반지성주의적 유사과학이 사람들의 틈새를 비집고 들어올 공간이 있는 한 백신 회의론이 완전히 사라지기는 어려울 것 같다.

세계화의 과정에서
나타난 재난

역사를 통해 감염병은 인간에게 여러 차례 큰 시련을 안겨주었다. 대항해시대에 창궐한 감염병은 세계화의 과정에서 나타난 재난이라는 점에서 오늘날에도 각별한 관심을 불러일으킨다. 국경을 넘어서는 대규모 감염병의 확산은 개별 국가의 노력만으로는 질병의 세계적인 유행을 막을 수 없다는 교훈을 우리에게 전해준다. 고도로 세계화된 오늘날, 지구상에 더는 외딴곳이 현실적으로 존재하기 어렵다. 비행기, 선박, 철도, 자동차가 지구의 어느 곳이든 며칠 이내에 도달하게 해주는 시대다. 수많은 사람이 업무적 혹은 개인적 목적으로 국경을 넘어다니는 일이 일상화된 시대이기도 하다. 이제 어느 질병이든 애초의 토착적 성격을 버리고 단기간 내에 광역적으로 전파되고 나아가 팬데믹으로까지 발전할 수 있다.

질병의 세계화는 인류의 역사를 통해 반복적으로 그 모습을 보여왔다. 그리고 앞으로 이런 현상은 더욱 빈번히 발생할 것이다. 더욱이 개발도상국이 바이러스나 박테리아에 집중 감염되는 지역으로 남아 있는 한 선진국 내부에서의 방역 노력만으로는 질병에 효과적으로 대응할 수 없다. 개발도상국에 존재하던 병원체가 언제든지 국경을 넘어 선진국을 다시 위협할 수 있기 때문이다. 세계적인 공조 체제, 특히 개발도상국에 대해 선진국이 적극적으로 의료 및 경제 분야에 도움을 주어야만 감염병이 되풀이해서 창궐하는 사태를 막을 수 있다는 교훈을 되새겨야 한다. 이러한 공조 체제는 인류 모두를 위해 필수적인 방어막이다.

4

유럽에
불어 닥친
추위와 공포

—

: 소빙하기의
저온 현상

◆
◆

이런 사태는 생전 보지도
듣지도 못한 것으로,
참혹한 죽음이
임진년의 전쟁보다 더하다.

—

《현종실록》, 현종 12년(1671)

2도 낮은 평균기온이
가져온 추위

요즘은 지구온난화가 중요한 이슈로 부각되기 때문에 지구의 온도가 변할 수 있다는 점을 사람들이 잘 인식하고 있다. 그렇다면 과거의 지구는 어땠을까? 과거에도 지구는 일정한 온도를 유지하지 않았다. 우선 우리는 먼 과거에 빙하기Ice Age 가 있었음을 알고 있다. 지표면의 온도가 낮아 대륙의 상당 부분이 빙상으로 덮인 시기를 빙하기라고 부르고, 빙하기와 빙하기 사이에 상대적으로 온도가 높았던 시기를 간빙기Interglacial Period라고 부른다. 빙하기와 간빙기에 지구 전체의 지표면 온도는 대략7~8도 차이가 난다.

지난 100만 년의 시간을 돌아보면 빙하기와 간빙기는 약 10만 년을 주기로 반복되었다고 과학자들은 추정한다. 마지막 빙하기는 11만 년 전에 시작되어 1만 2,000년 전까지 이어졌다. 인류가 농경과 목축을 영위하며 정착 생활을 시작한 신석기혁명은 바로 이 마지막 빙하기가 끝난 직후 날씨가 온화해지기 시작한 시점에 발생했다.

그런데 간빙기 안에서도 지구 온도는 일시적인 변화를 경험하곤 했다. 역사가들이 대표적인 사례로 드는 시기가 바로 '소빙하기Little Ice Age'라고 부르는 기간이다. 대략 1300년에서 1850년 사이의 기간을 의미하며 학자에 따라서는 폭을 더 좁게 잡기도 한다. 이 기간에 유럽과 북아메리카의 평균기온은 오늘날보다 약 2도 낮았다고 추정된다. 지구 전체로 보면 기온이 이보다 더 조금 저하된 것으로 보인다. 2도라고 하면 별로 대단치 않은 온도 차이라고 생각할 수 있지만, 인간의 활동에 미친 영향은 실로 어마어마했다.

다음의 그래프는 지난 2,000년 동안 지구의 평균기온이 어떻게 변화했는가를 보여준다. 가장 눈에 띄는 부분은 20세기 후반의 상승기다. 과거 2,000년 동안에 전혀 목격되지 않은 수준의 급속한 상승 추세가 바로 우리가 살고 있는 현재에 발생하고 있다. 이는 '기후 위기Climate Crisis'가 역사적으로 얼마나 특별한 현상인지를 여실히 보여준다. 이 시기를 제외하면 지구의 온도는 대체로 변화의 폭이 좁았다.

그러나 학자들은 일부 기간에 대해 각별한 주의를 기울인다. 먼저 약 950~1,250년에 이르는 시기를 '중세 온난기Medieval Warm Period'라고 부른다. 그래프로 보면 이전 시기보다 온도가 높아지지 않았음을

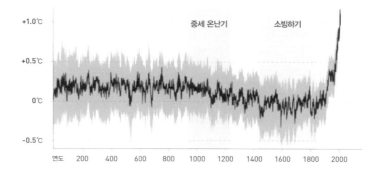

지구 평균온도의 변화와 소빙하기
자료: Ed Hawkins ed., '2019 Years', January, 30, 2020; climate—lab—book.ac.uk (위키피디아:
'Little Ice Age').

알 수 있다. 온난기라는 이름은 이후 시기, 즉 상대적으로 온도가 낮아
진 기간과 비교할 때에야 비로소 적절한 명명이라고 인정할 수 있다.
지구 온도는 15세기 중반 무렵 '소빙하기'를 맞으면서 저하 추세를 상
당 기간 유지했다. 19세기, 즉 산업혁명의 시대에 이르러서야 지구 온
도는 소빙하기를 벗어나 상승 국면으로 반전하게 된다.

소빙하기와
태양흑점의 관계성

소빙하기는 왜 발생했을까? 과학자들은 그간 다양한 요인을 지적해
왔다. 지구의 공전궤도, 화산활동의 영향, 태양흑점의 주기, 해양 순

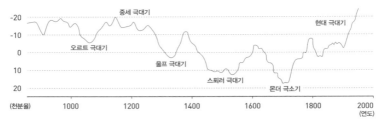

탄소동위원소 탄소-14로 살펴본 태양흑점 활동.
자료: 위키피디아: 'Little Ice Age'

환의 변화, 인구 감소 등이 대표적으로 제기된 요인들이었다. 그중에서 특히 주목을 끈 것이 태양흑점의 주기를 강조하는 설명이었다. 소빙하기 중에서도 1645~1715년 기간이 가장 추웠던 기간으로 꼽히는데, 이 기간에 태양흑점의 주기가 갑자기 중단되었다는 사실을 과학자들이 밝혀낸 것이다. 태양의 표면에 나타나는 흑점이 줄어들면 태양이 더 밝아지고 지구를 더 따뜻하게 만들 것이라고 생각하기 쉽지만 사실은 그와 정반대다. 흑점이 줄어들면 가시광선이 더 약해지고 자외선도 줄어든다. 따라서 이 시기(과학자들이 '몬더 극소기Maunder Minumum'라는 전문용어로 부르는 시기) 지구가 겪은 낮은 온도는 태양흑점 활동의 갑작스러운 축소로 대부분 설명된다.

과학자들은 태양흑점의 감소와 지구 온도의 변화가 어떤 연관성을 지녔는지를 지속적으로 연구해왔다. 이런 연구 가운데 하나가 탄소동위원소를 이용한 분석이다. 위 그래프는 탄소동위원소 중 하나인 탄소-14의 추세를 보여주는 자료다. 흑점이 갑작스럽게 줄어들어 거의 사라지다시피 한 몬더 극소기에 탄소-14의 수준도 최저를 기록했다는 이 관측에서 과학자들은 소빙하기를 설명하는 데 태양흑점의 활동이 핵심 요소였다는 결론을 이끌어냈다. 소빙하기의 기온 저하가 태양흑점 활동과 관련이 깊으며 당시 사회와 경제에 큰 영향을 미쳤다고 주장하는 역사가들은 과학계의 결론이 자신들의 주장을 뒷받침하는 강력한 증거라면서 환영했다.

오히려 추위를 반긴 사람들

지구 기온의 하락은 세상을 살아가는 인간에게 어떤 영향을 미쳤을까? 당연히 추위와 식량 부족으로 인해 서민들이 큰 고통을 받았음이 분명하다. 하지만 온도가 낮아진다고 모든 사람이 괴로워했던 것은 아니다. 겨울이 온화해 눈과 얼음을 즐길 기회가 적었던 영국인들은 겨울 추위를 반기기도 했다.

런던의 템스강이 겨울 내내 꽁꽁 얼어붙는 해가 늘어났다. 사람들은 물론 가축과 마차가 지나다녀도 끄떡없을 정도로 얼음이 두껍게 유지된 때도 많았다. 이들은 템스강을 '동토 거리Freezeland Street'라고 불렀다. 템스강이 꽁꽁 어는 겨울을 자주 목격하면서 일부 사람들은 이를 상업적으로 이용할 길이 없을지 궁리하기 시작했다. 그래서 만들어진 것이 바로 '추위 축제frost fair'였다. 추위를 견디기 힘든 상황으로만 여기지 말고 모두가 즐길 수 있는 행사로 만들자는 발상의 전환

작자 미상, 〈템스강의 추위 축제〉, 1685년경.

이었다.

　이 그림은 1684~1685년에 열린 추위 축제의 모습을 보여준다. 여러 채의 가건물이 줄을 지어 세워지고 수많은 사람이 스케이트를 타거나 말이 끄는 썰매를 이용해 얼음을 지치며 즐기는 모습이 잘 묘사되어 있다. 추위 축제는 런던 시민에게 추운 계절을 활력 있게 보낼 기회를 제공해주었고, 눈치 빠른 사업가들에게는 짭짤한 수입을 안겨주었다.

　네덜란드에서 건너와 런던에 정착해 살던 에이브러햄 혼디우스Abraham Hondius라는 이민자는 그림 솜씨가 괜찮은 인물이었다. 그는 사람들이 추위 축제에 열광하는 모습을 보고 자신의 재능을 상업화할 기회를 포착했다. 그는 템스강변을 돌아다니며 사람들이 축제를 즐기

에이브러햄 혼디우스, 〈런던 템스강 템플스테어의 추위 축제 A Frost Fair on the Thames at Temple Stairs〉, 1684년.

는 모습을 스케치한 다음에 집에 돌아와 유화물감으로 색칠했다. 이렇게 완성된 그림들은 추위 축제를 기억하고자 하는 방문객들에게 훌륭한 기념품이 되었다. 위 작품이 바로 이런 그림이었다. 일정한 크기의 천막들이 무리지어 서 있는 주변으로 마차를 탄 어른들, 떼지어 노는 아이들, 그리고 돛대를 장착한 썰매를 타는 사람들의 모습이 보인다.

소빙하기가 인류에게 예상치 못한 문화적 영향을 미쳤다는 주장도 있다. 지난 수 세기 동안 전문적인 바이올린 연주자들 사이에서는 가장 인기가 높은 명품 바이올린으로 스트라디바리우스Stradivarius가 꼽혀 왔다. 이 바이올린이 내는 오묘한 소리에 감명을 받은 바이올린 제작자들은 약 300년 전에 만들어진 이 명품과 음색이 유사한 바이올린을 제작하려고 노력했으나 성공을 거두지 못했다. 그런데 스트라디바리우스가 이렇게 뛰어난 음색을 내게 된 이유가 기후와 관련이 깊다는 주장이 있다. 소빙하기에 나무의 성장이 늦어지면서 따뜻한 시기에 비해 나무의 속살이 높은 밀도를 갖게 되었는데, 이런 나무를 사용해 만든 바이올린이 더 깊고 예리한 소리를 내게 되었다는 이야기다.

또한 의복 디자인에도 추위가 영향을 주었다고 한다. 복식사를 연구하는 학자들에 따르면 추위에 대응하기 위해 단추를 더 촘촘하게 다는 방식이 나왔고, 이런 디자인의 유행이 훗날까지 이어졌다는 주장이다. 주택의 구조에도 중요한 변화가 발생했다. 각 가정에서 종래에는 화로를 집 안 가운데에 놓는 개방된 형태가 대부분이었는데, 날씨가 추워지면서 화로에 굴뚝을 연결해 설치하는 사례가 많아졌다. 화로의 열이 소모되는 것을 막고 연소 효율을 높여 실내를 더 따뜻하게 만들고자 했다는 것이다. 이렇듯 소빙하기는 인류의 삶에 다양한 영향을 미쳤고, 그 가운데에는 우리가 혜택이라고 평가할 만한 것들도 여럿 있었다.

냉해의 피해와
대기근

소빙하기가 반가운 사람들보다는 훨씬 많은 사람이 낮은 기온 탓에 고통을 겪었음은 분명하다. 우선 농민들은 과거보다 곡물 수확량이 변변치 않았다. 빈번하게 발생하는 냉해로 다른 농작물들도 큰 피해를 입곤 했다. 알프스 근방의 농가들은 빙하가 증가하면서 아예 경작과 목축을 포기해야 했다. 독일과 덴마크 지역에서는 더 이상 포도 농사를 지을 수 없게 되었다. 한편 농산물 가격이 오르니 도시의 소비자들은 지갑을 여는 게 두려워졌다. 또 난방용 연료를 구입하는 비용이 증가해 가계 살림에 적지 않은 부담이 되었다. 더 적게 먹고 더 춥게 지내야 하는 상황이었지만, 아무리 허리띠를 졸라매도 상황이 나아질 기미는 보이지 않았다. 오히려 기근이 발생하기에 적합한 여건이 만들어졌다.

다른 산업들도 소빙하기의 영향에서 자유롭지 않았다. 영국과 네덜란드는 물론 상대적으로 따뜻한 베네치아의 운하들마저 꽁꽁 얼어붙어 선박이 운항할 수 없는 사태가 자주 발생했다. 그린란드와 아이슬란드의 어민들은 아예 어업 활동을 포기하는 지경에 이르렀다. 이곳의 여러 마을은 인구가 줄어들면서 결국 폐촌으로 전락하고 말았다. 참으로 견뎌내기 힘든 고난의 시절이었다.

소빙하기에 사람들이 겪은 고통의 강도를 추적할 수 있는 한 가지 연구 방법은 당시 사망한 사람들의 유골을 조사하는 것이다. 역사가들은 당시 사람들의 평균 체격이 지난 2000년 기간 중 가장 작은 편에 속했다는 점을 밝혀냈다. 기후 악화가 흉작을 낳고 반복된 흉작이 기근으로 이어지는 사례가 많았던 탓이다. 게다가 대수롭지 않은 감염병도 영양 상태가 나쁜 사람들에게는 치명적일 수 있었다. 이런 악영향들이 상호작용을 일으킴으로써 소빙하기 사람들의 생활 수준은 유

피터르 브뤼헐Pieter Bruegel, 〈눈 속의 사냥꾼들〉, 1565년.
꽁꽁 얼어붙은 혹한의 겨울이 계속되면서 사람들은 춥고 힘든 삶을 견뎌내야만 했다.

례를 찾기 어려울 정도로 떨어졌다.

역사가들은 왜 소빙하기에 관심을 기울이는 것일까? 그들이 소빙
하기에 관심을 갖는 이유는 단지 경제적 궁핍이 가중되었기 때문만이
아니다. 소빙하기의 곤궁은 사회를 불안하게 만들고 나아가 정치체
제를 뒤흔들 수도 있으며, 더 나아가 국가 간의 무력 충돌로 비화될 수
있다는 인식이 역사가들의 마음에 자리 잡고 있다. 역사책에 등장하
는 많은 주요 사건이 나쁜 기후의 영향을 받았으리라는 믿음이다.

사실 17세기로 시간을 압축해봐도 기근은 물론이고 소요와 내란,
전쟁이 빈번하게 발생했음을 쉽게 확인할 수 있다. 우선 대규모 기근
이 세계 곳곳에서 목격되었다. 인도에서는 데칸 대기근(1630~1632)

이 발생해 수백만 명의 사망자가 나왔다. 일본은 칸에이寛永 대기근 (1640~1643)과 엔포延宝 대기근(1674~1675)을 겪어야 했다. 중국에서는 추위로 강남 지방의 감귤 농업이 붕괴했다. 우리나라에서는 경신 대 기근(1670~1671)과 을병 대기근(1695~1696)이라는 유례를 찾기 힘든 대참사가 발생했다. 굶어 죽은 시신이 너무 많아 수습하지 못해 길거 리에 가득하고, 감염병이 창궐해 고통이 가중되었으며, 심지어 식인 사례가 여러 건 보고되기도 한 시절이었다.

기근 이외에 세계사를 바꾼 중요한 역사적 사건들도 세계 곳곳에서 일어났다. 예를 들어 유럽 대륙의 종교전쟁인 30년 전쟁(1618~1648), 영국의 청교도혁명(1640~1660), 중국 명나라의 이자성李自成의 난과 청 나라 건립 시의 혼란(1641~1662), 프랑스의 내란인 프롱드La Fronde의 난(1648~1653), 스페인에 대한 네덜란드 독립전쟁과 유럽 각지의 반 란, 오스만제국의 반란(1622), 러시아의 스텐카 라진Stenka Razin의 반란 (1670~1671), 일본의 시마바라島原의 난(1637~1638) 등을 들 수 있다. 우 리나라에서는 이 시기에 인조반정(1623), 정묘호란(1627)과 병자호란 (1636)이 발발했다. 이 밖에도 세계적으로 17세기를 피로 물들인 혼란 사태는 일일이 열거하기 어려울 정도로 많다.

여기에 언급한 전쟁과 소요 사태가 모두 기온 하락 탓에 발생했다 고 볼 수는 없다. 사실 역사가들이 이렇게 거친 주장을 펼치는 것은 아 니다. 흉작이 계속되어도 적절한 식량 공급 시스템이 마련되어 있었 거나 구휼 제도가 제대로 갖춰졌다면, 또는 해외로부터 식량을 수입 할 여건이 되었거나 통치자가 유능하게 대처 방안을 마련했다면, 사회가 대기근의 재앙으로 치닫는 것을 막을 수 있었을 것이다.

이렇듯 역사의 실제 전개 과정은 매우 가변적이다. 간단한 인과관계로 설명될 수 있는 역사적 사건은 드물다. 그러나 경제적 어려움과 사회적 혼란, 정치적 분열과 국제적 갈등이 다양한 방식으로 서로 연결되어 있었다는 점을 전적으로 무시할 수는 없을 것이다. 즉 거시적인 관점에서 볼 때 기후가 인류의 역사에 직·간접적인 영향을 미쳤다는 점이 소빙하기에 관심이 있는 역사가들이 진정 말하고자 하는 바다.

저온 현상과
마녀 사냥

그렇다면 소빙하기에 가장 직접적이고 가혹한 피해를 입은 사람은 누구였을까? 인류사의 수많은 위기 상황에서와 마찬가지로 소빙하기의 기근과 사회적 혼란 속에서 희생양을 찾으려는 사악한 움직임이 있었다. 이런 움직임이 초점을 맞춘 활동이 바로 마녀 사냥이었다. 마녀로 지목된 사람에게는 온갖 끔찍한 형벌이 기다리고 있었다. 마치 고통을 극대화시키려고 인간이 상상할 수 있는 모든 방법을 동원하는 듯이 보였다. 아니, 어떤 경우에는 상상조차 하지 못할 극한의 방법으로 마녀로 지목된 사람을 다루었다. 어차피 죽음을 피하지 못할 테니 차라리 고통을 받기 전에 빨리 숨을 거두는 것이 낫다고 대부분이 생각할 정도였다.

작자 미상, 1577년.
마녀로 지목된 여인을 고문
하는 장면. 밧줄과 무거운
추, 회전 기구 등의 도구가
보인다.

역사가들의 연구에 따르면 기온의 하강과 마녀 재판의 수는 양의 상관관계를 보여준다. 즉 저온 현상이 뚜렷한 시기에 마녀 재판이 가장 빈번하게 이루어졌다는 것이다. 물론 소빙하기 이전에도 마녀 사냥이 없었던 것은 아니다. 그렇지만 소빙하기에 접어들면서 마녀 사냥이 증가하는 추세가 두드러지게 나타났다. 더욱 중요한 사실은 이 시기에 기후 변화를 마녀의 활동과 결부시키는 해석이 본격적으로 등장했다는 점이다. 마녀의 활동 탓에 괴질이 발생했다느니, 가축 감염병이 창궐했다느니, 소가 젖을 제대로 생산하지 못하게 되었다느니 하는 비난이 증가한 데 그치지 않고, 마녀가 애초에 나쁜 기후를 만들어냈다는 주장이 점차 널리 퍼졌다. 특히 저온 현상이 두드러졌던 1570년대와 1580년대에 마녀 재판이 가장 잦았다.

마녀로 지목된 사람은 대부분 가난한 여성이 많았는데 특히 남편을 잃고 혼자 사는 여성이 많았다. 주류에서 배제된 약자들, 자신의 목소리를 제대로 낼 수 없었던 경계인들이 가혹한 희생양 찾기의 표적이 되었던 것이다. 당초 가톨릭교회의 공식 입장은 마녀가 기후를 바꿀 능력이 없다는 것이었다. 그러나 대중의 믿음은 이와 차이를 보였다. 많은 사람이 마녀 탓에 기후가 나빠져 자신들의 삶을 힘들게 만들었다고 굳게 믿었다.

소빙하기시대의 또 다른 희생양은 유대인이었다. 이미 흑사병 시기에도 대대적인 탄압을 받았던 유대인은 이 시기에 다시 한번 참기 힘든 고통을 겪어야만 했다. 유대인이 감염병 창궐이나 기근을 배후에서 조종했다는 음모론이 확산되는 가운데 무자비한 폭력에 목숨을 잃거나 재산을 빼앗기는 유대인이 속출했다. 일부 유대인은 가혹한 탄압을 견디다 못해 다른 나라로 피신했다. 이탈리아, 신성로마제국, 오스만제국 등으로 어두운 표정을 한 유대인의 이주 행렬이 이어졌다.

불과 평균기온이 1~2도 떨어진 것이 얼마나 큰 영향을 미치겠는가라고 생각하기 쉽다. 하지만 역사는 이것이 작은 변화가 아니라는 점을 생생하게 보여준다. 경제적 궁핍과 사회적 혼란이 생기고, 낮은 온도로 인해 피해를 보는 이와 이득을 얻는 이의 슬픔과 기쁨이 교차하며, 누구는 희생양 찾기에 골몰하는 한편, 다른 누구는 잔혹한 공격을 고스란히 받아야 했다. 심지어 세계사에 등장하는 여러 전쟁과 내전, 소요도 낮은 온도와 관련이 있을 수 있다는 역사가들의 주장을 보면 우리의 생각을 바꿔도 될 만하다.

5

—

계몽의
시대를
앞당기다

—

: 리스본 지진

◆
◆

이제 자연은
아무 말도 하지 않으며,
우리가 질문을 던져도
아무런 대답이 없다.
인간에게 말을 건네는 신이
우리에겐 필요하다.

—

볼테르

종교적 사회에서
세속적 사회로

근대 초기에 도달하기 전까지 서구인은 재난을 주로 종교적 맥락에서 해석했다. 인간의 타락과 부정, 신에 대한 존경심의 상실이 일정한 수준에 달하면 절대자가 인간에게 형벌을 내리게 되는데 이게 가혹한 재난이라는 형태로 나타난다는 것이 전형적인 종교적 해석이다. 그러나 종교개혁과 과학혁명의 시대를 거치면서 종교적 해석에 대한 의구심이 커졌고, 신의 개입을 배제하고서도 재난을 설명할 수 있다는 새로운 사상의 흐름이 등장했다. 이런 변화 과정을 지식 지형도의 변화 추이를 통해 살펴보자.

국가	1575년	1625년	1675년	1725년	1775년	1820년	1870년
스위스	–	–	12	23	17	–	85
네덜란드	44	49	58	65	74	67	81
덴마크	–	–	–	20	47	–	81
독일	–	–	26	62	50	65	80
스웨덴	–	–	–	–	23	75	80
영국	11	15	30	36	50	53	76
프랑스	–	–	20	26	41	38	69
벨기에	–	–	–	–	46	–	66
노르웨이	–	–	–	–	–	21	55
오스트리아	–	–	–	–	–	21	40
이탈리아	23	–	–	–	22	22	32
스페인	26	38	–	20	–	20	20
헝가리	–	–	–	16	18	–	–
러시아	–	–	2	–	4	8	15
터키	–	–	–	–	–	6	9

서명 가능한 인구의 비율(퍼센트), 1575~1870년.
자료: A'Hearn, B., 'The British industral revolution in a European Mirror', 2014, p.41.

많은 역사가가 16세기에 종교개혁이 시작되고 유럽 전역에서 광범위한 종교적 지형 변화가 발생하는 과정에서 사람들의 사고방식과 지식체계가 근본적인 변화를 경험했다고 이해한다. 이런 설명이 타당한지, 그리고 타당하다면 종교개혁 시대의 특징들 가운데 어떤 측면이 이와 같은 변화를 초래했는지 살펴보자. 먼저 유럽 국가들의 문해율 통계를 살펴보자.

유럽인의 평균적인 문해율은 16세기까지 상당히 낮은 수준에 머물러 있었다. 1575~1870년의 기간에 자신의 이름을 스스로 적을 수 있는 인구의 비율로 측정한 문해율을 보자. 1575년 자료가 있는 국가들 가운데 네덜란드가 44퍼센트로 문해율이 가장 높았고 영국이 11퍼센트로 가장 낮았다. 나머지 국가들은 20퍼센트대에 머물렀다. 문해율은 17세기 이후에 두드러진 증가세를 기록했다. 대다수 나라의 통계를 보유한 1775년을 기준으로 살펴보자. 네덜란드가 74퍼센트로 여전히 최고 수준을 보여주는 가운데, 독일 50퍼센트, 영국 50퍼센트, 프랑스 41퍼센트, 벨기에 46퍼센트 등 이전 시기에 비해 높은 수치를 보여주었다. 1870년에는 이 국가들이 66퍼센트 내지 81퍼센트로 더욱 높은 수치를 기록했다.

한 가지 눈에 띄는 점은 종교개혁 과정에서 가톨릭을 고수한 국가들에 비해 개신교를 선택한 국가들에서 문해율의 상승이 훨씬 두드러졌다는 사실이다. 1870년을 기준으로 보면, 문해율이 높은 순서로 국가들을 정리할 때 상위 국가들은 스위스, 네덜란드, 덴마크, 독일, 스웨덴, 영국 등 개신교의 영향력이 강한 국가들이 대부분이었다. 이와 대조적으로 프랑스, 벨기에, 이탈리아, 스페인 등 가톨릭 체제에 놓여 있던 국가들에서는 문해율의 증가가 상대적으로 제한적인 것으로 나타났다.

이런 차이를 초래한 원인은 무엇이었을까? 가톨릭에서는 성직자가 신과 인간을 매개하는 위치에 섰다. 그는 신의 뜻을 파악해 신도들에게 설명해주고 신도들의 질문에 답해주는 역할을 담당했다. 문해율이 낮고 성경책이 비싸 접근성이 제한되었던 환경에서 신부와 같은 성직자는 신앙 활동에서 핵심적인 역할을 수행했다.

갈릴레오의 종교재판은 과학혁명이 가톨릭교회의 세계관과 충돌했음을 상징적으로 보여주는 사건이었다.

한편 개신교에서는 성서를 신도가 직접 읽고 신의 뜻을 구하는 방식의 신앙 활동을 강조했다. 그러므로 신과 인간 사이의 매개자로서 성직자가 강조되었던 가톨릭에서와는 달리 개신교에서는 개별 신도가 글을 읽고 이해하는 능력을 충실히 갖추는 것이 필수 불가결한 덕목으로 여겨졌다. 가톨릭과 개신교의 이런 차이를 놓고 보면 개신교 지역에서 문해율이 상대적으로 빠르게 증가했던 이유를 수긍할 수 있을 것이다.

종교개혁과 더불어 세상을 이해하는 방식에 혁명적인 변화를 발생시킨 사건이 과학혁명이었다. 중세적인 신학적 세계관을 대신해 인간의 합리성과 경험에 의거해 지식 체계를 새로운 방식으로 축적하는 현상이 발생한 것이다. 특히 자연과학 분야에서 이 움직임이 도드라졌다. 요하네스 케플러에서 아이작 뉴턴Issac Newton에 이르기까지 우주에 대한 새로운 해석을 대표하는 과학자들이 이 시기에 등장했다. 하지만 과학혁명이 소수의 천재에 의해 하루아침에 만들어진 것은 아니었다. 약 3세기에 걸쳐 진행된 수많은 관찰과 실험과 연역이 축적된 결과였다. 뉴턴이 표현했다고 알려진 것처럼 앞선 시대의 '거인들의 어깨 위에서' 과학자들이 추가적인 성과를 냄으로써 궁극적으로 과학혁명이라는 금자탑이 만들어졌다고 볼 수 있다.

르네 데카르트René Descartes 와 프랜시스 베이컨Francis Bacon은 특히 과학적 연구방법론을 확립한 인물로 평가된다. 근대 철학의 아버지로 불리는 데카르트는 인간이 이성에 기초해서 정확한 지식을 확립하고 축적할 수 있다고 확신했다. 그의 사상은 기계적 철학론의 성격이 강한데, 간단히 말하자면 모든 자연 현상이 입자의 운동과 충돌로 설명될 수 있다는 주장이었다. 데카르트는 고대에서 중세에 이르는 긴 역사를 통해 권위를 가졌던 아리스토텔레스의 목적론적 세계관을 근본적으로 비판하고, 새로운 해석을 제시했다는 점에서 지성사적 의미가 매우 컸다.

베이컨도 구래의 신학적 도그마에서 벗어나 합리적 근거를 통해 비판적 이해를 강조했다는 면에서 데카르트와 일맥상통한다. 그렇지만 베이컨은 경험에 의거한 관찰의 중요성을 강조하고, 실험이 지식의 중요한 기반이라고 보았다. 그는 한 발 더 나아가 과학적 지식이 현실 세계에서 인간의 삶을 개선하는 유용한 수단이 되어야 한다고 주장했다. 이런 가치관에 기초해 그는 국가와 사회가 과학자들의 연구를 적극 지원하고 학문적 협력에 도움이 되는 조직을 마련해야 한다고 역설했다.

거대한
정신혁명의 시기

종교개혁과 과학혁명을 통해 구래의 종교적 세계관은 새로운 합리적 세계관에 자리를 내주게 되었다. 가히 거대한 정신혁명이라고 평가할 만한 변화였다. 이런 대변화는 자연을 바라보는 시각뿐 아니라 일상 세계를 이해하는 방법, 그리고 이를 둘러싼 사회 제도와 문화적 가치를 인식하는 태도에서도 근본적인 전환을 의미했다. 이런 전환이 식자층에 널리 확산되고 체계가 확립됨으로써 계몽주의라는 새로운 조류가 대세로 자리를 잡았다.

　18세기에 전성시대를 맞은 계몽주의는 간단히 말해 인간의 합리성에 대한 신뢰가 최고조에 달한 사고 체계였다. 계몽주의를 대표하는 독일의 사상가 이마누엘 칸트Immanuel Kant는 "과감히 알려고 하라! 너 자신의 지성을 사용할 용기를 가져라"라고 말했는데, 계몽주의의 정수를 담은 언명이라고 볼 수 있다. 이성을 인간 사회에 널리 적용함으로써 세상에 분명한 진보를 가져오겠다는 진취적인 정신적 태도를 보여주는 말이었다.

　역사적으로 계몽주의가 극복하고자 했던 대상은 중세사회를 대표하는 질서, 즉 봉건적 정치 권력, 신분제적 위계, 교회의 무제한적 권

레오나르 드프랑스Léonard Defrance, 〈미네르바의 방패A l'égide de Minerve〉, 1781년.
유럽 각지에서 도착한 우편물 더미들은 계몽주의시대의 광범위한 지식 전파를 보여준다.

위와 같은 것들이었다. 계몽주의자들은 중세 권력자들이 세상을 향해 휘둘렀던 힘을 오만, 편견, 독단, 몽매, 광기, 미신 등으로 규정하고 이 무기들을 무력화하고자 했다. 그들은 '이성의 빛'을 자신들의 신무기로 삼아 새로운 세계를 만드는 꿈을 현실화하기 위해 온 힘을 기울였다.

계몽주의시대가 되자 재난을 대하는 사람들의 태도가 당연히 과거와 달라졌다. 신의 노여움으로 재난이 발생했다고 설명하는 관점은 비판을 면하기 어려웠다. 왜 재난은 특정 개인이 아니라 많은 인구를 대상으로 발생하는가? 왜 어린아이처럼 죄를 짓지 않았음이 분명한

시와 사상을 공유하는 독일 계몽주의자들. 오른편에 서 있는 칸트의 모습도 보인다.

사람도 재난에 희생되어야 하는가? 왜 기독교와 무관한 지역에서도 재난이 발생하는가? 재난이 멈추면 신의 노여움이 풀렸다고 볼 수 있나? 사람들은 점차 신의 의지를 핵심 부분으로 두고 설명하지 않더라도 이 질문들처럼 재난의 의미를 다르게 해석할 길이 없는지 숙고하기 시작했다.

그간 축적된 지구와 천체에 대한 자연과학적 지식, 수많은 실험을 통해 검증된 자연의 파괴력, 경험적으로 터득하고 연역적으로 분석된 재난 발생의 과정 등이 재난에 대한 새로운 태도를 형성해갔다. 기존의 해석과 새로운 해석이 충돌하면 어떤 해석이 과거의 재난을 더 잘 설명하고 미래의 재난을 더 잘 예측하는지를 두고 토론했다. 이런 과정을 거쳐 재난의 발생 원인에 대한 이해가 향상된 것은 물론이고, 일단 재난이 발생하면 재난에 어떻게 대처할 것인지, 그리고 재난 후에 사회를 어떻게 재건할 것인지에 대해서도 새로운 견해가 만들어졌다. 말하자면 자연과 사회에 대한 근본적인 사고의 변화가 진행되었던 것이다.

이 뜨거운 논쟁의 중심 무대에 등장한 가장 대표적인 재난 사례가 1755년 포르투갈의 리스본에서 발생한 대지진이었다. 이 재난을 살펴보기에 앞서 우선 현대 과학이 지진의 발생을 어떻게 설명하는지 알아보자.

가공할 만한
지진의 파괴력

지구상의 사람들이 가장 흔히 접하는 지질학적 재난은 지진일 것이다. 사람들이 느낄 수 있는 수준의 지진이 전 세계에서 해마다 100만 번 가량 발생한다고 한다. 대부분의 지진은 몸이 흔들린다거나 탁자에 놓인 컵이 아래로 떨어지는 정도에 머물지만, 어떤 지진은 파괴력이 엄청나게 커서 재앙적인 결과를 가져오기도 한다. 예를 들어 2011년 일본의 동북 지방에서 발생한 지진은 제2차 세계대전 때 히로시마에 투하되었던 원자폭탄의 6억 배에 이르는 에너지를 방출했다. 순식간에 태평양 지각판이 북서쪽으로 50미터가량이나 이동해 일본이 위치한 지각판 아래로 미끄러져 들어가는 현상이 발생했다. 이 지진으로 인해 곧바로 사망한 사람도 많았지만, 지진이 야기한 쓰나미가 해안을 덮치는 바람에 1만 8,000여 명이 목숨을 잃었다. 전파 또는 반파된 건물이 40만 채를 넘어서면서 40만 명이 넘는 이재민이 발생했다.

우리가 느끼는 지진의 진동은 세 가지 요인에 의해 결정된다. 지진의 규모, 진앙으로부터의 거리, 토양과 암석의 조건이다. 오늘날 우리가 널리 사용하는 지진 규모의 측정법은 모멘트규모단위라고 부르는 것이다. 1930년대에 개발된 리히터단위의 약점을 보완해 1970년대에 개발된 모멘트규모단위는 절댓값으로 측량되는 실질적 에너지의 방출량을 보여준다. 모멘트규모단위는 통상 줄여서 '규모Mw'라고 부른다. 규모 6인 지진은 규모 5인 지진에 비해 진동이 10배이고 방출되는 에너지 양은 32배에 이른다. 규모 7의 지진 때 방출되는 에너지는 1메가톤의 화약 폭발과 비슷한 수준이다.

지진은 다른 자연재해를 유발하기도 한다. 지진이 발생하면 우선 지표가 파열되고 지반이 흔들린다. 그런데 해당 지역에 활성단층active fault이 존재하면 파괴의 수준은 걷잡을 수 없이 커지게 된다. 1906년 미국 샌프란시스코에서 발생한 규모 7.8의 강진은 샌앤드레이어스 단층을 따라 지각판이 수평으로 6.5미터 어긋나게 만들었다. 이로 인해 수많은 목숨이 사라졌고 도로, 건물, 댐, 터널 등이 잇따라 파손되었다.

지진에 의해 액상화liquefaction 현상이 발생할 수도 있다. 규모 5.5 이상의 지진이 1만 년 이내에 쌓인 퇴적층 지대에서 발생하면 모래층이 모래와 물의 혼합 상태로 변하는 액상화 현상이 나타나게 된다. 지진파가 지나갈 때 발생하는 진동이 수압을 높이는데, 이것이 모래층을 수프

1964년 일본 니가타 지진 당시 액상화로 인해 아파트 건물이 통째로 넘어진 모습.
ⒸSam1353

처럼 변화시키는 것이다. 일본과 중국에서 일어난 수차례의 지진에서 아파트 건물 전체가 미끄러지듯이 넘어지는 사태가 발생한 바 있다.

지진이 유발하는 또 하나의 재해는 산사태다. 지진에 의해 발생하는 산사태가 마을이나 도로를 덮치기도 하고, 강을 막아 이른바 '지진 호수'를 형성한 후 이것이 나중에 범람해 홍수를 일으키기도 한다. 지진은 또한 화재를 유발하기도 한다. 특히 인구가 밀집한 도시의 경우 가스관과 전력선이 파괴되고 난방장치가 망가지면서 화재를 일으키기 쉽다. 지진이 나면 교통이 차단되고 소방시설이 피해를 입기 때문에 이런 화재에 발 빠르게 대처하기 어렵다. 그래서 지진에 의한 화재는 피해가 각별히 큰 경우가 많다. 1906년 샌프란시스코에서 지진이 발생했을 때 전체 피해의 80퍼센트가 화재로 인한 것이었다.

마지막으로, 지진은 가옥과 위생 설비에 타격을 주고 상하수도를 파괴해 물을 오염시킨다. 이에 따라 대피하기 어려운 고립된 상황에 처한 주민들 사이에서 질병이 퍼지기 쉽다.

2004년 태국 끄라비주의 한 리조트를 덮친 쓰나미.
놀라서 우왕좌왕하는 사람들의 모습을 순간 포착했다.

지진과 밀접하게 관련된 현상으로 쓰나미도 있다. 쓰나미는 바닷속
에서 일어나는 지각변동으로 인해 수면에 거대한 파도가 생기는 현상
이다. 인류는 역사 속에서 대규모 쓰나미를 여러 차례 경험했다. 예를
들어 1886년 인도네시아 연안에서 화산이 폭발해 산이 바다 위로 무
너져 내렸는데, 이때 발생한 35미터 높이의 쓰나미가 3만 명 이상의
목숨을 앗아갔다. 1960년 칠레에서 규모 9.5의 대지진으로 발생한 쓰
나미는 인근 지역은 물론 태평양을 가로질러 하와이까지 들이닥쳐 61
명의 사망자를 내기도 했다.

파괴력이 엄청나게 큰 쓰나미는 21세기에 들어서도 발생했다.
2004년 인도네시아에서 발생한 규모 9.1의 수마트라 지진은 40년 만
에 발생한 세계 최대 규모의 지진이었다. 강력한 에너지가 분출되면
서 쓰나미가 발생해 인도양 전역으로 퍼져갔다. 두 시간이 채 못 되어

인도와 스리랑카에 도달해 최소한 수천 명의 사망자를 냈고, 일곱 시간이 지나자 아프리카 동부 해안에 도착해 희생자를 발생시켰다. 특히 태국을 비롯한 동남아시아의 관광 지역은 엄청난 타격을 입었다. 대규모 인명 피해는 물론이고 관광산업의 기반이 초토화되어 이후 오랜 기간 막대한 경제적 피해를 초래했다.

인도네시아 쓰나미가 가져온 전체적 피해는 실로 엄청났다. 목숨을 잃은 사람만 무려 23만 명에 이른 것으로 집계되었고, 부상자가 수십만 명에 달했으며, 수백만 명의 이재민이 발생했다. 경보 체계가 미비했던 동남아시아와 인도양 지역은 이 쓰나미로 인해 좀처럼 회복하기 어려운 피해를 입었다.

유럽에서 기록된
가장 강력한 지진

계몽주의라는 사상과 지진이라는 자연재난이 만난 역사적 접점 지역이 1755년 포르투갈의 수도 리스본이었다. 당시 포르투갈은 대항해 시대 이래 인도항로를 개척한 과실을 톡톡히 누리고 있었다. 아시아에서 들어오는 각종 산물들이 국내는 물론이고 유럽 전역으로 판매되었다. 인도산 직물, 중국산 차, 동남아시아산 향신료, 아프리카 출신 노예가 포르투갈 상인의 손에 의해 국제적으로 거래되었고, 리스본은 세계에서 손꼽히는 무역항으로 번영을 구가했다. 그렇지만 사회적으로는 아직 가톨릭교회가 강력한 지배력을 행사하고 있었다. 중세 내내 이베리아반도에서 이슬람 세력을 축출하기 위해 재정복운동Reconquista을 진행했던 나라, 교황의 승인에 의해 건국된 나라, 그리고 종교개혁에서 가톨릭의 수호 주체로서 적극적으로 앞장선 나라라는 역사적 특징이 아직도 짙게 남아 있었다.

특히 종교개혁의 과정에서 반종교개혁의 기치를 높이 들고 전투적인 태도를 취한 예수회Jesuits가 이후 이베리아반도의 종교와 사회에서 지배적인 위치에 올랐다. 예수회가 힘을 지닌 사회에서는 세상의 변화를 유연하게 받아들이기보다 전통적 해석 안에서 이해하려는 목소리가 더 컸다. 1609년에는 모리스코morisco, 즉 이슬람교도였다가 가톨릭으로 개종한 사람들을 박해하여 해외로 추방시켰다. 무려 30만 명에 달하는 모리스코가 추방됨에 따라 이들이 영위하던 농업과 상업에 막대한 타격이 발생했다.

개종한 유대인도 의심을 받기는 마찬가지였다. 그들은 진실한 가톨릭교도가 될 수 없다며 예수회가 박해하기 일쑤였고, 심지어 종교재판에 회부하기도 했다. 예수회는 시민들이 계속해서 교회의 가르침에 순응하고 교회가 원하는 대로 세상을 바라보기를 바랐다. 더구나 교육 부문이 예수회에 의해 통제되었기 때문에 변화하는 세계를 바라보는 시각이 혁신되기 어려웠다. 이런 이유로 인해 18세기에 포르투갈은 빠르게 성장하는 주변 경쟁국들에 비해 발전이 지체되고 있었다.

1755년 11월 1일은 가톨릭 축일인 만성절All Saints' Day('모든 성인의 축일'이라는 뜻)이었다. 이날 포르투갈인은 꿈에도 생각하지 못했던, 그리

1613년 빈첸테 모스트레Vincente Mostre가 추방되는 모리스코인을 그림으로 묘사했다.

고 그 후로 꿈에도 잊을 수 없는 대참사를 맞고 말았다. 수많은 사람이 성당에 모여 축일미사를 지내고 있던 아침 9시 40분에 지축이 뒤흔들리는 충격이 느껴졌다. 곧 벽에 금이 가더니 천정에서 장식품들이 떨어지기 시작했다. 사태는 여기에서 진정되지 않았다. 벽이 무너지고 지붕이 조각나서 파편들이 바닥으로 떨어져 내렸다. 사람들은 무너진 건물에 깔렸고, 운 좋게 이를 피한 사람들은 공포에 사로잡혀 건물 밖으로 뛰쳐나왔다. 거리에 나와 보니 길 한복판에 폭이 수 미터에 이르는 균열들이 이미 생겨나 있었다.

　다른 건물들도 무참히 파괴되었다. 특히 강변을 따라 퇴적물이 많은 지역에 세워졌던 궁전, 왕립기록보관소, 성당 등이 지진에 가장 취약했다. 겁에 질려 울부짖는 사람들, 죽은 가족의 시신 앞에서 통곡하

리스본 지진의 순간을 묘사한 판화 작품, 1755년.

는 사람들, 잃어버린 가족을 찾으려고 소리치는 사람들이 한데 뒤섞여 지옥과 같은 장면을 연출하고 있었다.

거리의 사람들은 안전한 곳을 찾아 테주강 하구에 위치한 부두 쪽으로 이동했다. 그런데 거기에서 낯선 장면을 목격해야 했다. 바닷물이 잠시 뒤로 물러나는 듯하더니 곧 엄청난 높이의 파도가 들이닥쳤다. 한 번도 본 적 없었던 거대한 쓰나미에 수많은 사람이 순식간에 휩쓸려갔다. 대부분은 맹렬한 파도에 목숨을 잃거나 아무런 자취도 없이 실종되어 버렸다. 높은 지대를 찾아 전속력으로 달려간 사람들만이 간신히 목숨을 부지할 수 있었다. 재난은 쓰나미만으로 끝나지 않았다. 이번에는 수많은 건물에서 화재가 발생했다. 불어오는 해풍을 타고 거센 불길이 닷새 동안이나 계속되었다.

위 그림은 리스본 지진을 묘사한 판화 작품이다. 이 판화는 바다 쪽에서 도시를 바라보는 구도로 그려졌다. 바다로 피난 온 사람들을 태운 수많은 배가 쓰나미 속에서 중심을 잃고 위태롭게 출렁대고 있고, 도시 여기저기에서는 건물들이 화염과 연기에 싸여 있다. 육지든 바다든 지옥 같은 재난을 피할 곳이 없어 보인다.

지진과 쓰나미, 화재가 연이어 발생하면서 인적·물적 피해가 엄청났다. 당시 리스본의 인구가 대략 20만 명이었던 것으로 추정되는데, 그 가운데 적어도 1만 명, 많으면 10만 명이 목숨을 잃었다고 역사가들은 추정한다. 사망자의 수를 정확히 알기 어려운 이유는 무엇보다 당시 정부가 체계적인 인구통계를 가지고 있지 않았기 때문이다. 또한 정부가 시신으로부터 역병이 발생하는 것을 막기 위해 신속하게 시신을 매장하거나 바다에 수장했다는 사실도 사망자 추산을 어렵게 했다. 게다가 대지진 이후 다른 곳으로 이사를 가버린 인구도 많았으므로 정확한 사망자 수를 알기는 어렵다.

어쨌거나 리스본 인구를 놓고 볼 때 상당히 많은 주민이 목숨을 잃은 것만은 분명하다. 물적 피해도 엄청난 규모로 발생했다. 리스본의 건물들 가운데 약 85퍼센트가 파괴되었다. 여기에는 대항해시대를 이끌었던 바스쿠 다 가마Vasco da Gama의 탐험 기록을 포함해 귀중한 사료들을 소장한 왕실문서보관소도 포함되었다. 또한 궁전도 지진으로 파괴되었는데, 그 안에 있던 7만여 권의 소중한 장서, 그리고 베첼리오 티치아노Vecellio Tiziano, 페테르 루벤스Peter Rubens 등 위대한 화가들이 그린 작품들도 함께 소실되었다. 동시대 포르투갈인뿐 아니라 전인류의 입장에서도 참으로 아깝게 잃어버린 문화유산이었다. 최근의

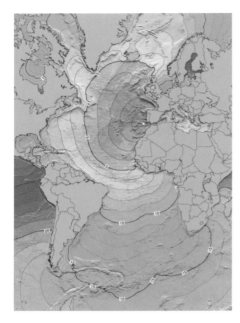

리스본 지진이 초래한 쓰나미의 전파
속도를 추정한 지도 모형.
ⓒNOAA's NGDC.

한 연구에 따르면 지진이 발생시킨 비용이 당시 포르투갈 국내총생산
의 32~48퍼센트 규모였다고 한다.

지진 피해는 리스본에서만 발생한 것이 아니었다. 리스본의 남쪽
지역은 더 큰 피해를 받았다. 지진의 충격파가 도시와 항구, 성벽과 탑
을 무너뜨렸고, 쓰나미가 내륙으로 150미터까지 밀고 들어왔다.

오늘날의 연구에 따르면 포르투갈에서 남서쪽으로 200킬로미터가
량 떨어진 대서양 해저가 진원이었다. 베수비오 화산의 분화를 낳은
지각 활동, 즉 아프리카 지각판이 유럽 지각판을 밀어 올리는 힘이 약
1,700년이 지난 후 이곳에서 또다시 작용한 것이다. 과학자들은 당시

리스본을 강타한 지진의 강도가 규모 8.5~9였을 것으로 추정한다. 이는 유럽에서 기록된 가장 강력한 지진이었다.

그리고 이때 발생한 쓰나미가 유럽의 서쪽 해안은 물론 아프리카의 북서부 해안을 강타했다. 모로코 해안에서 사망한 사람만 해도 1만 명에 육박했다. 쓰나미는 북유럽과 지중해 연안까지도 강한 영향을 미쳤다. 이어서 쓰나미는 대서양을 건너 아메리카에 도달했다. 서인도 제도에서는 높이 7미터가 넘는 파도가 발생했다는 기록이 있다.

174쪽의 이미지는 현대의 과학자들이 재구성한 당시 쓰나미의 확산 과정이다. 대양을 가로지르는 쓰나미의 이동이 시간대별 그림으로 표현되어 있다. 아무 예고 없이 갑자기 들이닥친 쓰나미의 공포는 가히 상상을 불허하는 수준이었을 것이다.

전통적 해석과 계몽주의의 충돌

전례 없는 대재앙을 접한 사람들은 이 사태를 어떻게 이해했을까? 당연히 대부분의 사람들은 예수회 교회가 그동안 가르쳐온 방식으로 재난을 이해했다. 인간의 타락과 방종에 대해 신이 내린 형벌이라는 것이다. 중요한 가톨릭 축일을 맞아 수많은 사람이 미사를 보는 시간에 지진이 발생했다는 사실이 이런 해석을 지지하는 듯이 보였다. 많은 가톨릭교회 건물이 무너져 내린 사실도 힘을 보태는 듯했다. 그래서 사람들은 신앙심이 부족한 사람들에게 신이 교훈을 내리기 위해 천재지변을 일으킨 것이라고 인식했다. 그리고 앞으로 재난의 재발을 피하는 길은 십자가 앞에서 진심 어린 회개를 하고 기도에 늘 힘쓰는 방법뿐이라고 확신했다.

177쪽의 그림은 이런 대중의 해석을 충실하게 반영한 작품이다. 화가 주앙 글라마João Glama가 그린 작품으로, 지진으로 파괴된 도시의 모습을 묘사하고 있다. 지붕이 무너져 내린 건물과 아직도 화염에 휩싸여 있는 건물들이 보이고, 광장에는 지진에 희생된 시신들과 이들 앞에서 넋을 놓고 통곡하는 시민들이 뒤엉켜 있다. 성직자가 사람들을 모아놓고 설교를 하는 모습, 그리고 쓰러진 십자가를 다시 세우는 시민들의 모습도 보인다. 가장 인상적인 부분은 하늘을 날아다니는 천사들이다. 일부 천사들은 칼을 든 모습으로 그려져 있다. 지진이 신의 뜻에 따른 천형이었다는 메시지를 강하게 전해준다.

그러나 모든 사람이 이런 전통적 해석을 받아들인 것은 아니었다. 예수회의 영향이 강하긴 했지만 계몽주의 사조가 확산되고 있었던 시절이 아니었던가? 당시 국왕이었던 조제 1세José I는 운이 좋게도 목숨을 보전했다. 그렇지만 이후 건물 안에 들어가면 공포심이 엄습하는 증상이 나타나 궁전 대신에 언덕에 세운 정자와 천막에서 생활했다. 국왕은 폼발 후작Marquês de Pombal으로 알려진 조제 드 카르발류José de Carvalho 장관을 총리로 임명하고 그에게 사태 수습에 대한 권한을 맡겼다. 국왕이 카르발류에게 이제 어떡하면 좋겠냐고 물었더니 카르발류는 "죽은 자는 파묻고 산 자는 먹이면 됩니다"라고 담담하게 말했다

주앙 글라마, 〈1755년의 지진O Terramoto de 1755〉, 1756~1792년 사이.

고 전한다.

　카르발류는 일찍부터 계몽주의에 눈을 뜬 인물이었다. 지주의 아들로 태어난 그는 탁월한 대인관계를 기반으로 영국대사로 임명되었는데, 런던에 있는 동안 정치학과 경제학을 탐구했다. 그 후 오스트리아에서 외교의 기술을 연마했다. 1749년에 포르투갈에 귀국한 카르발류는 인습에 매달리는 조국의 모습에 낙심했다. 그는 조국을 근대화하는 데 전념하기로 마음먹고, 국왕의 후원하에 중앙은행을 설립하고 여러 산업을 보호하며 부흥시키는 데 힘을 쏟았다. 그가 보기에 조국 포르투갈이 근대화를 이루기 위해서는 사회를 세속화하는 작업이 절실히 필요했다. 특히 예수회가 장악하고 있던 교육 부문을 세속화해야만 새로운 사상으로 무장한 인재들이 등장할 수 있으리라 확신했다. 결국 그는 예수회를 실질적으로 무력화시켰고 대학을 예수회로부터 독립시켰다. 이제 포르투갈 사회는 새로운 지적 기반을 마련할 수 있게 되었다.

카르발류 앞에는 무너진 리스본을 어떻게 재건할 것인가라는 절체절명의 과제가 놓여 있었다. 그는 주도면밀하면서도 결단력 있게 한 단계씩 재건에 필요한 사항들을 점검했다. 우선 몸이 성한 주민들을 리스본 밖으로 나가지 못하게 하고, 이들을 중심으로 잔해를 치웠으며, 이재민들이 머물 피난처를 건설하게 했다. 환자를 수용할 시설도 급히 마련했다. 혹시나 있을지 모를 약탈에 대비해 교수대를 짓고 사람들에게 경고문을 고지했다.

일단 급한 문제들이 어느 정도 수습되자 그는 도시 재건이라는 더 근본적인 과업에 시동을 걸었다. 카르발류는 도로를 정비하고 새로 건축물들을 지었는데, 미래에 지진 위험으로부터 견딜 수 있게 세우는 게 필수였다. 그는 건축물의 축소 모형을 만들고 둘레를 병사들이 발을 구르며 행진하게 했다. 건물이 진동에 얼마나 견디는지 평가하기 위해서였다. 주어진 여건 내에서 가장 과학적인 방법으로 도시 재건을 구상했던 것이다.

계몽주의자로서의 면모는 여기서 그치지 않았다. 카르발류는 모든 성당에 설문지를 보내 면밀하게 조사를 진행했다. 주요 질문들은 다음과 같았다.

- 지진이 언제 시작되었고 얼마나 지속되었는가?

개혁가 카르발류의 초상, 1766년.
그의 뒤로 예수회가 추방되는 모습이 묘사되어 있다.

- 충격이 특정 방향에서 더 크게 느껴졌는가? 건물이 특정 방향으로 더 많이 쓰러졌는가?
- 얼마나 많은 사람이 사망했으며 주요 인물도 있었는가?
- 바닷물이 높아진 것과 낮아진 것 중 어느 것이 먼저였는가? 평균 수면보다 얼마나 높아졌는가?
- 화재가 발생한 경우 얼마나 지속되었고, 피해는 얼마나 컸는가?

질문들만 봐도 카르발류가 객관적이고 과학적인 증거를 획득하려고 얼마나 노력했는지를 알 수 있다. 이 조사는 실제로 매우 유용했다.

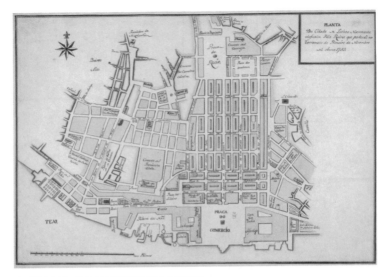

카르발류가 검토한 리스본 신시가지 계획도, 1755년.

조사 내용을 기반으로 그는 세간에 떠도는 과장된 루머와 가짜 뉴스
로부터 거리를 두고 대지진의 실체에 대해 정확한 지식을 얻을 수 있
었다. 오늘날의 역사가들이 지진 당시의 상황을 세밀하게 재구성할
수 있게 된 것도 이 조사 덕분이다.

자연재난을
어떻게 바라볼 것인가

리스본 지진은 지질학적인 격변만을 낳은 것이 아니었다. 유럽 전역

에 지성적 격변까지 불러일으켰다. 자연재난을 어떻게 바라보느냐를 두고 깊은 지적 단층이 존재했으며, 이것이 전례 없는 파열음을 내는 상황이 펼쳐졌다.

당시 유럽에는 포르투갈보다 계몽주의 사조가 더 깊이 뿌리를 내린 나라들이 많았다. 그러나 아직도 종교의 영향력이 강하게 남아 있었고, 신이 세상을 어떤 모습으로 만들어 냈는지에 대해서 여전히 낙관적 견해가 많았다. 즉, 신은 세계를 선하게 만들었으며, 따라서 모든 악에는 신의 의도가 들어 있다는 생각이 보편적이었다. 이런 견해는 독일의 철학자 고트프리트 라이프니츠Gottfried Leibniz에 의해 정리되었다. 그에 설명에 따르면 이 세상에서 오직 신만이 완전하므로 다른 모든 피조물은 불완전할 수밖에 없다. 그런데 신은 전능하고 선하기 때문에 무한히 많은 불완전한 가능 세계 중에서 가장 나은 것을 선택한다. 따라서 현실 세계는 '실현 가능한 세상들 중에서 최고의 세상'이라는 것이다. 신정론Theodicy이라 불리는 이 논리에 따르면 '악이 존재하는 세상'이 '가능한 최선의 조화를 위해 신이 구성한 세상'과 양립할 수 있다. 달리 말하자면, 재난과 같은 사태가 신이 최상의 의도로 창조한 세상에서 발생하는 것은 모순이 아니라는 주장이다.

계몽주의 사조의 대표 주자로 꼽히는 프랑스의 사상가 볼테르는 리스본 지진 소식을 전해 듣고는 비통해하면서 신정론적 사고를 정면으로 비판했다. 리스본 지진이 가능한 최선의 세상의 모습이라면 다른 세상은 도대체 어떤 세상이란 말인가? 엄마 품에서 숨을 거둔 어린아이가 도대체 어떤 악행을 저질렀단 말인가? 신이 큰 선을 가져오기 위해 현실 세계에서 악을 허용했다는 말을 어떻게 믿을 수가 있는가? 볼테르는 지진이 발생한 1755년에 〈리스본 재난에 관한 시〉라는 작품을 발표했다. 그중 일부를 읽어보자.

> 그대는 이렇게 말하겠는가? "이는 영원한 법칙의 효과다,
> 자유롭고 선한 신이 선택할 수밖에 없는."
> 그대는 쌓여 있는 희생자들을 보며 이렇게 말하겠는가?
> "신의 심판이오, 그들의 죽음은 그들이 저지른 죄악의 대가다."
> 어떤 죄악, 어떤 나쁜 짓을 했단 말인가,
> 엄마의 가슴팍에 안겨 있는 짓눌리고 피 흘리는 아이들이 말이다.
> 더 이상 도시가 아닌 리스본은
> 런던보다, 파리보다 더 사악해서 미심쩍은 환락에 더 빠졌단 말인가?

볼테르에 이어 또 다른 계몽주의 철학자 장자크 루소Jean-Jacques Rousseau도 자신의 견해를 피력했다. 그는 전통적 견해와 마찬가지로 모든 고통에는 목적이 있다고 보았다. 그리고 재난의 원인은 인간이 평화로운 자연 상태에서 멀어져 도시를 건설했기 때문이라고 주장했다. 인간이 도시에 몰려들어 건물들을 빽빽하게 짓고 거주한 탓에 지진의 피해가 극대화되었다고 루소는 지적했다. 다시 말해서 그는 인간이 자유의지로 도시화라는 방식으로 타락했기 때문에 재난을 유발하게 된 것이라고 보았다. 이어서 루소는 광대한 우주의 질서에 비교하면 개개인의 고통은 아주 미미하기 때문에 재난에 근거해 신의 뜻

왼쪽부터 라이프니츠, 볼테르, 루소.

을 알 수는 없다고 주장했다. 신정론을 부정할 근거가 불충분하다고 결론을 내린 것이다.

　신학적으로 이 철학자들의 말을 어떻게 판단해야 하는지, 그리고 이런 논쟁이 철학을 어떤 방향으로 이끌어갔는지는 이 책의 범위를 벗어난다. 여기서는 다만 다수의 쟁쟁한 계몽주의자들이 대지진이라는 재난을 놓고 신의 의도에 대해 본격적으로 논쟁을 벌였다는 사실이 중요하다. 재난은 신이 내린 천형이라는 구래의 종교적 설명은 더 이상 자동적으로 받아들여지지 않았다. 왜 세상에 재난이 발생하는 것인지, 재난의 대상과 범위는 어떻게 결정되는 것인지, 그리고 궁극적으로 누구에게 재난의 책임을 물을 수 있는지를 두고 지식 세계를 이끄는 사람들 사이에서 깊은 논쟁이 이루어진 것이다. 이런 의미에서 리스본 지진은 세계 지성사에 한 획을 그은 중대한 역사적인 사건이었다.

지진 피해를
줄일 수 있는 방법

이제 18세기에서 벗어나 현재로 돌아와보자. 지금까지 우리는 자연 재난으로서 지진을 살펴보았다. 더 이상 지진의 원인을 설명하면서 신의 뜻을 핵심 요인으로 지목하는 학자는 없다. 그만큼 지진을 바라 보는 담론이 그간 혁명적인 변화를 경험했다고 말할 수 있다.

그런데 오늘날 지진을 논의하면서 한 가지 빼놓지 말아야 할 점이 있다. 모든 지진이 자연력에 의해 발생하는 것은 아니라는 점이다. 저수지나 댐을 건설한 후 하중이 증가해 지진을 유발할 수 있다. 중국과 인도에서는 규모 6.0 이상의 지진이 이런 이유로 발생한 사례가 있다. 핵폭발 실험도 지진을 일으킬 수 있다. 2010년대 북한 함경도 지역에서 실시된 여러 차례의 지하 핵폭발 실험이 백두산을 포함한 인근 지역의 지진 위험을 높였으리라는 추정이 전문가들 사이에서 나오기도 했다. 또 2017년 포항에서 발생한 규모 5.4의 지진에 대해서는 인근에서 진행되었던 지열발전소 건설 작업이 주요인이었다고 전문가들이 분석했다.

자연력에 의한 지진이든, 인위적인 행위에 의한 지진이든, 우리는 이에 대비해야 한다. 지진이 발생할 경우 행동 요령도 숙지해둬야 한다. 진동이 느껴지면 우선 튼튼한 책상이나 탁자 아래로 몸을 피했다가 진동이 멈추면 바깥으로 이동해야 한다. 화재를 막기 위해 가스 밸브를 잠가야 하고, 휴대전화 등을 통해 정부의 발표를 듣고, 평상시에

대만의 마천루 타이페이101 내부에 설치된 내진장치.
건물의 흔들림을 완화시키는 역할을 한다.
ⓒArmand du Plessis

간단한 의약품을 비상 가방에 넣어 현관 옆에 비치해두면 좋다. "연습은 실전처럼, 실전은 연습처럼"이란 모토는 운동에만 적용되는 것이 아니다. 재난에 대비하는 마음도 이와 같아야 할 것이다.

하지만 지진으로 인한 피해를 줄이려는 개인의 노력만으로는 부족하다. "지진이 사람을 죽이는 게 아니라 건물이 사람을 죽인다"라는 말에서 유추할 수 있듯이 피해를 줄이는 가장 중요한 방법은 건축의 질을 개선하는 것이다. 건축물은 관련 법규에 맞게 내진 설계를 제대로 하고 충실한 시공과 감리 과정을 거쳐야 한다. 믿을 만한 경보 체계를 마련하는 일도 중요하다. 특히 지진의 피해는 지진 발생과 근소한 시차를 두고 터지기 시작하므로, 정확하면서도 신속하게 정보를 전달하는 체계를 갖춰야 한다. 지진 보험의 필요성도 대두되고 있다. 최근 경주와 포항에서 지진이 발생한 이후 지진 보험에 대한 고민이 커지고는 있지만, 다른 종류의 보험들에 비해 아직 사람들의 관심을 충분히 끌지 못하고 있다.

결국 지진의 발생은 불가피할지 몰라도 지진이 일어난 후에 입는 피해는 우리의 노력으로 현저하게 줄일 수 있다. 이런 면에서 모든 재난은 '천재天災'가 아니라 '인재人災'의 속성을 갖는다는 점을 명심해야만 한다.

2부
—

인간이
스스로 만든 참사
: 인공재난의 시대

6
—
검게 물든
죽음의
그림자
—
: 석탄 산업 재해

◆
◆

아이들을 가르치기
가장 좋은 나이는 여섯 살이다.
그때가 훈련하기 좋은 시점이다.

—

굴뚝 청소부 조지 러프 George Ruff

도시화와
석탄의 등장

일반적으로 생각하는 것과는 달리 석탄은 산업혁명을 통해 처음 역사에 등장한 것이 아니다. 예를 들어 중국에서는 이미 송나라 시대에 석탄을 꽤 널리 사용했다. 특히 역사가들은 제련업에서 석탄을 연료로 사용한 점을 강조한다. 석탄을 사용함에 따라 철과 동의 제련 기술이 발달했고, 그 결과 농기구의 성능이 향상되어 농업 생산성을 높였으며 뛰어난 무기를 제조할 수 있게 되었다고 한다.

　석탄이 본격적으로 사용된 것은 근대에 접어들어 도시화가 진전된 사실과 깊은 관련이 있다. 영국의 사례가 이를 잘 보여준다. 영국에서

귀스타브 도레Gustave Doré,
〈철로변에서 본 런던Over
London−by Rail from London〉,
1872년.
다닥다닥 붙은 집들이 연기
를 뿜어내는 런던의 거리.

는 17세기부터 전국 곳곳에서 도시가 빠르게 성장했는데, 1600년에
20개에 불과했던 인구 5,000명 이상의 도시가 1700년이 되면 31개
나 될 정도로 비약적으로 성장했다. 그중에서도 런던은 57만 명이라
는 압도적인 인구를 과시했다. 유럽 전체에서도 비교할 대상을 찾기
어려운 규모였다. 도시의 빠른 성장은 그만큼 건축물의 수가 큰 폭으
로 증가했다는 뜻이고, 이는 다시 굴뚝의 수가 폭발적으로 증가했음
을 의미했다.

　17세기 후반과 18세기에 많은 주택이 새로 건설되었는데, 이 시기
에는 특히 벽돌로 건물을 짓는 방식이 널리 유행했다. 1666년에 런던
에서 발생한 대화재가 중요한 분기점이 되었는데, 무려 1만 3,000여
채의 가옥이 파괴되어 7만 명 이상이 거주할 공간을 잃은 이재민이 되
었다. 새 가옥이 많이 필요해지자 정부는 재건축을 관리하는 법률을
제정하고 건축자재와 건축물의 구조에 대해 통제했다. 벽돌의 두께,

천정의 높이 등도 새 법률에 맞춰 정해졌다. 대화재 이후 건축이 급증하는 가운데 석탄을 연료로 사용하는 가옥의 비율이 크게 높아졌다. 당시에는 영국은 물론 유럽 전역에서 목재에 대한 수요가 늘어나 숲이 눈에 띄게 줄어들고 있었다. 그러다 보니 목재 가격이 상승하고 땔나무를 구하기가 점점 어려워졌다.

이런 이유로 석탄을 연료로 쓰는 집의 비율이 빠르게 증가했다. 영국은 석탄 매장량이 풍부해서 석탄을 낮은 비용으로 대량 공급할 수 있다는 장점이 있었다. 18세기 중반부터 산업혁명이 진행되어 석탄에 대한 산업적 수요가 급증하기 이전에 이미 석탄은 가정의 필수품으로 자리 잡아가고 있었다.

아이들을 굴뚝 청소부로
고용하다

가옥에서 석탄을 연료로 사용하려면 연기가 실내에서 밖으로 원활하게 빠져나가는 구조가 필요했는데, 이런 필요성에 맞게 굴뚝의 지름이 과거보다 작게 제작되었다. 그런데 이렇게 좁아진 굴뚝은 시간이 지나면 검댕으로 막히기 쉬웠다. 검댕이 끼면 연기를 배출하는 효율이 낮아질 뿐 아니라 검댕이 열기를 머금어 화재를 일으킬 위험성도 높았다. 따라서 굴뚝 내부를 정기적으로 청소해 검댕을 제거하는 작업이 반드시 필요했다. 이것이 굴뚝 청소부가 도시 생활에 필수적인

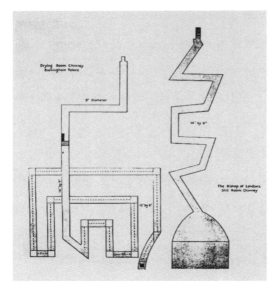

어떤 굴뚝은 청소하기가 놀랍도록 어려운 구조였다. 왼편의 버킹엄 궁 건조실 굴뚝은 넓은 벽면에 온기가 전해지도록 하려고 일부러 복잡한 형태로 설계되었다.

직업으로서 등장하게 된 배경이었다.

굴뚝은 개별 집의 구조나 위치에 따라 그 숫자와 모양이 다양했다. 어떤 굴뚝은 구불구불하게 제작되었고, 어떤 굴뚝은 내부가 좁아 지름이 30센티미터 정도밖에 되지 않았다. 성인이 작업하기에는 너무 비좁은 구조였다. 이에 따라서 점차 아이들에게 굴뚝 청소 일을 맡기게 되었다. 위 그림은 가장 복잡한 구조로 만들어진 굴뚝의 모양을 보여준다. 특히 왼편의 버킹엄 궁 건조실 굴뚝은 당시 최고로 개량된 기구로도 청소가 불가능해 악명이 높았다. 19세기 초반부터는 굴뚝 청소에 사용하는 기구들이 개발되어 판매되었는데, 긴 막대기 끝에 솔이 달려 있는 형태가 대부분이었다. 그러나 이런 청소 기구들은 직선

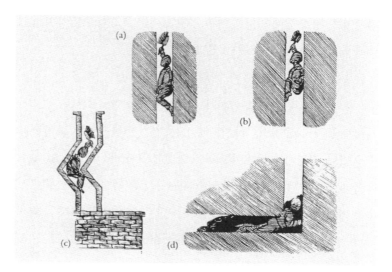

아이들이 굴뚝을 청소하는 방법. (a) 기본 자세. (b) 오르내리는 방법. (c) 구부러진 굴뚝을 오르내리는 방법. (d) 연통이 직각으로 꺾인 곳에서는 검댕이 쌓여 사고 위험이 크다.

형 굴뚝에만 사용할 수 있었고 구부러진 부분에 쌓인 검댕은 제대로 긁어내지 못한다는 한계가 있었다. 19세기 초반에 런던에서 굴뚝 청소부로 일한 사람이 약 1,000명이었고, 전국적으로는 3,000명 가까이 되었다고 추정되는데, 이들 가운데 약 70퍼센트가 어린아이였다.

비좁은 굴뚝 안에서 아이들이 작업하는 모습을 묘사한 당시 그림을 보자. 수직 굴뚝을 오르내리기 위해서는 어깨, 팔꿈치, 허리, 무릎, 발끝에 순차적으로 힘을 주고 빼기를 반복하면서 움직일 공간을 확보하는 동작이 필수인데, 이 동작을 익히려면 고된 반복적 훈련이 필요했다. 굴뚝이 굽은 경우에는 몸을 이동시키는 데 더욱 고도의 기술이 필요했다. 굴뚝이 직각으로 꺾인 부분은 특히 위험했다. 오랜 기간 쌓인 검댕 또는 청소 중에 떨어져 쌓인 검댕 덩이가 모퉁이를 막아버려 아이에게 치명적인 위협이 될 수 있었다.

굴뚝을 오르내리며 내부에 붙은 검댕을 떼어내고 가루를 쓸어 담아 밖으로 꺼내는 작업은 고될 뿐 아니라 늘 위험을 안고 있었다. 공기가 제대로 통하지 않아 질식하기도 하고, 옷가지가 엉켜 목이 조이는 사고도 났다. 작업하는 굴뚝이 뜨거운 상태여서 화상을 입기도 했고, 굴뚝이 약해서 무너지면 바닥에 떨어져 큰 부상을 입기도 했다. 중대 사고가 아니더라도 굴뚝 청소 아이들은 이런저런 상처를 늘 안고 살았다. 당시 6세쯤 된 아이의 상태를 묘사한 글을 살펴보자.

> 통탄할 만한 상태였다. 그 아이는 팔꿈치와 양쪽 무릎, 등, 손가락, 발가락, 발등 및 신체의 다른 여러 부분이 헐어 있었다. 뒤통수는 부어 있었는데, 굴뚝 위로 밀어 넣다 생긴 것으로 보이는 화상으로 헐어 있었다. 또한 등에 긁힌 자국이 있고 머리에 타박상이 있었는데, 이것은 맞아서 생긴 것이었다. 그 아이가 굴뚝 청소 아동이라는 것을 몰랐다면 나는 누군가가 그를 죽이려고 굴뚝에 밀어 넣은 것으로 생각했을 것이다.

당시에 기록된 굴뚝 청소 아이들의 재해는 이 밖에도 다양했다. 무거운 검댕 자루를 지고 다니느라 생긴 기형, 사고로 인한 팔다리 절단, 사타구니에 발생하는 암, 영양 부족으로 인한 발육부전과 쇠약증, 궂은 날씨에 노출되어 생기는 가슴 통증, 검댕이 눈에 들어가 생기는 시각장애 등 일일이 나열하기도 힘들 지경이었다.

토머스 롤랜드슨Thomas Rowlandson, 〈하층민들의 특징 시리즈〉, 1820년. 런던의 굴뚝 청소부들. 어른과 아이들이 줄을 지어 걸으며 "뚫어!"를 외치고 있다.

여기에 노동 환경과 주거 환경도 피해를 키웠다. 굴뚝 청소 장인이 가혹하게 다룬 탓에 아이들이 사고와 질병에 더 많이 노출되었으며, 열악하기 짝이 없는 주거 여건 탓에 질병이 낫지 않고 오히려 악화되곤 했다. 당시는 아동노동과 관련해 최소한의 사회적 감시나 보호 체계가 없는 시대였다. 전문적인 조사관이나 사회복지사도 없었고, 노동 여건과 처우에 어떤 문제점이 있는지 찾아낼 주체도 없었으며, 어떠한 조언이나 협조도 제공받을 수 없는 거칠고 야만스러운 시절이었다.

굴뚝 청소
노동의 개혁

아이들을 '백인 노예'처럼 비인간적으로 대우하는 것이 부끄러웠기 때문일까? 19세기를 지나면서 굴뚝 청소 노동의 문제를 개선하자는 목소리가 점차 호응을 얻었다. 굴뚝 청소 노동이 개혁되기까지는 많은 사람의 헌신적인 노력이 있었다. 특히 어린아이들을 힘들고 위험한 작업에서 분리시키는 것이 개혁의 핵심 과제였다. 개혁 운동의 효과를 극대화하기 위해서 개혁가들은 열정적으로 다양한 활동을 펼쳤다. 언론에 개혁의 필요성을 기고했고, 개혁을 촉구하는 서적과 팸플릿을 발간했다. 또 협회를 조직해 운동의 구심점으로 삼았고, 친개혁적 인물들에게 도움을 청해 공공 집회를 개최했다.

이런 다채로운 활동을 전개한 끝에 마침내 개혁가들은 궁극적 목표인 아동노동 근절에 성공했다. 수많은 노력과 좌절, 시행착오를 거친 끝에 개혁 운동이 시작된 후 약 1세기만인 1875년에 드디어 그들이 꿈꾼 목표에 도달하게 되었다.

굴뚝 청소 아동 노동 개혁의 선구자로 섀프츠베리 경Lord Shaftesbury을 들 수 있다. 그는 초기 단계부터 사람들을 설득하고 문제를 공론화하는 데 혁혁하게 기여했다. 작가인 헨리 메이휴Henry Mayhew는《런던 노동자와 런던 빈민London Labour and the London Poor》이라는 책을 발간해 하층민의 참상을 사회적인 이슈로 만드는 데 큰 공헌을 했다. 대중에게 인기가 엄청났던 작가 찰스 디킨스Charles Dickens도 개혁에 적극적으로

1820년대에 발행된 유인물에 '최후의 굴뚝 청소부'라는 이름으로 묘사된 청소 기구.

공감하고 여러 차례의 강연을 통해 청결한 생활 여건의 중요성과 관련 입법의 필요성을 사람들에게 설파했다.

개혁가들은 굴뚝 청소를 할 수 있는 노동자의 연령에 하한선을 두고, 사람 대신 굴뚝을 효과적으로 청소할 수 있는 기구를 개발해 보급했다. 또한 건물과 굴뚝의 형태와 높이를 규제하고, 감독관이 굴뚝 청소를 관리하게 했다. 규정을 지키지 않은 굴뚝 청소 장인과 청소를 의뢰한 사람에게 법적 책임을 묻는 방안도 추진했다.

한편 공중보건의 혁신 없이는 굴뚝 청소 아이들의 건강을 제대로 확보할 수 없었기 때문에 공중위생을 개선하려는 노력도 계속되었다. 특히 개혁가 에드윈 채드윅Edwin Chadwick의 활동이 큰 힘이 되었다.

19세기 중반 그림.
섀프츠베리 경의 초상화를 바
라보는 구두닦이 소년들.

1842년 그가 노동계급의 위생 상태에 관한 보고서를 출간하자 영국
사회는 큰 충격에 빠졌다. 사람들이 너무나도 열악한 환경에서 살고
있다는 사실이 여지없이 드러났기 때문이다. 이 보고서의 출간을 계
기로 사람들은 위생 문제, 특히 공중위생에 대해 경각심을 갖게 되었
고, 의회는 1846년 '공중목욕탕과 세신소법'을 제정했다.

이제 대중은 저렴한 비용으로 공중목욕탕을 이용함으로써 위생 수
준을 크게 높일 수 있었다. 예를 들어 1849년 런던의 성매릴본에서 문
을 연 대규모 공중목욕탕에는 방문객이 가장 많았던 주에 무려 1만
2,000명이 입장했고, 하루 최고 3,429명을 기록할 정도였다. 곧 런던
뿐 아니라 노팅엄, 버밍엄, 브리스틀, 리버풀 등 다른 도시들에서도 공

중목욕탕이 개장해 수많은 입장객을 맞았다. 깨끗하게 살 수 있는 권리가 이렇게 퍼져나갔다.

산업혁명을 불러온
탄광의 증가

18세기 중반 영국은 산업혁명이라는 역사의 경로에 들어섰다. 탄광 산업은 영국의 산업혁명을 상징하는 대표적인 산업이었다. 영국에서 산업혁명이 가장 일찍 일어난 이유로 여러 역사가가 석탄의 매장량이 많았다는 점을 든다. 이미 17세기에도 석탄 채굴이 시작되었지만, 깊은 갱도를 뚫고 채탄 작업이 본격화한 것은 18세기 후반부터였다.

초기에는 석탄이 바닥에 드러난 노천 탄광이나 석탄이 얇은 곳에 매장된 탄광에서 채탄 작업이 이루어졌지만, 석탄에 대한 수요가 늘어가면서 점차 땅속 깊은 곳에 매장된 석탄도 캐게 되었다. 그에 따라 갱도의 구조가 복잡해졌고, 광부와 채탄 기구를 운반하는 시설이 광산 내부 곳곳에 설치되었다. 202쪽의 그림은 이런 구조를 잘 보여준다.

방대한 양의 석탄 채굴은 국가의 경제구조를 결정하는 중요한 요인이 되었다. 영국은 전통 연료였던 목탄(炭)에 비해 석탄의 가격이 상대적으로 낮은 상황이었다. 반면에 노동자의 임금은 다른 나라들에 비해 상당히 높았다. 석탄은 저렴하고 인건비는 비싼 상황은 사람들에

대규모 탄광에는 복잡한 이동 경로와 운반 장치가 필요했다. 갱도로 광부와 짐을 올리고 내리는 장치가 곳곳에 설치되었다.
ⓒ1842년 영국 의회보고서

게 노동을 덜 쓰고 석탄을 더 사용하는 방향으로 기술 개발을 추진하게 만들었다. 증기기관을 동력으로 쓰는 기계야말로 영국에 가장 적합한 기술의 방향이었다.

오늘날 경제사학자들은 영국이 당시에 이룬 기술 진보가 발명가 개인의 업적이라고 보는 데 다소 거부감을 보인다. 개인의 뛰어난 창의성과 노력이 발명을 이끌어 낸 것은 분명하지만, 문제는 왜 당시에 다른 나라에서는 이렇게 뛰어난 발명품이 등장하지 않았냐는 것이다. 인도처럼 노동력이 풍부한 나라에서 노동력을 절감하는 기계가 발명되었다면 어떤 일이 발생했을까? 새로운 기계를 사용해서 얻게 되는 비용 절감 효과가 크지 않았을 테니 공장주들이 굳이 새 기계를 도입하려 하지 않았을 것이다. 이런 맥락으로 영국에서 석탄이 노동에 비해 상대적으로 저렴하지 않았더라면 기술 진보가 그렇게 빠르게 일어나지 못했으리라는 추론이 가능하다. 그러므로 석탄은 영국이 '세계의 공장'이라는 지위를 갖게 만든 일등 공신이었던 셈이다.

갱도에서 벌어진
끔찍한 재해

탄광에서의 작업에는 늘 위험이 도사리고 있었다. 우선 갱도에 존재하는 유독성 가스가 문제였다. '불습기firedamp'라고 불린 메탄가스로 인해 갱도 안에서 광부들이 질식할 위험이 컸다. 메탄가스가 폭발하지 않으면서 연소하도록 만드는 기술 개발이 절실했다. 발명가 험프리 데이비Humphrey Davy가 연구를 거듭한 끝에 1815년에 폭발성 물질을 차단하는 막을 설치한 안전 램프를 개발하는 데 성공했다.

그런데 역설적으로 데이비의 안전 램프가 보급된 후에 탄광의 폭발 사고는 더 증가하는 양상이 나타났다. 과거에 안전사고가 우려되어 폐쇄했던 갱도들에 채굴업자들이 다시 눈독을 들였기 때문이다. 그렇지만 사고의 유형에는 분명한 변화가 생겼다. 과거에는 메탄가스를 탐지하고 제거할 기술적 능력이 없어서 사고가 났지만, 이제는 광부들이 안전 램프를 사용하지 않거나 부주의로 안전 램프가 제대로 작동하지 않는 것이 사고의 주된 원인이 되었다.

갱도가 깊어지고 광산의 구조가 점점

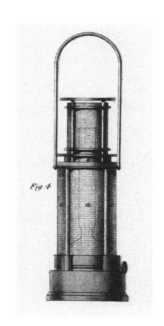

데이비가 개발한 안전 램프.

복잡해지면서 다른 재해의 위험성이 증가했다. 갱도가 깊어질수록 광부 개인이 채탄 작업을 할 공간은 비좁아지기 마련이었고, 캐낸 석탄을 싣고 옮기는 작업도 더욱 힘들어졌다. 사고의 위험이 그만큼 커질 수밖에 없었다. 산업혁명 시기 석탄 생산량이 급증한 이면에는 재해의 위험과 노동조건의 악화라는 어두운 현실이 자리하고 있었다.

광부들은 석탄 덩이를 어떻게 캐냈을까? 갱도가 비좁아서 깊숙한 곳까지 접근하기가 어려운 경우가 많았으므로, 대부분의 채탄 작업은 기계의 도움 없이 광부의 손으로 이루어졌다. 광부는 갱도의 형태와 광맥의 방향에 맞춰 다양한 자세와 동작으로 곡괭이질을 해야 했다.

당시의 의회보고서가 탄광 노동의 실태를 실감나게 전해준다. 205쪽의 그림은 채탄 작업을 하는 공간이 극히 한정된 경우를 보여준다. 천장이 낮고 비좁은 공간에서 광부는 허리를 깊숙이 구부리고 다리를 교차한 채 힘겹게 곡괭이질을 하고 있다. 이렇게 협소한 공간에서도 얼마나 석탄을 잘 캐낼 수 있느냐가 광부의 숙련도와 기술을 가늠하는 척도였다. 이 그림에서 우리는 노동 여건에 대해 몇 가지 사실을 더 알 수 있다. 칠흑같이 어두운 공간에서 작업하기 위해서는 조명이 필요한데, 그림에서 보듯이 촛불 하나가 전부였다. 광부 중에는 시력 손상을 입은 이가 많았는데, 일부는 어두운 실내에서 채탄 장비나 석탄 조각, 돌 조각에 상처를 입었으며, 다른 일부는 폭발 사고로 부상당했고, 나머지는 석탄 분진이 눈을 자극해서 발생했다. 또 갱도 안이 지극히 덥고 환기가 되지 않았다는 점에도 주목해야 한다. 광부들은 높은 온도와 습도 탓에 그림에서처럼 옷을 모두 벗고서 작업하곤 했다. 보

허리를 펴지 못한 채 구부
리고서 석탄을 캐는 모습.
공간이 협소한 경우 광부는
매우 힘든 동작으로 작업을
해야만 했다.
ⓒ1842년 영국 의회보고서

호 모자나 신발이 없는 것은 두말할 나위도 없었다. 그야말로 최소한
의 안전도 보장받지 못하는 노동환경이었다.

탄광은 사고 위험이 도처에 도사리고 있는 재해의 온상이었다. 광
부가 지상에서 갱도로 오가는 작업, 갱도에서 채탄하는 작업, 석탄 더
미가 가득한 수레를 운반하는 작업 모두 심각한 재해 위험을 안고 있
었다. 좁은 공간에 끼어서 발생하는 사고, 운반용 수레에 치이는 사고,
석탄 덩이를 옮기는 과정에서 석탄 덩이가 아래로 떨어져 발생하는
사고, 밧줄이 끊어져 다치는 사고, 사다리가 부러져 추락하는 사고 등
이 끊임없이 발생했다. 이런 재해보다 빈도는 낮았지만 재해의 규모
가 커서 사람들을 경악시킨 사고는 폭발 사고였다. 안전 램프처럼 개
량된 장비가 개발되었지만, 안전 수칙이 늘 엄격하게 지켜진 것은 아
니었다. 또 폭약을 많이 사용하는 광업의 속성상 대규모의 폭발 사고
를 완벽하게 피하기는 어려웠다. 탄광의 폭발 사고는 엄청난 피해를
낳았고 당시 언론에도 대서특필되곤 했다.

광부가 겪는 재해의 또 다른 특성은 일을 그만둔 후까지 피해가 이

1866년 반즐리 탄광에서 발생한 끔찍한 폭발 사고로 무려 350명이나 되는 사망자가 발생했다.

어지는 경우가 많았다는 점이다. 탄광 노동자들이 가장 많이 경험한 질병이 진폐증_{pneumoconiosis}이었다. 진폐증은 폐에 분진이 달라붙어 조직 반응이 일어나는 증상이다. 석탄의 분진이 공기 중으로 짙게 흩날리는 환경에서 장시간 노동을 하면 석탄 분진이 폐의 허파꽈리에 도달해 달라붙고 폐 세포에 염증과 섬유화를 유발하는 것이다. 진폐증에 걸리면 환자는 호흡 곤란, 기침, 다량의 담액, 가슴 통증 등의 증상을 호소하게 되며, 합병증이 발생하는 경우도 많다. 진폐증을 고치는 적절한 치료법이 없기 때문에 환자는 죽을 때까지 고통을 안고 살아가야 했다.

광부 생활을 오래 한 노동자가 이 직업 특유의 신체적 외양을 갖게 되었다는 조사도 있었다. 1842년 의회보고서에 보고된 탄광노동자의 외모는 이런 특징을 보였다고 한다.

어른들은 가늘고 야위었으며, 그들의 근육은 육체노동을 하는 일의 속성을 미루어보아 기대할 수 있는 만큼 발달하지 않았다. 그렇지만 어린이와 젊은이들 가운데에는 어떤 근육들이 거의 기형이라고 할 수 있는 정도로 발달한 것을 보았다. 예를 들어 등과 허리의 근육은 마치 피부밑에 밧줄이 지나가는 것처럼 몸에서 돌출해 있었다.

또 다른 묘사를 살펴보자.

두 광부는 몸집이 다소 컸기 때문에 내 눈에 들어왔다. 그들이 옷을 벗은 채 일하는 것을 볼 기회가 자주 있어서 나는 그들의 몸을 자세히 볼 수 있었는데, 그들의 복부는 놀랍도록 꺼져 있어서 마치 피부가 완전히 주름진 것처럼 보였다. 그들은 구부정하게 느릿느릿 걷는 걸음걸이를 보였는데, 이것은 분명히 광산의 낮은 갱도에서 얻은 자세다. 그들은 얼굴을 씻고 나면 안색이 창백했고, 어두운 황색에 가까웠다. 눈은 힘이 풀려 있었고 때로는 충혈이 되어 있었으며, 얼굴 표정은 멍했다.

온몸에 직업의 흔적을 분명하게 남길 정도로 탄광 노동자의 생활이 고단하고 열악했음을 알 수 있다. 평균적으로 볼 때 탄광에서 발생하는 사고는 중대 재해가 많았다. 사고로 목숨을 잃는 광부의 수가 많았고, 중상자의 비율도 다른 산업들에 비해 높은 편이었다. 다행히 재해 후에 회복이 되더라도 온전한 상태로 돌아오는 데 걸리는 시간이 길 뿐 아니라, 회복된 후에도 노동 능력이 완전히 돌아오지 않는 경우가 빈번했다.

위험한
탄광 노동의 개혁

탄광에 고용된 사람은 모두가 시시각각 너무도 많은 위험에 노출되어 있어서, 숙련과 끊임없는 주의에도 위험은 늘 가까이에서 위협을 가한다.

당시 의회보고서가 이렇게 기록할 만큼 재해의 그림자는 늘 광부 곁에 있었다. 탄광의 규모가 커지고 내부 구조가 복잡해질수록 자연스럽게 사고의 위험이 증가했다. 이전보다 많은 수의 광부가 다양한 장비를 이용해 각자 맡은 일을 수행하게 되면서, 자신이 작업상 잘못을 저지르지 않더라도 다른 노동자의 과실 또는 구조적인 문제 때문에 재해를 입을 위험성이 커졌다. 산업재해의 전형적인 특성이라고 할 수 있는 이런 측면이 점차 대중의 뇌리에 각인되면서 탄광 재해의 해결책을 찾아야 한다는 경각심이 고조되었다.

개혁의 움직임은 크게 세 방향으로 이루어졌다.

첫째, 탄광 사고 예방에 도움이 되는 기술을 개발하는 것이었다. 탄광 사고의 유형에 따라 폭발 사고에는 안전 램프의 개발이 가장 유효했고, 추락이나 시설물 붕괴에 의한 사고에는 안전시설의 확충이 중요하게 여겨졌다. 그렇지만 이와 같은 기술 개발과 장비 도입에는 적지 않은 비용이 소요되었으므로 탄광의 재해 위험은 쉽사리 낮아지지 않았다.

둘째, 광부들이 장시간에 걸쳐 고되게 노동해야 하는 상황이 계속

1840~1842년 목판화 작품.
탄광에서 거친 노역을 하는 아이를 만나는 개혁가들.

되는 한 갱도 내의 사고를 줄이기 힘들었다. 광부들이 수면과 휴식을 충분히 취하지 못하고 크고 작은 부상에서 회복할 시간을 보장받지 못하는 현실에서는 재해가 반복해서 발생하기 마련이었다. 사고를 미연에 방지하기 위한 사전 교육이 부실하거나 아예 존재하지 않았다는 점도 이와 무관하지 않았다. 광부의 노동 여건만이 아니라 생활환경이 개선되지 않는 한, 단순한 기술혁신만 가지고는 산업재해 문제를 근본적으로 해결할 수 없었다.

셋째, 사고의 책임을 누가 질 것인가라는 문제가 해결되어야 했다. 사고 발생 시에 책임이 노동자에게 돌아간다면 고용주가 재해를 줄이려는 노력을 소홀히 할 가능성이 높았다. 따라서 고용주가 부담하는 사회적·경제적 비용을 늘려야 재해를 줄이는 효과를 기대할 수 있다는 주장이 점차 힘을 얻었다. 하지만 현실에서 고용주가 자발적으로 자신의 책임을 더 높일 것으로 기대하기는 어려운 법이었다. 결국 고용주에게 책임을 묻는 여론이 더 커지고 노동자들의 이익을 대변하고 보호해줄 단체가 성장해야만 실질적인 개선이 가능했다. 특히 사고의 책임을 둘러싼 법정 공방이 변화를 만드는 핵심 고리로 작용했다. 재해를 입은 광부들이 자신의 주장을 펼 기회를 충분히 가질 수 있는가, 배심원과 재판관의 의식이 얼마나 바뀌었는가, 그리고 검시와 관련된 논쟁이 어떤 방향으로 흘러가는가 등이 대표적으로 중요한 이슈였다.

마지막으로, 19세기 후반 빅토리아시대Victorian era 특유의 도덕심도 개혁의 움직임에 중요한 자극이 되었다. 특히 여성과 아동노동의 참상은 많은 사람에게 개혁의 필요성을 일깨워주었다. 갱도 내의 노동조건이 육체적 사고를 초래하는 데 그치지 않고 정신적 타락까지 낳는다는 인식이 광범위하게 공유되면서 마침내 개혁은 피할 수 없는 시대의 과업으로 인정되었다.

런던 하늘을 뒤덮은 '콩수프 안개'

석탄이 인간에 미친 영향은 매우 크다. 석탄의 사용 증가는 생산의 증가를 낳았지만, 다른 한편으로는 대기오염의 증가를 의미하기도 했다. 언제부터인가 우리는 대기오염을 자연스럽게 받아들이면서 살아왔다. 주택과 사무실에 냉난방이 공급되어 계절과 상관없이 쾌적하게 생활하기 위해서, 그리고 원하는 곳에 언제든 자동차를 타고 가기 위해서는 화석연료를 사용하는 게 불가피하다. 따라서 어쩔 수 없이 어느 정도의 대기오염은 받아들여야 한다는 생각이 널리 퍼져 있다. 쾌적한 삶을 영위하기 위한 인간의 노력이 대기오염이라는 흉기가 되어 인간에게 돌아온다는 역설적 사실에 우리는 마냥 그대로 순응해야 하는 것일까?

역사적으로 대기오염을 일으킨 주범을 하나만 꼽는다면 아마도 그것은 석탄일 것이다. 17세기에는 난방에 대한 관심이 높아져서, 그리고 산업혁명 시대에는 산업용 수요가 증가해서 석탄의 사용량이 가파르게 증가했다. 그에 따라 도심을 중심으로 오늘날 우리가 '스모그smog'라 부르는 현상, 즉 오염된 공기가 집중적으로 발생하는 사태가 빈번하게 목격되었다. 스모그는 연기를 의미하는 스모크smoke와 안개를 의미하는 포그fog의 합성어다.

산업혁명 당시 사람들은 이 오염된 공기를 '도시 안개city fog'라고 부르곤 했다. 스모그 문제는 시간이 흐르면서 더욱 악화되었다. 1820년이 되면 스모그가 짙어져 대기가 거무스레하다 못해 누르스름한 녹색을 띠는 것처럼 보였다. 그래서 사람들은 '콩수프 안개pea soup fog'라는 별칭까지 붙였다.

역사적으로 가장 유명한 스모그는 20세기 중반에 발생했다. 1952년 겨울, 대기가 정체된 상태가 런던에서 닷새째 지속되고 있었다. 석탄에서 발생한 공해 물질이 점점 공기 중에 축적되어 오염이 심화되었

촬영자 미상, 1952년.
콩수프 안개에 휩싸인 런던의 피카딜리서커스 풍경.

다. 불과 10미터 앞조차 내다볼 수 없을 만큼 대기오염이 심해지자 지
하철을 제외한 모든 대중교통의 운행이 중단되었다. 오염된 공기가
건물 내부로 스며 들어와 퍼졌기 때문에 수많은 연극 공연, 영화 상영,
음악 연주회가 취소되었다.

　위 사진은 당시에 촬영한 런던 거리의 모습인데, 대기오염 상태가
얼마나 심각했는지를 생생하게 보여준다. 촬영지는 시내 한복판에 위
치한 피카딜리서커스Piccadilly Circus였다. 유명한 에로스 동상의 윤곽만
희미하게 보이고 동상 뒤쪽으로는 어떤 풍경이 있는지 도무지 알 길
이 없다. 오가는 택시도 드물어 많은 시민이 택시 잡기를 포기하고 발
걸음을 서둘러 옮겨야만 했다. 불편함이 전부가 아니었다. 건강에 위

협을 받은 시민도 속출했다. 호흡 곤란을 호소하는 사람들이 늘어났고 증상이 심해져 병원을 급히 찾는 환자도 증가했다. 이 대기오염이 직접적인 원인이 되어 사망한 런던 시민이 적어도 4,000명에 이른 것으로 나타났다. 최근에 이루어진 연구에 따르면 당시 사망자가 최종적으로 1만 2,000명이나 되었다.

사실 이 시기에 대기오염은 세계 공통의 현상이 되어가고 있었다. 스모그가 대도시의 하늘을 짓누르는 상황은 영국 밖에서도 발생 빈도가 높아지고 있었던 것이다. 미국 로스앤젤레스에 거주하는 시민들은 이미 1940년대에 그들이 종종 '가스 공습gas attack'이라고 부르는 대기오염 사태로 몸살을 앓았고, 뉴욕에서도 1950년대와 1960년대에 대기오염이 여러 번 발생해 하루에 수십 명씩의 사망자를 냈다.

아래에 있는 1953년 공중에서 촬영된 뉴욕시의 풍경을 살펴보자. 오른편에 보이는 높은 마천루가 크라이슬러 빌딩Chrysler Building인데,

촬영자 미상, 〈스모그에 가려진 크라이슬러 빌딩〉, 1953년.

그보다 더 높은 엠파이어스테이트 빌딩Empire State Building 옥상에서 내려다보며 촬영한 사진이다. 뉴욕 시내 전체가 짙은 스모그에 싸여 있어서 시계가 심각하게 가려져 있다. 스모그로 뒤덮인 런던 시내의 모습과 영락없는 판박이처럼 보인다. 세계 어느 대도시이건 간에 화석연료에 의존한 곳은 예외 없이 심각한 대기오염이라는 환경재난을 맞아야만 했던 것이다. 그리고 이런 현상은 20세기 후반을 거치면서 개발도상국의 수많은 도시에서 반복적으로 재현될 예정이었다.

이 책의 뒤에서 대기오염 문제를 더 심층적으로 살펴볼 것이다. 오늘날 대기오염은 어떤 상태에 있는지 돌아보고, 어떤 노력을 통해 개선된 미래를 맞을 수 있을지 곰곰이 고민해보자. 우리가 일상에서 누릴 삶의 질이 여기에 크게 달려 있다.

7

교통의
진보가
가져온 비극

: 운송수단 사고

◆
◆

나는 선박이 침몰할 원인이 될
어떤 조건도 상상할 수 없다.
이 배에 어떤 치명적인 재난도
발생하리라 생각할 수 없다.
현대 선박은 이를 뛰어넘는다.

—

타이타닉호의 지휘관
에드워드 스미스 Edward Smith 선장

혁신과 발명의
전성시대

인류의 역사는 번뜩이는 아이디어와 창의적인 발명들로 가득하다. 박
물관에 가보면 선사시대부터 인간이 쉬지 않고 혁신을 지속해왔음을
쉽게 확인할 수 있다. 역사를 수놓은 이런 뛰어난 발명과 혁신들은 지
식과 기술을 만들어 내는 인류의 능력이 초창기부터 만만치 않게 발
휘되었다는 사실을 우리에게 말해준다.

　시대별로 본다면 발명과 혁신이 가장 전면적으로 개화한 시기로 산
업혁명 시대를 지목할 수 있다. 18세기 중반에서 19세기 중반에 이르
는 시기에 서구의 여러 국가가 산업구조를 혁명적으로 바꾸는 과정을

경험했다. 농업 중심의 경제가 공업 중심의 경제로 변모하는 역사적인 전환이었다. 그 이전에는 발명과 혁신이 호기심 가득하고 명민한 두뇌를 지닌 소수의 뛰어난 인물들에 의해 이루어졌다면, 산업혁명시대부터는 사회 구성원 다수가 발명과 혁신에 관심을 가졌다. 이제 발명은 소수가 즐기는 지적 유희의 소산이 아니었다. 현실에서 발명은 발명가에게 부와 명예를 선사하는 마법의 보물 상자처럼 여겨졌다.

영국은 이런 산업혁명을 선도한 국가였다. 유럽에서도 오랜 기간 변방국의 지위에 머물렀던 영국은 불과 두어 세기만에 세계 최고의 생산 대국이자 기술 대국으로 부상했고, 이어서 19세기 후반에는 '해가 지지 않는' 거대한 제국을 건설했다. 결정적으로 산업혁명이 성공적으로 진행되면서 영국은 명실상부 세계 최강국의 지위를 누리게 되었다.

그렇다면 한 가지 의문점이 떠오른다. 산업혁명시대에 영국이 기술 진보를 둘러싼 국제 경쟁에서 다른 나라들을 물리치고 선두를 차지할 수 있었던 이유는 무엇일까? 영국이 최초의 공업국이 될 수 있었던 성공의 열쇠는 무엇인가? 이 질문을 놓고 학자들은 그간 다양한 설명을 내놓았다. 노동 공급이 원활했기 때문이다, 자본시장이 성숙해 있었다, 풍부한 천연자원이 매장되어 있었다, 도전적인 사업가가 많았다, 재산권의 법적 보호가 잘 되었다, 섬나라여서 군사적 위협으로부터 안전했기 때문이다 등등. 그렇지만 이런 설명들 각각에 대해 반론도 다양하게 제기되어 왔다. 영국이 최초로 산업혁명에 성공했다는 역사적 사실을 전제하고서 다른 나라들과 영국이 어떤 면에서 달랐는

제임스 로더James E. Lauder, 〈제임스 와트와 증기기관: 19세기의 여명〉, 1855년.
혁신의 시대적 아이콘 제임스 와트. 증기기관은 영국에 가장 적합한 발명품이었다.

지 차별성을 추출하는 방식은 결과론적 접근법이라서 설득력이 부족
하다. 이런 접근법으로는 국가들을 비교할 때 공정성을 기대하기 어
렵다는 주장이다.

그보다는 앞서 간략히 언급한 것처럼 생산요소의 가격 상태로 설명
하는 것이 더 설득력이 있어 보인다. 임금이 높고 석탄이 싼 영국은 노
동 절약적이고 석탄 집약적인 기술 진보에 가장 적합했다는 설명이
다. 이런 속성의 기술 진보를 대표하는 것이 바로 증기기관의 개발과
개량이었다. 산업 현장에서 사용할 수 있는 경제성 높은 증기기관을
개발하려는 노력이 계속되는 가운데, 제임스 와트James Watt가 성능이
현저하게 향상된 증기기관을 개발함으로써 이 부문에서 혁신의 정점

에 도달했다. 수력이 풍부한 프랑스나 노동력이 풍부한 인도에서는 증기기관을 도입해봐야 경제성이 높지 않았다. 따라서 발명의 유인도 적었다.

석탄과 증기기관에서 시작된 혁신은 곧 진가를 발휘했다. 면직 공업, 제철 공업, 석탄 공업, 철도 공업 등 수많은 산업에서 생산성을 높이는 도미노 효과를 가져왔다. 그중에서도 석탄을 동력으로 사용하는 교통수단의 발달이 가장 직접적인 영향을 받았다. 그리고 이런 경제적인 변화는 재난이 발생하는 양상에 중대한 변화를 가져왔다. 바야흐로 사람들은 과거와는 질적으로 다른 종류의 재난에 직면하게 되었다.

교통 발달로 인한
재난의 변화

교통의 발달은 물자를 쉽게 운송하게 함으로써 시장을 확대하고 사람의 이동을 촉진함으로써 경제 발전에 기여한다. 18세기 이래 교통의 역사를 보면 도로 교통에서 시작해 운하, 철도, 항공기의 순서로 발달했음을 확인할 수 있다.

먼저 도로 교통을 살펴보자. 전통적으로 도로 교통은 지방자치단체가 관리했는데 지자체별로 재정 여건이 크게 달라 도로 여건이 일정하게 유지되기 어려웠다. 위 그림과 같은 마차 전복 사고는 산업혁명

마차 사고는 산업혁명 이전에 가장 빈번히 발생한 사고 중 하나였다.

이전에 가장 흔하게 볼 수 있는 사고였다. 하지만 18세기 중엽부터 민간이 투자한 유료 도로turnpike가 전국 곳곳에서 건설됨에 따라 사정이 다소 개선되었다. 1770년까지 2만 4,000킬로미터에 이르는 유료 도로가 새로 놓였기 때문이다. 혁신적인 도로 포장법이 개발된 점도 도움이 되었다. 무거운 하중을 견딜 수 있게 도로가 건설됨에 따라 육상 교통이 발달했다. 도로의 성능 개선으로 편안한 여행이 가능해져서 역마차의 인기가 크게 올랐고, 또한 우편 마차가 등장해 정보의 이동 속도를 높였다.

도로 교통이 편리해지긴 했지만 중량이 큰 화물을 이동하려면 수운이 더 경제적이었다. 18세기 후반 운하canal 건설 붐이 일어나 영국 하천을 대부분 연결하는 내륙 수로망이 구축되었다. 운하를 이용한 운

조지 스티븐슨이 개발
한 증기기관 '로켓' 호,
1830년.

송은 실제로 높은 경제성을 과시했다. 예를 들어 맨체스터와 리버풀
을 연결하는 운하가 개통되자 두 도시 간의 운송비가 절반으로 감소
했다. 또 운하를 건설할 때 많은 인력과 자본, 발달된 토목 기술이 필
요했기 때문에 다각도로 경제 발전을 자극하는 역할을 했다.

　산업혁명 시기 교통수단 발달의 최종 귀착점은 바로 철도였다. 하
상 운송이 지리적·계절적 약점이 있는 데 비해 철도는 이로부터 자유
롭다는 장점이 있었다. 철도 산업 발달에서 가장 핵심적인 기술 문제
는 증기기관을 장착해 강력한 견인력을 갖추는 것이었다. 1801년 리
처드 트레비식Richard Trevithick이 증기차를 최초로 개발해 문제 해결의
길을 열었다. 광산 기사였던 조지 스티븐슨George Stevenson은 1810년대
부터 증기기관차를 제작하기 시작했는데, 1830년에 리버풀과 맨체스
터의 50킬로미터 구간을 평균 시속 22킬로미터로 주파해 기차가 말
보다 빠른 운송 수단이 될 수 있음을 입증했다. 이후 철도는 뜨거운 투

자 분위기에 힘입어 급속히 전국망을 형성해갔다. 1840년 영국 내 총 연장이 2,400킬로미터였다가 1850년에는 1만 킬로미터로 증가했고, 다시 1870년에는 무려 2만 5,000킬로미터에 이르렀다.

1830년경 영국의 철도 건설 소식은 곧 해외로 전파되었다. 각국은 철도의 중요성을 인식하고 경쟁적으로 철도 부설에 나섰다. 1850년을 기준으로 영국보다 철도 연장이 더 긴 나라는 미국밖에 없었다. 광활한 영토를 보유한 미국은 철도가 특히 더 중요한 교통수단이었으므로 철도 부설이 빠르고도 지속적으로 이루어졌다. 1910년이 되면 40만 킬로미터에 육박하는 철도가 미국 대륙 곳곳을 연결했다. 유럽 대륙에서는 프랑스와 독일이 신속하게 철도 연장을 늘려 1890년경에는 영국을 능가하는 철도망을 갖게 되었다. 이들의 뒤를 이어 인도, 일본, 중국 등도 새로운 철도 부설국으로 등장했다. 이제 철도는 공업화 내지 경제 발전과 동의어로 받아들여졌다.

대중의 관심을 끈 철도 사고

공업화 시대에는 많은 업종에서 사고가 발생했지만, 특히 철도 사고는 대중의 관심을 유난히 끌 만한 이유가 있었다. 철로와 기관차는 산업혁명이 가져다준 변화를 가장 직접적으로 보여주는 상징이었고, 사고 현장이 수많은 목격자 앞에 적나라하게 드러나는 잔인한 속성을

프랑스의 19세기 중반 그림.
새 기관차에 축성을 하면서 안전
을 기원하는 가톨릭 의례가 거행
되는 모습이다.

가졌기 때문이었다. 그래서 철도에 대해 때로는 성직자의 축성이 거
행되기도 했다. 새로운 교통 수단의 등장을 축하하면서 동시에 재난
사고가 발생하지 않도록 안전을 기원하는 마음의 반영이었다.

철도는 건설 과정에서부터 사고가 빈발했다. 철도 부설 공사에서는
많은 수의 토목 노동자들이 노역을 담당했는데, 이들에게는 안전시설
의 미비, 안전 규칙의 부재, 노동자의 부주의, 개별 작업들 간의 연계
부족 등 여러 요인이 결합되어 크고 작은 사고가 끊임없이 이어졌다.
사고 유발 요소가 산재한 위험한 일터에서 다수의 미숙련, 저임금 노
동자들이 한데 뒤섞여 일해야 하는 현장은 사고를 당할 위험이 높은
곳으로 악명이 높았다.

철도가 완공된 후 운영 과정에서도 사고는 계속 발생했다. 철로가
단선으로 부설된 경우는 사고가 발생하기 쉬운 구조였고, 복선으로
부설된 경우에도 시간을 정확히 맞추지 못하면 추돌 사고가 나기 십
상이었다. 자동 브레이크 장치가 개발되기 이전에 철도 노동자는 손
으로 브레이크를 걸어야 했는데 이 작업에는 늘 사고의 위험이 도사

웨일스의 철도 사고 현장, 1868년.

리고 있었다. 화차를 연결하고 분리하는 작업 중에 부상을 입는 사례도 많았다. 그 외에도 보일러가 폭발하는 사고, 증기기관에서 불꽃이 튀어 생기는 사고, 눈·비로 인해 철로가 미끄러져 발생하는 사고 등이 높은 빈도를 보인 사고 유형이었다. 1855년 7~12월 동안 철도 산업에서 재해의 위험을 안고 있었던 인력이 총 2만 2,300명이었던 것으로 당시 영국 정부는 추산했다. 이들 가운데 63명이 사고로 목숨을 잃었고, 54명이 심한 부상을 당했다. 철도 노동자 190명 당 1명의 비율로 심각한 재해를 입었던 것이다.

1868년에 웨일스 북부 해안에서 발생한 철도 사고는 그때까지 영국에서 발생한 최악의 철도 사고였기 때문에 언론이 대서특필했다. 8,000리터의 파라핀 기름을 실은 화물 차량이 역에 멈춰서 브레이크

맨 없이 방치된 사이에 빠르게 진입하던 기차가 들이받아 발생한 사고였다. 충돌의 충격으로 화물 차량에 실린 파라핀 기름에 불이 붙어 대참사가 발생했다. 당시 신문에 보도된 생존자의 증언을 들어보자.

> 우리는 충돌과 충격에 크게 놀랐다. (중략) 나는 객차 밖으로 재빨리 뛰쳐나갔는데, 그때 공포스러운 광경을 목격했다. 우리 앞쪽에 있던 세 객차와 화물칸과 기관차는 이미 20피트나 높이 솟아오르는 화염과 짙은 연기에 휩싸여 있었다. (중략) 폭발과 화재가 얼마나 빨리 일어났는지 어떤 말로도 표현할 수 없다. 사실 나는 충돌의 충격이 채 사라지기도 전에 밖으로 빠져나왔는데, 이미 내 앞에 이런 광경이 펼쳐져 있었다. 이 차량들에서는 아무런 소리도, 아무런 비명도, 탈출을 위한 아무런 몸부림도, 어떤 종류의 움직임도 없었다. 그것은 마치 모든 승객을 번갯불이 때려 단번에 마비시킨 것 같았다.

당시의 언론 보도들을 보면 철도 사고가 빈번히 발생했으며 사망자와 중상자도 많았다. 신문, 잡지, 의회보고서, 대중 팸플릿에서 철도 사고가 빈도 높은 중대재난이라는 표현이 자주 등장했다. 그렇지만 이와 반대로 철도가 대체로 안전한 교통 수단이라는 주장도 많았다. 공식 통계를 보면 1850~1870년대에 중대 철도 사고는 연간 6.9건 꼴로 발생했으며, 사고 건수는 이후 지속적으로 감소 추세를 보였다. 철도의 안전이 향상되고 있었다는 의미다. 객관적으로 보자면 당시에 철도는 다른 이동 수단이나 다른 산업에 비해 상당히 안전했다고 역

브레이헤드 사고 현장, 1867년.
이 사고는 아일랜드에서 발생한
교량 위 대형 철도 참사였다.

사가들은 평가한다.

하지만 이런 통계와 달리 철도 사고에 대한 대중의 걱정은 쉽사리
줄어들지 않았다. 안전시설은 미비한데 기차를 무리하게 운행했다,
시설 투자가 불충분했다, 신규 장비의 도입에 미온적이었다, 인력이
충분히 확충되지 않았다, 기업의 이윤과 주주의 배당을 안전보다 우
선시했다 등의 비판이 끊임없이 제기되었다. 특히 대형 철도 사고가
발생하면 이런 비판은 여지없이 재등장했고, 여론은 급격히 악화되
기를 반복했다. 실제 통계와 대중의 인식 사이에 이런 불일치가 일어
났던 이유는 무엇일까? 재난과 재난 관념의 괴리는 어디에서 온 것
일까?

첫째, 언론의 역할을 지적할 수 있다. 당시 언론은 철도 사고가 발생
하면 곧바로 기자를 파견해 현장을 돌아보고 목격자를 인터뷰한 다음
기사를 작성했다. 기자들은 사고 현장의 참상을 상세하게 묘사했고,

독자의 마음을 후벼 파는 감성적인 표현을 섞어서 기사를 작성했다. 신문과 잡지는 이렇게 자극적인 기사를 내보냄으로써 충격적인 내용을 읽기 원하는 독자들을 만족시키고 구독자를 늘리고자 했다.

둘째, 다른 재난과 달리 철도 사고는 많은 사람이 쉽사리 목격하는 종류의 재난이었고, 또한 많은 사람이 자신에게도 발생할 수 있는 위험이라고 여긴 재난이었다. 대중의 눈에 띄지 않는 곳에서 발생하는 사고나 대중에게 직접적인 위험 요소로 다가오지 않는 종류의 재난에 대해서는 사람들이 무감각하기 쉽다. 오늘날에도 일반인의 생활과 동떨어진 영역에서 발생하는 재난은 충분한 주목을 받지 못하는 경향이 강하다. 그러나 자신에게 언제든 닥칠 수 있다고 생각되는 재난이라면 상황이 다르다.

셋째, 철도 산업은 발달 초기부터 규모와 복잡성 측면에서 다른 산업들과 차별화된 모습으로 사람들에게 인식되었다. 엄청난 규모를 자랑하는 철도망·철도역사·철도 차량들, 복잡하게 연결된 철로와 신호등과 각종 장비들, 그리고 다양한 직책의 수많은 인력이 이런 작업을 하는 현장에서 대중은 깊은 인상을 받았다. 철도 산업의 특징에 대한 이런 인식은 철도 사고에 대한 인식에도 영향을 미쳤다. 사람들은 도로 사고는 개인적 과실로 보곤 했지만, 철도 사고는 집단 성격의 재난으로 보는 경향이 철도시대 초기부터 강했다. 당시에는 철도 운영을 군대 조직의 작전에 비유하는 표현들이 많았는데, 이것이 바로 철도에 대한 대중 인식의 특수성을 보여준다. 이 특수성은 철도 사고에 대한 책임 소재에도 중요한 시사점을 가진다. 철도 교통의 안전을 보장하기 위해서는 개인이 아니라 사회와 국가가 적극적으로 개입해야 한다는 생각이 다른 산업에 비해 훨씬 쉽게 대두될 수 있었던 것이다.

철도 사고를
막기 위한 노력

철도 사고를 공장이나 광산에서 발생하는 사고와 구분 짓는 가장 중요한 차이점은 철도 노동자뿐 아니라 열차 승객도 피해를 입는다는 점이었다. 이런 특수성 때문인지 철도산업에서는 재해를 방지하기 위한 노력이 노동자의 보호보다 승객의 보호를 우선해서 전개되었다. 철도 사고를 감소시키기 위해서는 어떤 정책이 필요했을까? 여러 가지 방안이 제시되었는데, 그 가운데 사고 발생 시에 고용주에게 금전적인 부담을 주는 방안이 특히나 주목을 받았다. 공중 보건 개혁가로 유명한 에드윈 채드윅이 이 방안에 적극 찬성했다. 찬성론자들은 이 방안이 도덕적·경제적 측면 모두에서 바람직하다고 주장했다. 과거엔 피해 노동자가 재난으로 생존이 어려워지면 자신이 속한 지자체에서 구호를 받았는데, 그러면 사고와 무관한 납세자가 경제적으로 부담을 진다는 문제가 있었다. 새 방안이 제도화되면 고용주가 경제적 부담을 지기 때문에 철도 노동자의 안전을 개선하는 쪽으로 태도를 바꿀 것으로 보았다.

파리 몽파르나스 역에서 발생한 기
차 탈선 사고 현장. 1895년.

철도 사고를 막기 위해서는 정부의 감독 기능이 강화되어야 한다
는 주장도 힘을 받았다. 영국은 1840년에 철도규제법을 제정해 정부
의 승인이 있어야만 철도를 개설할 수 있고 철도 회사들은 정기적으
로 운영 내용을 보고하도록 규정했다. 정부는 철도 운영에 관련된 감
독 권한을 분명하게 확립했고, 철도원의 음주 금지와 철로 무단횡단
금지 등 안전 확보에 필요한 규정도 마련했다. 이 입법을 전후해 정부
의 개입이 얼마나 바람직한지에 대해 사회적인 논의가 진행되었다.

당시 영국사회에는 자유방임주의가 뿌리를 깊이 내리고 있었다. 이
런 분위기를 반영해 철도 산업도 다른 산업과 마찬가지로 개인이 자
유롭게 기업 활동을 영위하도록 보장해야 한다는 주장이 완강하게 이

어졌다. 철도 회사의 기업 활동에 정부가 개입하면 승객의 안전이 도리어 위협받을 수 있다는 주장까지 제기되었다. 정부의 개입이 철도 회사의 책임을 축소시킴으로써 승객의 안전을 위험에 빠뜨리게 된다는 논리였다. 이와 달리 다수의 개혁가들은 철도가 규모와 복잡성이 각별하고 다수의 승객이 동시에 이용한다는 특성을 지니므로 국가가 안전을 위해 철도 운영에 규제를 가해야 한다고 주장했다. 양측의 논의는 대체로 팽팽한 균형을 이루었지만 1860년대 후반을 기점으로 개혁론에 힘이 쏠리게 되었다. 기업 활동의 자유라는 자유방임적 입장보다 국가의 적극적인 개입이 필요하다는 개입주의 입장에 동조하는 여론이 강해졌다.

노동조합의 성장도 재난과 안전 조치를 둘러싼 역학 관계에 중대한 영향을 미쳤다. 철도 노동자들은 1870년대부터 대규모 노동조합을 설립하고 노동 여건 개선의 일환으로 안전시설을 확충해달라고 요구했다. 또 재해 발생 시 노동조합의 보호와 지도를 통해 적극적으로 피해보상을 요청할 수 있게 되었다. 보상의 책임과 범위에 대해 법적 분쟁이 발생하면 노동자는 조합에서 재정적 지원과 법적 조언도 얻을 수 있었다. 결과적으로 고용주는 과거보다 낮은 승소 확률과 높은 보상 비용에 직면했으며, 그에 따라 기존의 태도를 버리고 산업재해 방지에 더 전향적으로 노력을 기울였다. 마지막으로 산업재해보상보험과 같은 새로운 제도가 등장해 노동자들에게 부가적인 안전망을 제공해주었다.

최초의
자동차 사고

오늘날 자동차 사고는 사람들이 가장 빈번하게 경험하는 재해 가운데 하나다. 우리는 자동차라고 하면 휘발유나 디젤유를 사용하는 내연기관이 주된 동력원이라고 자연스럽게 생각한다. 그리고 앞으로 전기차의 비중이 높아질 것이라고 예상한다. 그런데 자동차의 초기 역사를 보면 이런 생각과는 판이했다. 자동차 역사의 시작은 증기로 작동하는 외연기관이었다.

증기로 작동하는 자동차는 누가 처음 개발했을까? 역시 일반의 예상과는 달리 영국인이 아니라 프랑스 기술자인 니콜라조제프 퀴뇨Nicolas-Joseph Cugnot가 주인공이었다. 그는 1769년에 증기자동차를 제작해서 파리 시내를 시간당 4킬로미터의 속도로 주행했다.

233쪽의 그림은 이 증기자동차의 모습을 묘사하고 있다. 바퀴가 셋 달린 동체에 큼지막한 보일러를 올려놓은, 다소 우스꽝스러운 형태의 차량이었다. 새로운 발명품이 처음부터 만족스러운 수준일 수는 없었던지, 증기자동차는 제동이 뜻대로 되지 않아 운전자의 통제를 벗어나 담벼락에 충돌했다. 부서진 담벼락에서 돌조각들이 떨어지는 모습이 230쪽 그림에 표현되어 있다. 말하자면 세계 최초의 자동차 사고였던 셈이었다.

퀴뇨의 증기자동차는 곧 영국의 기술자들에게 소개되었다. 솜씨가 뛰어난 영국 기술자들이 증기자동차를 좀 더 안정적인 형태로 개량해

니콜라조제프 퀴뇨가 개발한 증기자동차의 시운전 모습. 1771년경.

제작했다. 당시 영국은 기초과학 수준에서는 프랑스보다 뒤졌지만, 기계를 만들고 작동하고 개량하는 능력에서는 프랑스보다 앞선다는 평가를 받고 있었다. 그 결과 1826년이 되면 28인승 대형차량이 런던에서 정기적으로 운행되기에 이르렀다.

234쪽의 그림은 런던 시내가 앞으로 어떤 풍경으로 변하게 될지를 상상해서 화가 헨리 앨켄Henry Alken이 그린 작품이다. 다양한 크기와 형태를 지닌 차량들이 화폭을 가득 채우고 있다. 커다란 보일러와 그 것들이 내뿜는 연기에서 유추할 수 있듯이 모든 차량은 증기기관으로 작동하고 있다. 각각의 차량에는 수많은 사람이 빼곡히 들어차 있다. 화가에게는 시끄럽고 매연 가득한 모습이 전혀 달갑지 않은 듯하다.

헨리 앨켄, 〈증기의 진보〉, 1828년.
매연을 뿜는 증기자동차가 길을 가득 메운 런던 시내.

매연이라는 현대의 재해를 거의 200년 전에 그림으로 구현한 상상력
이 놀라울 따름이다.

산업혁명 시대에 출발한 자동차의 진화 경로는 초창기 발명가들
이 예측했던 것과는 크게 달랐다. 1886년 독일에서 고틀리프 다임러
Gottlieb Daimler와 카를 벤츠Karl Benz가 내연기관을 발명했다. 이에 따라
석유를 기본 연료로 사용하는 내연기관이 자동차산업의 주인공으로
부상했다. 이런 기술의 변화에 따라 차체가 과거에 비해 훨씬 가벼워
졌고, 차량의 속도는 괄목할 만큼 빨라졌다.

자동차의 역사에서 결정적인 전환점을 만든 인물로 미국의 기업가

헨리 포드Henry Ford를 들 수 있다. 그는 1913년 자신의 자동차 공장에 어셈블리 라인assembly line을 이용한 일관 생산 공정을 완성했다. 자본에 비해 노동이 희소한 미국의 생산요소 상황에 잘 들어맞는 기술 선택이었다. 포드자동차회사는 표준화와 대량생산을 특징으로 하는 '아메리칸 제조 시스템'의 상징적인 존재가 되었다. 이렇게 양산 체제를 갖춘 결과 자동차 대중 생산과 대중 소비의 길이 열렸다.

바야흐로 자동차의 시대가 화려하게 개막했다. 영업용 자동차는 이전부터 있었지만 1950년대부터 미국에서는 자가용 승용차의 대중화가 빠르게 진행됐다. 경제성장의 속도를 높인 유럽과 일본도 1960~1980년대를 지나면서 중산층이 자가용 차량을 소유하는 게 자연스러운 풍경으로 자리를 잡았다. 우리나라를 포함한 경제 발전 후발국들에서도 1990년대부터 자동차를 소유한 인구가 빠른 속도로 늘어났다.

오늘날 세계는 자동차 천국이라고 부를 만하다. 해마다 약 9,000만 대의 자동차가 생산되어 지구 곳곳의 길거리를 가득 메우고 있다.

자동차의 시대는 곧 자동차 사고의 시대를 의미하기도 한다. 236쪽의 그림은 20세기 초에 제작된 작품으로, 자동차로 속도를 만끽하는 사람들이 큰 사고를 내고 있다는 점을 꼬집는 그림이다. 흉측하게 생긴 악마 형상의 속도광speed mania을 따라 수많은 자동차가 가속하고 있다. 그 주변 길바닥에는 사고로 희생된 사람들이 많이 보인다. 그림의 바깥쪽을 둘러싼 시민들은 속도광에게 거세게 항의하지만 아무런 반응도 기대하기 어렵다. 이미 20세기 초에 자동차 사고가 빈발해 대

앨버트 레버링Albert Levering, 〈그리고 죽음을 상으로 드립니다〉, 1910년.
속도광들이 엄청난 교통사고를 유발한다는 내용의 그림이다.

중의 분노를 샀음을 이 그림에서 확인할 수 있다.

　이제 자동차 재해의 현주소를 알아보자. 자동차 사고로 발생하는
피해는 세계적으로 얼마나 될까? 사망자 수만 해도 무려 한 해에 135
만 명에 이른다. 하루 평균 3,700명에 해당하는 수치다. 교통사고로
부상을 입는 사람은 연간 2,000만~5,000만 명으로 추산된다. 그중
상당수는 평생 부상을 안고 살아가야 한다. 고소득 국가들은 세계 자
동차의 40퍼센트를 보유하고 있지만 이 국가들의 교통사고는 전 세
계 교통사고 가운데 10퍼센트가 채 되지 않는다. 재난의 불평등을 여
실히 느끼게 하는 수치다. 경제적인 손실을 추산한 자료를 보면 각국
은 국내총생산의 2~8퍼센트를 교통재난으로 잃고 있다. 그렇다면 우

리나라는 어떨까? 2020년 기준 한 해에 교통사고를 당한 사람이 20만 9,654명, 즉 하루에 574명이었다. 교통사고로 사망에 이른 수는 3,081명으로 하루에 8명이 넘었다. 참으로 안타까운 목숨과 건강이 오늘도 자동차 사고로 인해 상실되고 있다.

타이타닉호의
비극

이번에는 역사적으로 가장 유명한 교통재난에 대해 살펴보기로 하자. 인기 절정을 누렸던 영화로도 잘 알려진 선박 타이타닉호 이야기다. 1912년 건조된 지 얼마 되지 않은 거대한 여객선 타이타닉호가 영국의 사우샘프턴에서 미국의 뉴욕을 향해 출항했다. 당시 세계에서 가장 큰 선박 가운데 하나였으며 최신 설비를 자랑하는 선박이었기 때문에 이 항해는 언론의 스포트라이트를 한껏 받았다. 배 안에 호화로운 연회 시설은 물론이고 수영장과 체육관까지 갖춘 그야말로 꿈의 여객선이었다. 기술적으로도 방수용 격벽이 설치되어 '침몰할 수 없는' 배라는 찬사를 받았다. 승객의 구성은 다양해서 1등실에 입실한 부호부터 3등실을 이용한 가난한 이민자까지 폭이 넓었다. 그야말로 영화 〈타이타닉〉에서 두 주인공의 신분 차이가 보여주는 바와 똑같은 상황이었다.

승객 2,224명을 태우고 운항한 타이타닉호는 출항한 지 나흘째 밤,

1912년 출항하던 날 촬영된 타이타닉호와 사고 후 구명정으로 옮겨 타 구조된 승객들.
(위) ©F. G. O. Stuart
(아래) ©National Archives and Records Administration

의기양양하게 전속력에 가까운 시간당 41킬로미터의 속도로 항해하고 있었다. 그러다 갑자기 당직을 서던 선원이 빙산의 출현을 알렸다. 그러나 빙산과의 거리에 비해 배의 회전반경이 너무 크고 감속할 시간도 부족했기 때문에 결국 빙산과 충돌하는 사고를 피하지 못했다. 순식간에 주갑판이 함몰되고 우현에 구멍이 나면서 바닷물이 쏟아져 들어오기 시작했다. 방수용 격벽이 감당할 수 없을 만큼 많은 양의 물이 배 안으로 쏟아졌다. 공포에 질린 승객들은 배에서 탈출하기 위해서 앞다투어 구명정을 찾았다.

그런데 당시에는 규제가 느슨했던 탓에 구명정이 단 20척에 불과해 1,178명밖에 태울 수가 없었다. 모두가 우왕좌왕하는 상황에서 그나마 실제로 구명정에 오른 승객은 이 숫자보다도 적었다. 배에 남겨진 승객이 약 1,500명이었는데, 그중에는 끝까지 탈출을 지휘한 선장, 다른 사람들의 탈출을 도와주다 사망한 타이타닉호 설계자와 선원들, 승객들을 안정시키기 위해 음악 연주를 계속한 연주단, 그리고 의연하게 죽음을 맞이한 사람들이 있었다. 배에 남겨진 이들은 타이타닉호의 허리 부분이 꺾이고 굉음을 내면서 바다로 침몰하는 순간 배와 함께 바다로 휩쓸렸다. 수온이 영하 2도였기 때문에 대부분 저체온증으로 30분 안에 사망했을 것이고, 심장마비로 죽은 사람들도 있었을 것이다.

사람이 더 탈 여유가 있는 구명정들에서는 침몰 현장으로 돌아가서 생존자를 구해야 한다는 목소리도 있었지만 반대 목소리에 밀려 뜻을 이루지 못했다. 무선통신으로 구조 요청을 받고 타이타닉호가 침몰한 뒤 1시간 30분 후에 도착한 다른 배에 의해 구명정에 탔던 사람들이 구조되었다. 최신 무선 기술 덕분에 많은 생명을 구할 수 있었던 것이다. 선실별로 보면 승객 중에 구조된 사람의 비율이 1등실에서는 매우 높았으나 3등실에서는 현저하게 낮았다. 여성과 아이를 구명정에 우선 태웠기 때문에 남성의 구조율이 상대적으로 낮았다. 최종적으로 사망자는 1,513명으로 집계되었다.

가라앉을 수 없는 배라고 자부하던 첨단 여객선의 침몰은 영국과 미국은 물론이고 전 세계 사람들을 충격에 빠뜨렸다. 사고의 원인에 대해 면밀한 조사가 이루어졌고, 그 결과 안전에 취약했던 요인들이 차례로 밝혀졌다. 예를 들어 빙산 경고 메시지가 제대로 전달되지 않았고, 망원경을 챙겨오지 않아 빙산 감지가 어려웠다. 또한 승객을 태울 구명정도 부족했고, 구명정에 인원을 다 채우지 않은 채 출발시켰다. 격벽 구조도 불충분했으며, 충돌 직후에 곧바로 대응 조치가 이루어지지도 못했다. 게다가 가장 가까이 있던 다른 배가 통신 장비를 끄고 있었고, 3등실 승객들은 탈출하기 어려워 시간이 오래 걸렸다.

아직 끝나지 않은 해난 사고

타이타닉호의 침몰 사태가 마무리된 이후 세계적으로 항해의 안전을 향상하려는 데 다각도로 노력을 경주했다. 1914년 해상 안전을 위한 국제조약이 체결되었고, 구명정의 구비 기준이 상향 조정되었다. 일부 국가에서는 선박에 무선 장비를 의무적으로 설치하도록 했다. 세계 최대의 해난사고였던 타이타닉호의 침몰 사고는 이렇게 안전 기준을 높이는 결과를 남겼다.

그러나 이런 노력의 결과로 해난 사고가 사라진 것은 아니었다. 이후에도 크고 작은 해난 사고가 끊이지 않았고, 그중에는 대형 참사도 적지 않았다.

대표적인 사례들을 하나씩 살펴보자. 먼저 1949년 대만의 태평호太平輪는 중국에서 공산주의 정권을 피해 떠난 난민 1,000여 명을 태운 탓에 정원을 크게 초과한 채 대만으로 향하다가 다른 선박과 충돌했다. 이 사고로 적어도 1,500명이 사망했다. 1954년 일본의 여객선 토야마루洞爺丸호는 홋카이도 인근에서 침몰했는데, 이때 1,100명이 넘는 승객이 목숨을 잃었다. 1987년에는 필리핀에서 도냐파스Doña Paz호가 유조선과 충돌해 유조선에 불이 붙었고, 이것이 도냐파스호로 옮겨붙었다. 무려 4,386명이 사망하고 겨우 24명만이 살아남아 평시의 해난 사고로서는 가장 많은 희생자를 낳은 대참사로 기록되었다. 1991년에는 이집트의 살렘익스프레스Salem Express호가 암초에 부딪혀 불과 10분 만에 가라앉았는데, 이 사고로 메카 순례객을 포함해 1,400명이 목숨을 잃었다.

21세기에 들어선 이후에도 해난 사고는 끊이지 않았다. 2002년 세네갈의 르줄라Le Joola호가 뒤집혀 1,800명이 사망했고, 2006년 이집트에서 1,000명 이상의 목숨을 앗아간 여객선 침몰 사고가 있었다. 지

2021년에 발생한 수에즈 운하 사고의 모습.
© Maxar Technologies

금까지 언급한 해난 사고들은 희생자가 1,000명 이상인 사고들이다. 수백 명의 사망자가 발생한 사고는 일일이 언급하기 어려울 정도로 많다.

인명의 희생이 적었어도 물적인 피해를 크게 입힌 해난 사고도 있다. 2021년 3월, 수에즈 운하를 통과하던 한 척의 화물선이 좌초했다. 수에즈 운하는 세계 해상 물류의 12~15퍼센트가 통과하는 핵심 통상로다. 컨테이너를 가득 실은 길이 400미터의 초대형 선박 에버기븐Ever Given호가 운하를 가로막는 사고가 발생하면서 아시아와 유럽을 잇는 통상로가 하루아침에 차단되었다. 300여 척의 선박이 운하가 재개통되기를 기다리며 인근 해역에서 하염없이 기다림의 시간을 가져야만 했다.

이에 따라 운하 마비 사태가 장기화될 수 있다는 뉴스와 더불어 국제적 물류 이동에 중대한 차질이 생길 것이라는 우려가 확산되었다. 일부 화물선은 아프리카 남단을 돌아가는 항로로 우회하기로 결정했고, 가격이 비싸거나 긴급하게 수송되어야 하는 일부 화물은 항공 운송을 대안으로 삼았다. 그에 따라 화물 운송이 열흘 넘게 지연되거나 비용이 가파르게 상승하는 것을 감수해야만 했다. 이는 다시 해당 화물을 기다리는 사람과 기업에 막대한 피해를 안겼다. 한 언론 보도에 따르면 항행 중단으로 인한 손해액이 하루에 약 90억 달러(약 10.8조 원)에 달했다고 한다. 수에즈 운하 사고는 세계 무역의 핵심적 통로에서 재난이 발생하면 그 영향이 얼마나 크고 광범위하게 확대되는지를 여실히 보여주는 사례였다.

우리나라에서도 2014년에 너무나도 안타까운 대형 해난 사고가

세월호 사고의 희생자를 기리는 추모 리본.
ⓒKorea.net

있었다. 4월 16일, 476명의 승객을 태우고 인천에서 제주로 가던 세월호가 진도 앞바다에서 침몰해 304명이나 되는 사람들이 안타깝게 목숨을 잃었다. 희생자의 대부분은 들뜬 마음으로 수학여행을 가던 고등학생들이었다. 사고 초기 대응 시간이 지연되었고, 선장과 선원이 사고 책임을 방기했으며, 해경의 구조와 정부의 지휘도 부실했던 대참사였다.

사고가 왜 발생했는지, 사고를 피할 방법은 없었는지, 구조 작업은 왜 제대로 이루어지지 않았는지, 구조 지휘 체계는 어떤 문제점을 안고 있었는지, 사후에 사고 예방책은 적절히 마련되었는지 등 수많은 질문에 대해 아직 충분한 대답이 주어지지 않았다. 이 질문들에 대해 대답을 제대로 할 수 있어야만 미래에 벌어질 또 다른 참사를 막을 수 있을 것이다.

8

가난과 굶주림의
공포가
엄습하다

: 대분기와
감자 기근

◆
◆

세계 역사에서 민주주의가
잘 기능하는 가운데
기근이 발생한 적은 없다.

—

아마르티아 센 Amartya Sen

대분기와
세계화의 이면

영국이 최초로 산업혁명을 경험한 이후 여러 국가가 경쟁적으로 공업
화의 대열에 합류했다. 공업화를 성공적으로 진행한 국가는 농산품보
다 부가가치가 높은 공산품을 생산하고 수출할 수 있었으므로 국민소
득이 증진되었다. 또한 공업화는 군사력을 강화할 기술 및 생산 기반
을 마련해주었다. 이는 다른 국가를 압박해 이익을 침탈할 수 있게 되
었음을 의미했다. 따라서 공업화를 수행한 국가들은 그렇지 못한 국
가들에 비해 우월한 경제력과 군사력을 기반 삼아 국민소득을 비약적
으로 늘릴 수 있었다. 이와 반대로 공업화에 뒤진 국가들은 국제무역

에서 불리한 농산품의 생산에 매달릴 수밖에 없었고, 군사력이 강한 국가에게 불리한 조약을 강요당하기도 했다. 그러니 국민의 소득이 높아지기 어려웠다.

세계화가 한창 빠르게 진전되는 시대였지만, 세계화 옹호론자의 주장과는 달리 세계화의 과실은 골고루 분배되지 않았다. 오히려 공업화에 성공하고 세계화를 능동적으로 선도한 국가들과 공업화에 뒤처지고 외압에 의해 세계화를 강요당한 국가들 간에 소득 격차가 전례 없이 확대되었다. 이런 현상을 대분기Great Divergence라고 부른다. 대분기는 세계화가 전면적인 부의 증진을 가져다줄 것이라는 낙관론이 현실과 부합하지 않는다는 점을 분명하게 보여주었다. 낙후된 국가의 국민은 과거에 비해 별다른 경제적 과실을 기대할 수 없었다. 오히려 경제적 상황이 과거보다 더 악화된 사례도 많았다. 가장 대표적인 사례가 바로 아일랜드다.

오늘날 아일랜드는 독립된 주권국가지만 19세기에는 영국에 종속된 상태였다. 1801년부터 통합된 연합왕국United Kingdom의 일부로 통치받았던 것이다. 19세기 이전에도 아일랜드는 오랜 기간 직접적 혹은 간접적으로 영국의 영향권에 놓여 있었다. 아일랜드인은 대부분 농업에 종사하고 있었고 소득 수준이 매우 낮았다. 아일랜드 농민들은 스스로 땅을 보유할 만큼 경제적인 여력이 없었으므로 지주에게 땅을 임차해 경작하고 그 대가로 지주에게 임대료를 내는 방식으로 농사를 지었다.

그런데 18세기를 거치면서 지주와 농민 사이에 중개인이 끼어들었

아일랜드 더블린의 거리에 서 있는 기근 추모 동상.

다. 중개인은 지주에게 고정된 임대료를 지불하고 토지를 빌린 후 이 토지를 작은 단위로 분할해 가난한 농민들에게 높은 임대료를 받고 빌려주는 방식으로 이득을 챙겼다. 지주 입장에서는 중개인에게 경지 관리와 임대료 수취 업무를 맡겨버릴 수 있으니 편리한 제도였다. 이런 지주들은 점차 자신이 소유한 경지를 방문할 필요를 느끼지 않게 되었다. 이런 지주들 가운데 적지 않은 수가 영국 본토에 살고 있는 부재지주不在地主였다.

다음 그림은 화가 로버트 시모어Robert Seymour가 그린 〈부재자不在者〉라는 작품이다. 이 그림 속에는 지극히 풍요로운 삶을 영위하는 부재지주가 묘사되어 있다. 고급 가구와 양탄자가 있는 실내에는 맛있는 음식과 술이 가득하고 음악 연주를 즐기는 분위기다. 주인공 남자는

로버트 시모어, 〈부재자〉,
1830년.
마음이 편치 못한 영국의 부
재지주를 묘사한 그림.

여인과 함께 앉아 있다. 창밖으로는 나폴리 항구와 베수비오 화산이
보인다. 이탈리아 해안 휴양지에서 풍요와 여유를 만끽하고 있지만
남자의 마음은 편치 않다. 아일랜드에서 굶어 죽어간 농민들의 환영
이 그를 괴롭히고 있기 때문이다. 베수비오 화산에서 뿜어져 나오는
불기둥이 불길한 기운을 느끼게 한다. 이렇듯 이미 19세기 전반에도
아일랜드인은 늘 빈곤과 기근에 허덕이며 희망을 잃고서 고통에 찬
나날들을 보내고 있었다. 화가는 빈부의 격차가 벌어진 상황을 비판
적으로 그리면서 부재지주들에게 도덕적 각성을 촉구하고 싶었던 것
으로 보인다.

아일랜드의 빈농들에게는 상황이 나아질 기미가 전혀 보이지 않았
다. 중개인이 임대료를 놓고 농간을 부리는 일이 빈번해졌고 높아진
임대료를 감당하지 못하게 된 농민은 경지에서 쫓겨나는 신세가 되었
다. 19세기에 영국의 일부로 통합되었지만 변한 건 아무것도 없었다.
아일랜드 농민은 영국 내에서 가장 가난한 집단이었고, 다 같이 목소리를 낼 힘도 가장 약한 집단이었다. 그래서 어느 면에서나 사회의 최하층을 형성한 집단으로 인식되었다. 세계 최초로 산업혁명을 이끌어 세계 최고의 공업 생산력을 보유하고 해가 지지 않은 거대 제국을 건설한 영국과 비교해 아일랜드는 너무나도 보잘것없는 위치에 머물렀다. 대다수의 영국인은 이런 기묘한 병존을 그냥 그대로 받아들였다.

저소득층의 식량이 된 악마의 식물

이렇게 아일랜드인은 늘 가난했고 먹을 것조차 부족했다. 너무나도 곤궁해 생존을 위협받는 일마저 자주 겪어야 했던 그들에게 새로운 식량원으로 등장한 것이 감자였다. 감자는 아메리카가 원산지인데, 스페인 정복자들이 16세기에 유럽으로 들여온 것으로 알려져 있다. 유럽에 유입된 감자는 곧 유럽 곳곳으로 소개되어 여러 사람의 호기심을 불러일으켰다. 유럽인의 눈에 익숙하지 않게 생긴 이 식물은 척박한 토양과 다습한 기후에서도 잘 자랐다. 쟁기와 같은 농기구가 없어도 간단한 삽만 있으면 경작을 할 수 있어서 편리했다.

또한 감자는 장기간 보관하기도 수월했고 조리도 간단해 오븐조차 필요가 없을 정도였다. 영양학적 측면에서도 괴혈병을 예방하는 데 유리했으며, 우유와 함께 섭취해서 칼슘과 비타민 A를 적절히 보충한다면 영양의 균형도 이룰 수 있는 장점이 있었다. 이런 특성만 놓고 본

《픽토리얼 타임스*Pictorial Times*》,
1846년.
곤궁한 아일랜드 가족. 가금류 및
돼지와 함께 비좁은 오두막에서
거주하는 모습이다.

다면 감자는 인기 작물이 될 자격이 충분해 보였다.

하지만 상황은 정반대였다. 사람들의 인식에서 감자는 인기 작물과 거리가 멀었다. 오히려 '비루한 계층의 식량'이라는 낙인이 따라다녔다. 어떤 이들은 심지어 감자를 '악마의 식물'이라고 여기기도 했다. 감자는 표면이 거칠고 모양이 불규칙하며 어떤 것은 마마 자국 같은 홈이 나 있었다. 이런 모양의 작물을 사람들은 마음에 들어 하지 않았다. 그저 모양이 이상하다고 생각한 것이 아니라 무언가 악마적인 요소가 모양에 반영된 것처럼 여겼다. 또 감자는 제아무리 척박한 토양이라고 해도 엄청난 성장력과 번식력을 과시했다. 그간 사람들이 보아온 작물과는 근본적으로 다른 속성이었다.

이런 독특한 속성 탓에 사람들은 감자를 불경스럽고 위험한 작물이라고 여겼다. 구매력이 어느 정도만 있다면 감자 말고 다른 작물을 소

빈센트 반 고흐, 〈감자가 있는 정물〉, 1885년.
감자는 가난한 사람들이 가까이한 식량이었다.

비하겠다고 생각했다. 그 결과 소비의 계층 분화가 발생했다. 고소득
층은 희고 고운 밀빵을 소비하고, 중소득층은 거무스름한 호밀빵과
귀리죽을 찾았으며, 선택의 여지가 없는 저소득층만 감자를 식량으로
삼았다.

　감자는 전 유럽을 통틀어 빈곤 인구가 많은 국가에서 널리 보급되
고 소비되었다. 빈센트 반 고흐Vincent van Gogh가 그린 감자 정물화에는
이런 사회적 상황이 반영되어 있다. 평생을 가난하게 산 고흐에게 감
자는 무척이나 친숙했을 것이다. 그는 이 그림 이외에도 감자와 감자
를 먹는 사람들을 소재로 한 그림을 많이 그렸다. 비슷한 시기에 소박
한 농민을 자주 그렸던 장프랑수아 밀레Jean-François Millet도 감자와 관

련된 그림을 많이 그렸다. 이런 화가들의 붓질을 통해 감자와 가난이 동일시되는 이미지가 더욱 강화되었다.

저소득층이 특히나 많았던 아일랜드에서 감자가 널리 퍼진 것은 결코 우연이 아니었다. 여러 면에서 아일랜드인에게 감자는 안성맞춤의 식량원이었다. 기름지지 않은 땅에서도 잘 자라고, 관리를 자주 해주지 않아도 되고, 조리 방법이 간편했기 때문이었다. 감자는 가난한 농가에 없어서는 안 될 작물이 되었다.

한편 가난한 농민들은 아일랜드 안에서 충분한 일거리를 찾을 수 없었다. 그래서 고용 기회를 찾아 잉글랜드로 오가야 했다. 그들은 봄에 아일랜드 집 근처 텃밭에 감자를 심어놓고서 잉글랜드로 떠났다. 거기서 농장들을 전전하며 저임금을 받는 날품 노동자로 일하다가 가을 추수기가 끝나면 집으로 돌아왔다. 그 무렵이면 감자가 많이 자랐으므로 수확해 식량으로 비축했다. 그러지 않고서는 가족들을 먹여 살릴 도리가 없었다.

감자 역병의 창궐

수많은 사람에게 이렇게 중요한 작물인 감자에 갑자기 문제가 발생한다면 어떻게 될까? 상상하기도 싫은 이런 문제가 19세기 중반에 일어났다. 1845년부터 유럽 곳곳에서 감자 역병이 발생했다. 역병은 점차

조지 와츠George Watts, 〈아일랜드
기근〉, 1850년.
굶어 죽은 아이를 품에 안은 부
모의 심정을 헤아릴 수 있을까?
마치 온 세상이 무너지는 것 같
은 슬픔을 느꼈을 것이다.

확산되었고, 특히 아일랜드가 겪은 타격은 실로 엄청났다. 역병에 감
염된 감자는 식물 전체가 검게 썩어 문드러졌고 그 자리에 곰팡이가
가득 피어났다. 1846년과 이듬해, 해가 지나도 감자 역병의 기세는 꺾
일 기미가 전혀 보이지 않았다. 감자 수확은 보잘것없는 수준으로 격
감했고, 이로 인해 수많은 사람이 굶주림으로 신음하게 되었다. 재난
은 단독으로 찾아오기보다 한꺼번에 찾아오는 경향이 큰 법이다. 영
양 부족으로 허약해진 사람들에게 이번에는 콜레라와 발진티푸스가
확산되기 시작했다.

위 그림은 대기근에 처한 아일랜드 가족의 모습을 그린 작품이다.
굶어 죽어가는 아이를 그저 지켜볼 수밖에 없는 부모의 타들어가는
심정이 고스란히 전해지는 느낌이다. 절망과 비탄으로 가득했을 당시
의 분위기가 생생하게 전달된다.

기근과 감염병으로 사망하는 희생자 수는 어마어마하게 증가했다.

5년에 걸친 아일랜드 대기근 시기에 목숨을 잃은 사람이 무려 100만 명에 이르렀다고 역사가들은 추정한다. 아일랜드 전체 인구의 10퍼센트를 훨씬 초과하는 규모였다. 겨우 목숨을 건진 사람도 기아와 질병에서 벗어날 길은 너무도 멀었다. 생존조차 확보하기 힘든 무거운 절망의 상황으로 아일랜드인은 속절없이 빠져들었다.

자유방임주의 정책에 희생된 사람들

아일랜드에서 발생한 이 엄청난 재난을 피할 방법은 없었을까? 대기근의 출발점이었던 감자 역병은 당시에 원천적으로 막기가 어려웠을 것이다. 동식물에서 전파되는 질병에 대한 지식이 매우 한정되어 있던 시기였다. 인간에게 전파되는 감염병에 대해서도 별다른 대응책을 제시하지 못하던 시대였으니 그럴 만했다.

하지만 흉작이 이어지고 기근으로 비화되었을 때 구호를 적절히 하고 식량 공급 대책을 제때 마련했더라면 대규모 아사 사태는 피할 수 있지 않았을까? 아일랜드는 부자 나라 영국이 실질적으로 통치하는 국가가 아니었던가? 그러나 영국 정부는 기근 초기에 놀랄 정도로 구호에 소극적이었다. 식량 배급은 거의 이루어지지 않았고, 일자리를 제공하기 위한 공공근로사업도 별다른 성과를 거두지 못했다.

가장 근본적인 문제는 정부가 자유방임주의 정책을 신봉한 나머지

식량이 반출되는 모습에 아일랜드인이 반발하고 있는 그림이다.

지 그에 반하는 어떤 정책도 실시하는 데 주저했기 때문이다. 예를 들어 영국 정부는 아일랜드산 농산물이 해외로 수출되는 것을 통제하려고 하지 않았다. 아일랜드에서는 당시에 감자 이외에 여러 종류의 작물이 상당량 재배되고 있었다. 그러나 가난한 아일랜드인은 구매력이 없었기 때문에 이들을 소비할 수 없었다. 그래서 그들은 자신의 땅에서 생산된 식량이 외부로 반출되는 사태를 보면서도 달리 손 쓸 방도를 찾지 못했다.

　구호 업무를 책임진 고위 관리의 태도도 심각한 문제였다. 구호 업무를 맡은 인물은 찰스 트레블리언Charles Travelyan이었는데, 그는 신이 나태한 아일랜드인에게 뼈아픈 교훈을 주기 위해서 일부러 기근을 일으킨 것이라고까지 말할 정도로 업무에 맞지 않는 사람이다. 종교적 근본주의자들에게나 어울리는 이런 세계관을 지닌 인물에게 적극적인 구호를 기대하기는 너무도 어려웠다.

빈곤에 관한 연구를 깊이 수행한 공로로 노벨경제학상을 받은 아마르티아 센은 수많은 역사적 기근 사례를 탐구했다. 그는 기근의 근본 원인이 식량의 절대적인 부족에 있는 게 아니라 필요한 사람에게 식량이 돌아가지 못하는 배분 시스템에 있다고 설파했다. 아일랜드의 대기근도 마찬가지였다. 아일랜드산 농산물이 해외로 빠져나가지 못하게 막고 부자 나라 영국이 초기부터 적극적인 구호 정책을 폈더라면 최악의 기근 사태는 피할 수 있었을 것이다.

새로운 기회를 찾아
떠난 사람들

운 좋게 목숨을 건진 아일랜드인은 앞으로 살아갈 방도를 찾아야 했다. 조국의 현실은 가혹했고 미래는 암울했다. 심지어 지주들이 임대료를 내지 못하는 농민들을 집과 농토에서 무자비하게 추방하기도 했는데, 정부에 납부할 세금을 줄이기 위한 행동이었다. 아일랜드 전체가 경제적으로 초토화되었으므로 국내에서 새로운 기회를 기대하기는 어려웠다. 해외에서 새로운 삶의 기회를 찾기로 마음먹은 사람들은 낯선 잉글랜드와 스코틀랜드로 떠났다. 아예 더 먼 곳으로 이민을 가자고 마음먹은 이들도 많았다. 특히 거대한 땅덩어리를 보유했지만

어스킨 니콜, 〈밖으로〉와 〈집으로〉, 1860년경.
더블린 항구에서 뉴욕 행을 꿈꾸는 아일랜드인과 뉴욕 항구에서 더블린 행을 생각하는 아일랜드인.

노동력이 부족하다고 알려진 미국, 캐나다, 오스트레일리아가 희망의
땅으로 보였다.

　이민을 가기로 마음먹은 사람의 심정은 어떠했을까? 화가 어스킨
니콜Erskine Nicole이 그린 위 그림을 보자. 젊어서 아일랜드의 더블린에
서 생활할 때 대기근의 참혹한 상황을 생생하게 목격했던 화가는 이
후 아일랜드인의 힘든 삶을 화폭에 담았다. 먼저 〈밖으로〉라는 제목
의 그림을 보자. 남루한 옷차림의 사내가 그림의 주인공이다. 낡고 찌
그러진 모자를 쓰고 여기저기 해진 외투를 입고 괴나리봇짐을 어깨에
맨 채 그는 담벼락에 붙은 광고지를 유심히 바라보고 있다. '뉴욕'이라

는 행선지가 눈에 띄는 원양 여객선의 광고다. 가난에 찌든 아일랜드 사내가 절망적인 현실을 뒤로하고 미국으로 이민을 떠날지 고민하는 모습이다. 자세히 보면 사내는 손에 주화 한 닢을 들고 있다. 아마도 화가는 그가 이민선을 타기 위한 뱃삯조차 충분치 않은 상태임을 나타내고 싶었던 모양이다. 현실이 더 곤궁할수록 새로운 삶을 위해 모험을 감수하려는 마음도 더 컸으리라.

그렇다면 이 사내가 꿈꾸는 궁극의 미래상은 무엇이었을까? 바로 〈집으로〉라는 제목의 그림에 등장하는 인물이다. 그는 뉴욕에 정착해 엄청나게 고생했지만, 그 덕분에 지금은 생활이 어느 정도 윤택해졌다. 말끔한 옷차림에 표정과 동작도 당당하다. 이제 살 만해졌지만 그의 마음은 늘 고향 아일랜드에 가 있다. 그는 다시 한번 원양 여객선에 몸을 실을지 고민한다. 하지만 이번 고민은 행복한 고민일 것이다. 젊어서는 어쩔 수 없어서 이민을 택했지만, 지금은 자기 마음이 가는 대로 살 곳을 정할 수 있기 때문이다.

대기근 이후 수십 년 동안 수많은 아일랜드인이 삶의 돌파구를 찾아 대양 항해선에 고단한 몸을 실었다. 261쪽의 그림은 이민선이 출항하는 모습이다. 많은 이민자가 이미 여객선의 갑판을 빼곡히 채우고 있다. 선창 바깥에는 남은 가족들이 애타는 표정으로 떠나는 이에게 작별 인사를 보낸다. 언제 다시 만날 수 있을지 기약할 수 없는 안타까운 이별이다. 그림을 자세히 보면 승선한 사람 중에는 젊은 남성이 많고, 항구에 남은 사람 중에는 여성과 어린이, 노인이 압도적으로 많다. 몸이 건장해서 일자리를 찾을 기회가 많은 청년들이 가족을 고

찰스 스태닐랜드Charles Staniland, 〈이민선〉, 1880년대.
기회를 찾아 대양 항해선에 몸을 싣는 아일랜드 이민자들.

향에 남겨두고 머나먼 항해를 떠나고 있는 것이다.

이 그림에서 힌트를 얻을 수 있듯이 이민선의 환경은 무척이나 열악했다. 최소의 뱃삯으로 구할 수 있는 배편이라는 게 어떠했을지 가히 상상이 간다. 심지어 어떤 선박은 '영구선coffin ship'이라는 별명을 얻을 정도로 상태가 엉망이었고 그만큼 사고가 날 위험이 높았다. 그렇지만 마지막 선택지로 해외를 택한 가엾은 아일랜드인으로서는 위험을 감수하고라도 운명에 몸을 맡길 도리밖에 없었다.

대기근이 발생한 이후 연평균 25만 명에 이르는 엄청난 인구가 새로운 삶의 터전을 찾아 대서양 횡단 여객선에 몸을 실었다. 오늘날 북아메리카 인구에서 아일랜드 출신이 큰 비중을 차지하게 된 것은 바로 아일랜드 대기근으로 시작된 이러한 대량 이민의 결과였다. 다음의 사진은 미국 매사추세츠주의 케임브리지에 서 있는 추모 동상이

미국 매사추세츠주 케임브리지에 있는 아일랜드 대기근을 소재로 한 추모 동상.
© Another Believer

다. 미국과 캐나다의 곳곳에 이런 동상들이 서 있는데, 하나같이 궁핍
한 차림, 서글픈 표정, 안타까운 동작을 보여준다. 번영과 빈곤이라는
두 개의 얼굴을 가진 대분기의 시대, 그중에서 그늘지고 굴곡진 빈자
의 모습을 형상화한 슬픈 조각품들이다.

세계화된
동식물 감염병의 위험

우리는 인간에게 직접 피해를 주는 감염병에 대해서는 많은 주의를

기울인다. 위험하다는 것을 직감하기 때문이다. 하지만 식물이나 동물에게 발생하는 감염병도 인간에게 큰 위협이 될 수 있다. 바로 감자 기근이 가장 대표적인 사례다. 특히 이런 식물이나 동물이 인간의 소비 대상이라면 그 위협은 훨씬 막대하고 즉각적이다.

오늘날에도 마찬가지다. 그간 동식물에 유행하는 감염병에 대해서 지식이 많이 축적되고 방역 기술이 상당히 진전되었지만, 일부 동식물 감염병은 현재 우리에게 큰 피해를 끼치고 있다. 대표적인 사례를 몇 가지 짚어보기로 하자.

먼저 구제역foot-and-mouth disease이라는 다소 생경한 이름을 가진 질병을 살펴보자. 구제역은 입과 발굽에 발생하는 감염병을 의미한다. 구제역 바이러스에 의해 전파되는 이 질병은 독특하게도 발굽이 두 개인 동물에서만 발병한다. 소·돼지·염소·사슴·낙타 등이 이에 해당한다. 이 바이러스가 동물의 몸에 들어오면 입과 발굽 주위에 물집이 생기고 고열과 함께 심한 통증을 느끼게 된다. 치사율이 75퍼센트에 이르는 이 질병은 주로 감염된 동물로부터 공기를 통해 호흡기로 전파된다. 하지만 다른 경로로도 전파가 가능하다는 사실이 밝혀져 있다. 예를 들어 구제역에 걸린 동물의 뼈를 개나 늑대가 물어 이동시킴으로써 구제역이 전파되기도 하고, 바이러스가 사람의 옷이나 차량 표면에 묻어 병을 옮길 수도 있다.

구제역 바이러스는 감염 속도가 빠르기 때문에 대처하기가 어렵다. 구제역이 특히 우리에게 중요한 이유는 구제역에 취약한 동물 대부분이 가축으로 사육되기 때문이다. 한번 감염병이 유행하면 소와 돼지

한국의 강릉 소방서 의용소방대의 구제역 방역 활동, 2011년.
ⓒ최광모

를 키우는 축산 농가는 치명적인 타격을 입게 된다. 백신이 있긴 하나 효능이 완전하지 않고 특별한 치료법도 없기 때문에 일단 발병하면 살처분을 하는 게 일반적이다. 방제를 철저히 해서 바이러스가 전파하지 않도록 막는 게 최선이다.

구제역 바이러스는 세계 최초로 발견된 동물 바이러스다. 이미 1870년에 미국 북동부 해안 지역에서 발병이 보고되었고, 1914년에 가축 시장을 통해 광범위하게 창궐했다. 이를 없애는 데 소요된 비용만 해도 450만 달러(현재 가치로 약 1조 4,000억 원)나 된다고 한다.

이후에도 이 바이러스는 세계 곳곳에서 창궐했다. 1997년에는 돼지고기 수출국 가운데 하나인 대만에서 대규모 발병이 있었는데, 사람의 음식물 찌꺼기를 돼지에게 사료로 공급하는 농가가 높은 밀도로 존재했기 때문에 특히 타격이 컸다. 대만 정부는 어쩔 수 없이 69억 달러(현재 가치로 약 13조 원)를 들여 380만 마리의 돼지를 살처분했다. 2000년에는 영국에서 구제역이 확산되어 80억 파운드(현재 가치로 약 23조 원)나 되는 사회적 비용을 치러야 했고, 2011년에는 우리나라에도 구제역이 창궐했다. 그리하여 수백만 마리의 소와 돼지가 안타깝게 살처분을 맞았다. 하루아침에 희생된 가축은 물론이고 자신이 정성스럽게 길러오던 가축의 처참한 모습을 목격해야 했던 농민들은 큰 심리적 고통을 겪을 수밖에 없었다.

오늘날 세계적으로 창궐해 사람들의 주의가 요망되는 새로운 동물 감염병으로 아프리카돼지열병ASF, African Swine Fever을 들 수 있다. 아프리카돼지열병은 돼지과에 속하는 동물에만 감염이 되는데, 치사율이 100퍼센트에 육박할 정도로 높다. 감염 동물의 침이나 분변을 통해 바이러스를 옮기기도 하고 감염 동물을 열처리하지 않은 채 잔반으로 돼지에게 먹일 경우에도 전파된다. 오염된 옷가지나 차량도 감염의 매개가 될 수 있으며 심지어 바이러스를 지닌 진드기가 돼지를 흡혈할 때에도 전파가 된다. 사람은 이 바이러스로부터 안전하지만, 감염된 고기가 유통되면 돼지에게 전파될 위험이 있기 때문에 감염 지역에서는 돼지고기 유통을 제한하게 된다. 최근에는 해외 여행객의 옷가지나 먹을거리를 통해 국제적으로 감염되는 사례도 증가하고 있다.

아프리카돼지열병은 1920년대부터 아프리카의 사하라 사막 이남 지역에서 발생했다고 보고되어왔다. 1950년대 말에는 유럽의 이베리아 반도에도 질병이 확산되었다. 그러나 1990년대가 되면서 스페인과 포르투갈에서 박멸되었다는 공식 발표가 있었다. 그 후 2007년부터 동유럽과 러시아, 이란 등에 확산되어 지역적인 풍토병으로 자리를 잡았다. 2018년에는 중국에서 발병해 전 지역으로 전파되었고, 이어서 몽골, 미얀마, 베트남 등으로도 확산되었다. 2019년에는 북한에서 발병했고, 비무장지대를 오가는 멧돼지를 통해 남한으로 유입될 가능성이 높아졌다. 결국 같은 해에 경기도의 돼지 농장에서 발병이 처음 일어났고, 그 후 인접 지역에서도 추가 발병이 있었다. 현재까지 아프리카돼지열병은 치료제와 백신이 없기 때문에 감염된 돼지를 100퍼센트 살처분하고 방제에 힘쓰는 것밖에는 달리 대응할 방법이 거의 없다.

바나나로 보는
유전자 단일화의 경고

식물을 위협하는 감염병도 있는데, 특히 전 세계에서 날마다 엄청난 양으로 소비되고 있는 바나나를 주목할 만하다. 바나나는 오늘날 해마다 1억 톤이나 되는 물량이 생산되고, 그 가운데 20퍼센트에 육박하는 물량이 다른 국가들로 수출된다. 우리나라도 해마다 약 4억 달러(4,800억 원)가량의 바나나를 수입해 소비하는데, 수입 과일 가운데 1위다. 우리가 여기서 바나나에 주목해야 하는 이유는 바나나가 맛이 좋고 값이 싼 편이어서가 아니라, 바나나가 감염병에 관해서 매우 독특

우리에게 익숙한 캐번디시 품종
의 바나나.
ⓒAugustus Binu

한 역사를 보여주고 있기 때문이다.

다른 과일이나 농산품과 비교할 때 바나나가 지닌 가장 특별한 속
성은 세계인이 소비하는 바나나가 실질적으로 단 하나의 품종이라는
점이다. '캐번디시Cavendish'라는 품종인데, 사람들이 씨를 뿌려서 재배
하는 것이 아니라 형질이 우수한 바나나 풀에 접붙이는 방식으로 번
식시켰다. 그런데 세계 바나나 시장을 석권한 이 품종이 본격적으로
재배되기 시작한 역사는 70년 정도밖에 되지 않는다. 그 이전에는 그
로 미셸Gros Michel이라는 품종이 주종을 이루고 있었다. 그런데 1950
년대부터 곰팡이 균이 원인인 파나마병Panama disease이라는 감염병이
창궐하면서 전 세계 바나나 농가가 중대한 위기를 맞게 되었다. 이 위
기를 탈출하게 해준 것이 바로 캐번디시로 품종을 교체하는 일이었
다. 캐번디시는 그로 미셸에 비해 단맛이 적고 풍미가 다소 떨어지는
약점이 있었지만, 파나마병에서 자유롭다는 강점이 약점을 압도했다.
캐번디시의 등장으로 바나나는 다시 세계인이 사랑하는 대중적인 과
일이 될 수 있었다.

파나마병에 걸린 바나나 풀.

　그런데 근래에 '변종파나마병TR4, Tropical Race 4'이 퍼짐에 따라 이번 엔 캐번디시 품종이 치명적인 위험에 처하게 되었다. 이 질병은 '바나나 불치병'이라고 불릴 정도로 바나나에 위협적인 영향을 미친다. 1980년대 대만에서 처음 발견된 이후 동남아시아 여러 국가와 중국 등으로 확산되었다. 2010년대부터는 과거에 그로 미셸이 처했던 것 과 마찬가지로 캐번디시가 멸종 위기에 처했다는 주장이 대두되었다. 안타깝게도 아직까지 캐번디시를 대체할 새 품종은 개발되지 못한 상 태다.

　바나나의 역사는 인간의 필요에 부응하기 위해 이 식물이 겪게 된 유전자 단일화의 역사를 보여준다. 단일한 형질을 가진 바나나만을 재배하고 유통하면 당장 사람들에게 유리한 점이 많다. 누구나 일정한 맛을 기대할 수 있고, 포장과 운송에도 유리하며, 방역 방식도 통일할 수 있다. 따라서 시장의 확대를 쉽게 이룰 수 있다. 한마디로 제품 표준화가 주는 장점을 누릴 수 있는 것이다. 그러나 유전자가 통일되면 감염병에 의해 순식간에 멸종될 위험도 있다.

생물의 진화는 유전자의 다양성을 확대함으로써 주위 환경이 변화하는 충격에도 멸종을 피할 수 있게 한다. 즉 유전적인 안전망을 확보하는 과정이라고 볼 수 있다. 인간이 생산의 편의와 경제적 이득을 위해 유전자를 단일화·표준화시킨 바나나의 사례는 19세기 아일랜드의 감자 역병을 떠올리게 한다. 과연 우리는 바나나의 멸종이라는 안타까운 사태를 피하고 장기적으로 안전한 품종을 다양하게 만들어갈 수 있을 것인가?

9
—
본격적인
팬데믹의
서막을 열다
—
: 콜레라

곰팡이인가,
곤충인가, 전기적 교란인가,
오존 결핍인가, 내장에서 배출된
병적 찌꺼기인가? 우리는 전혀 모른다.
우리는 억측이 소용돌이치는
바다에 떠 있다.

—

의학저널 《랜싯*Lancet*》의 사설, 1853년.

◆

◆

상호의존 관계를 만드는
세계화의 과정

'세계화'라는 용어는 새삼 설명이 필요 없을 정도로 우리에게 친숙하
다. 세계화는 개인, 개별 집단, 개별 문화권이 확장되어 기존의 지리적
범위를 넘어서는 과정이다. 달리 표현하자면 세계화는 세계의 여러
부분이 기존의 정치적·경제적·문화적·사회적 장벽을 뛰어넘어 서
로 밀접하게 연결되어 가는 과정이다. 사람들은 세계화를 통해서 잘
알지 못했던 지역의 사람들과 소통하고 상호의존하게 된다. 이런 상
호의존 관계는 외형적으로 명확히 드러나는 형태로(예를 들어 무역, 이민,
여행 등)만들어지기도 하지만, 때로는 사람들이 잘 인식하지 못하는 가

운데 상호의존 관계가 형성되기도 한다.

얼핏 생각하면 세계화의 과정은 매우 현대적인 현상으로 보인다. 실제로 오늘날의 세계화를 낳은 주요 변화들은 대략 30여 년의 역사를 가지고 있을 뿐이다. 정치적으로는 1990년대 초, 소련이 붕괴하고 동유럽 국가들이 사회주의에서 자본주의로 체제를 전환했다. 이 사건은 이념의 장벽이 붕괴되어 세계적으로 소통이 자유로워졌음을 의미했다. 경제적으로는 1980년대부터 확산된 신자유주의Neoliberalism 사조가 세계적으로 영향력을 넓혔다. 국가의 개입을 최소화하고 시장에 가급적 크게 의존하는 것이 바람직하다는 사조였다. 정부 규제가 완화되고 무역이 개방되며, 노동시장이 유연해지고 자본시장이 자유로워지는 현상은 모두 국가의 경계가 덜 중요해지고 국경을 넘나드는 교역과 교류가 확대됨을 의미했다. 또한 이 시기에는 정보 통신기술이 비약적으로 발달했다. 인터넷이 보급되고 통신 기술이 발달하자 지식과 정보가 세계로 소통되는 비용이 비약적으로 줄어들었다. 지식과 정보의 자유로운 이동을 가로막았던 기술 장벽이 무너졌다는 뜻이다. 말하자면 지난 30년의 시기는 정치적·경제적·기술적 변화를 통해 세계화의 거대한 물결이 휘몰아친 시대였다.

그러나 조금 더 생각해보면 세계화는 1990년대 이전에도 진행된 적이 있다. 19세기에서 20세기 초반에 이르는 시기가 대표적이다. 서구 열강들이 경쟁하듯 공업화 대열에 합류함에 따라 이 국가들의 경제가 무역과 금융과 소비를 매개로 서로 엮이게 되었다. 또 세계화의 흐름에 동참하지 않았던 지구상의 많은 지역을 이 열강들이 식민지화한 것도 이 시기의 일이었다. 따라서 이 시기는 열강들이 자발적으로 세계화에 나섰고, 개발에 뒤처진 국가들은 강제적으로 세계화에 휩쓸리게 된 때였다.

물론 역사적으로 시간을 더 거슬러 올라갈 수 있다. 18세기 중반에서 19세기 중반에 영국에서 발생한 산업혁명은 생산력을 전례 없이 증대시킴으로써 세계 경제의 구도를 새로 짰다. 대량 생산된 상품들이 역사상 처음으로 대양을 건너 다른 대륙들로 팔려나갈 수 있게 되었다. 그 이전인 중상주의 시대에도 장거리 무역이 없진 않았지만 물량에 비해 가격이 비싼 상품으로 무역이 국한되었다. 시간을 좀 더 거슬러 올라가 15세기 후반 대항해시대의 개막도 세계화의 역사를 구분 짓는 이정표였다. 내부적으로만 교역과 교류를 해왔던 구세계와 신세계가 새로운 항로를 통해 상호 연결되어 단일한 경제 단위를 만들었다. 지구 전체를 하나의 시스템으로 통합시켰다는 면에서 대항해시대는 세계화의 역사를 장식한 중요한 사건이었다.

더 과거로 올라가면 몽골제국이 세계 최대의 제국을 세우고 개방적인 무역 체계를 이끌었던 시대, 그보다 앞서 중국과 이슬람 세계가 기술과 무역을 주도했던 시대, 유럽 대부분을 단일 질서로 통일했던 로마제국의 시대, 그리고 더 거슬러 올라가면 지역적 강국들이 세력을 과시했던 문명시대에 이를 수 있다. 이들은 모두 '작은 세계화'라고 부를 만한 시대였다. 세계화의 역사는 이렇게 길지만, 이 장에서는 근대 이후 본격적으로 세계화의 첫 물결이 휘몰아친 19세기에 초점을 맞추고자 한다.

다섯 차례나 확산된
대규모 전파

산업혁명의 바람이 여러 국가로 퍼져가던 19세기는 세계화가 눈부시게 진전된 시기였다. 교통과 통신의 발달이 전례 없이 이루어졌으니 사람과 물자가 낯선 지역과 접촉하는 사례가 비약적으로 증가한 게 당연했다. 이에 따라 질병들도 빠르게 확산될 기회를 얻었다. 마치 중세 동서 교역이 흑사병의 창궐을 초래했듯이, 이 시기에도 토착 질병에서 팬데믹으로 진화하는 데 성공한 감염병들이 있었다. 그중에서 가장 두드러진 질병이 바로 콜레라였다.

콜레라는 총 다섯 차례에 걸쳐 대규모 확산이 이루어졌다. 아래의 표는 19세기에 콜레라가 세계적으로 얼마나 빠르고 광범위하게 전파되었는지를 보여준다. 1차 전파는 1817~1824년에 이루어졌는데, 인도의 벵골 지역에서 출발한 질병이 서쪽으로는 지중해 동부 지역과 아프리카 북부에 닿았다. 동쪽으로는 동남아시아, 중국을 거쳐 한국

유행 차수	기간(연도)	주요 창궐 지역
1차	1817~1824	인도, 동남아시아, 동아시아, 중동, 지중해 동부
2차	1826~1837	페르시아, 아프가니스탄, 유럽, 러시아, 북아메리카
3차	1846~1860	러시아, 북아메리카, 남아메리카
4차	1863~1875	인도, 남유럽, 북아프리카, 아메리카
5차	1881~1896	인도, 유럽, 아시아, 아메리카

19세기 콜레라의 대유행.

드니 라페(Denis Raffet, 〈야만과 콜레라가 유럽에 들어오다〉, 1831년.
봉기와 역병으로 혼란한 폴란드의 상황을 묘사했다.

과 일본까지 전파가 확산되었다. 1826~1837년에 진행된 2차 전파는 인도에서 출발해 서아시아와 유럽에 큰 영향을 미쳤고, 동아시아도 부분적으로 콜레라의 습격을 받았다. 특히 유럽에서는 폴란드를 포함한 동유럽과 러시아가 큰 타격을 입었다. 북아메리카에서도 크게 유행해서 15만 명이 목숨을 잃었다.

위 그림은 2차 콜레라가 창궐한 폴란드의 상황을 묘사했다. 당시 폴란드는 러시아의 압제에 시달리고 있었다. 1830년에 러시아의 폭압에 항거하는 폴란드인의 봉기가 발생했다. 그림에서 야만적인 거인으로 묘사된 러시아 차르에 대항해 수많은 폴란드인이 힘을 모아 대항하고 있다. 그런데 자세히 보면 거인 뒤로 해골 모습으로 긴 낫을 손에 쥔 유령이 보인다. 이 유령은 '죽음의 신'으로 그 당시에 폴란드에 상륙한 콜레라를 상징한다. 러시아와 폴란드의 충돌에서 누가 승자가 되고 누가 패자가 되건 상관없이 양측 모두 결국에는 콜레라에 의해 치명적인 타격을 입을 것임을 시사하는 그림이다.

콜레라의 3차 전파는 1846~1860년에 걸쳐 일어났다. 이때 콜레라는 북아메리카에 이어 남아메리카까지 확산되었다. 러시아에서만 100만 명 이상이 사망한 것으로 추정된다. 이어서 1863~1875년에 발생한 4차 전파는 지리적으로 최대 범위를 기록했다. 인도에서 출발해 이탈리아와 스페인에 전해졌으며, 그밖에도 광범위한 지역으로 확산되어 팬데믹이라는 용어가 전혀 이상하지 않은 수준에 이르렀다.

19세기 마지막 창궐인 5차 전파는 1881~1896년에 이루어졌다. 이때는 인도에서 시작되어 아시아와 아메리카 대륙에 널리 확산되었다. 5차 전파가 진행 중인 1883년에 독일의 생물학자 로베르트 코흐Robert Koch가 인도인 콜레라 환자의 분변에서 콜레라균을 분리해내는 데 성공했다. 바야흐로 질병의 원인을 세균으로 설명하는 시대가 도래한 것이다. 이는 콜레라를 의학적으로 극복할 결정적인 전기가 마련되었음을 의미했다. 1885년에 드디어 최초의 콜레라 백신이 만들어졌고, 1948년에 항생제가 등장함으로써 확실한 치료의 길이 열렸다.

19세기에 콜레라가 빠르게 확산된 데는 몇 가지 이유가 있다. 첫째, 영국의 선박들이 인도의 벵골 지방을 찾은 사례가 잦았는데 이것이 콜레라가 아시아에서 유럽으로 전파되는 데 중요하게 작용했다. 이후 더 자세히 살펴보겠지만 벵골 지방의 토착 감염병이었던 콜레라가 영국의 식민 통치자, 상인, 군인들에 의해 대양을 건너 이동하게 된 것이

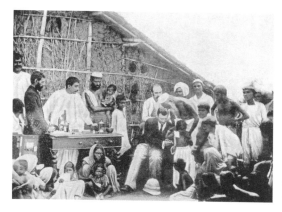

콜레라 예방 접종을 받는
인도 콜카타의 주민들,
1894년.
ⓒWellcome Collection
Gallery

다. 둘째, 러시아가 이 시기에 공격적으로 남하 정책을 펼쳤다는 사실
이다. 러시아가 새로 정복한 지역 중 많은 지역에 이슬람교도가 포함
되어 있었는데, 이슬람교도는 성지순례를 떠나는 경우가 많아서 감염
병에 노출되기 쉬웠다.

위에서 언급한 4차 유행이 바로 이 사례에 속했다. 1865년 인도의
뭄바이에서 많은 이슬람 순례자가 증기선에 탑승해 예멘을 경유해 성
지 메카로 향했다. 이때 콜레라가 창궐하자 순례자들은 다급하게 피
난 행렬에 올랐지만 콜레라균이 그들을 따라 퍼지는 것을 막지 못했
다. 결국 콜레라는 이집트의 수에즈를 거쳐 지중해와 흑해 연안의 항
구도시로 이동했고, 다시 터키, 이탈리아, 프랑스, 스페인, 독일, 러시
아 등 유럽 전역으로 전파되었다.

비위생적 환경과
물의 중요성

앞서 흑사병을 다루며 교역과 교류가 활발해지는 세계화가 질병까지 세계화시킬 수 있다는 사실을 살펴본 바 있다. 세계화와 질병이 맺고 있는 밀접한 관계는 시대를 초월해서 성립한다. 이 관계를 중세시대에 흑사병이 증명했고, 다시 대항해시대에 천연두가 확인시켜주었다면, 19세기에는 콜레라라는 감염병이 또다시 이 관계를 생생하게 보여주었다. 쥐벼룩과 쥐를 매개로 감염이 이루어지는 흑사병과 달리 콜레라는 물을 매개로 전파되는 이른바 '수인성水因性' 감염병이다. 따라서 물을 논의의 출발점으로 삼아보자.

물은 인간의 생존에 필수적인 물질이다. 신체 활동에 꼭 필요한 수분을 공급할 뿐 아니라 음식물을 조리하고 몸을 청결히 씻고 옷을 세탁하는 데 모두 물이 필요하다. 공업화시대 이후에는 물이 각종 물질의 기본 원료로도 쓰이고 기계를 냉각시키는 데도 쓰여 왔다. 따라서 인류 문명의 발전 과정은 인간이 물을 사용하는 방법을 향상시킨 과정이라고도 말할 수 있다.

이렇게 인간에게 꼭 필요한 물이지만 오염된 물은 오히려 인간에게 심각한 해를 끼친다. 사람들은 기나긴 역사를 통해 물과 질병의 연관성에 대해 어렴풋이나마 이해해왔다. 깨끗한 물을 마셔야 건강이 유지된다는 생각은 동서고금을 막론하고 널리 공유되었다. 메소포타미아와 이집트에서는 세균이 침입하기 쉬운 물을 대신해 맥주가 식사에서 널리 쓰였다. 그리스의 히포크라테스는 불순물을 제거한 물을 마시라고 권했고, 중국인은 끓인 물이나 뜨거운 차를 마시는 관습을 만들어 냈다. 중세부터 프랑스인은 지하 깊은 곳에서 뽑아낸 물의 음용을 선호했으며, 근대에 무역이 활성화되자 영국인은 아시아에서 수입한 차를 마심으로써 건강에 도움을 얻었다. 도시 생활을 하는 사람들에게는 상하수도 시설을 갖추는 것이 매우 중요했다. 로마제국은 이미 2,000년 전에 꽤 훌륭한 급수 및 배수 시설을 갖췄다. 그러나 중세에 접어든 이후 이런 기술은 사장되어 위생적으로 후퇴한 시기가 이어졌다. 중세 사람들은 물을 샘이나 우물에서 길어다 쓰고 오수를 아무 데나 버리는 데 익숙했다. 오염 물질이 식수와 섞이기 쉬운 비위생적인 환경이었다.

근대에 접어들어 도시화는 더욱 속도를 냈고, 공업화가 곳곳에서 진행되었다. 아무런 계획 없이 난개발을 통해 만들어진 도시의 거주지는 사람들의 건강을 위협했다. 인간의 배설물, 음식물 찌꺼기, 썩어가는 쓰레기가 지독한 악취를 뿜어냈고, 강물도 심하게 더럽혀져 병원균이 퍼지기 쉬운 환경이 만들어졌다. 사람들은 질병의 원인에 대한 지식이 부족했고, 알았다고 해도 열악한 노동환경과 주거환경 속에서 살아가야 하는 저소득층에게는 별다른 수가 없었다. 정부 차원의 대응책도 신속하게 마련되지 못했다. 19세기 통계를 보면 농촌 지역보다 도시 지역에 사는 사람들의 평균수명이 훨씬 짧았는데, 중요한 이유 가운데 하나가 감염병의 확산이 얼마나 빈번했느냐의 차이였다.

윌리엄 히스William Heath, 〈템스강 물이라고 통칭되는 괴물 수프Monster Soup commonly called Thames Water〉, 1828년.
런던 템스강에서 떠온 물을 현미경으로 본 한 시민이 수많은 미생물이 있음에 놀라고 있다.

　위 그림은 런던을 관통하는 템스강이 얼마나 오염되었는지를 소재로 묘사했다. 1828년에 템스강 물의 수질에 대한 정부 보고서가 작성되었는데, 오염이 심각하다는 보고서의 내용을 그림으로 표현한 것이다. 이 그림의 물속에는 온갖 모양의 미생물체들이 가득하다. 실제 미생물의 모양은 아니고 물고기, 새우, 가재, 불가사리 등 해양생물의 모양을 본떠 흉측하게 표현한 것이다. 템스강을 식수원으로 사용하고 있던 런던 시민에게 '괴물'이 가득한 강물은 무척이나 충격적이었을 것이다. 화가는 이를 그림에 반영하고 싶었던지 그림 속 주인공이 현미경으로 미생물체들을 확인하고는 화들짝 놀라 손에 쥔 찻잔을 놓쳐 떨어뜨리는 장면으로 묘사했다.

아프기도 하고,
창피하기도 하고

콜레라의 원인균인 비브리오 콜레라Vivrio Cholerae는 인체에 침입하면 16시간 내지 5일의 잠복기를 거쳐 증상을 발생시킨다. 콜레라에 걸린 환자들은 심한 구토와 설사 증상에 시달리게 된다. 그 결과 탈수 현상이 일어나 체온이 떨어지고 힘이 쭉 빠지는 느낌을 받는다. 차고 끈끈한 땀이 분비되고 피부가 늘어지며 얼굴 주름도 깊어진다. 또한 안색이 창백해지거나, 푸르스름해지거나, 심지어 검게 변한다. 신체 곳곳의 근육이 뻣뻣해지거나 경련을 일으키기도 한다. 여기서 증상이 더심해지면 정신을 잃고 혼수상태에 빠진다. 그러고는 허약한 사람부터 사망에 이른다. 콜레라의 치사율은 약 50퍼센트에 이른다.

그런데 이런 고통이 환자가 겪어야 하는 시련의 전부가 아니었다. 시도 때도 가리지 않고 찾아오는 설사와 구토 때문에 난감한 상황을 맞이해야 하는 경우가 많았다. 자신의 의지만으로 도저히 조절할 수 없는 증상이었다. 타인과 함께 자리할 경우 환자는 미안함과 수치심으로 고개를 떨구어야만 했고, 혐오가 담긴 주위의 차가운 시선을 어쩔 도리 없이 감내해야만 했다. 아픈 것도 억울한데 창피함까지 감수해야 하는 질병이 바로 콜레라였다.

설사가 주요 증상인 질병이 콜레라만이 아니었다는 사실이 문제를 더욱 복잡하게 했다. 영국에서는 1848년부터 전국을 대상으로 본격적인 사망 통계 조사가 이루어졌는데, 콜레라와 더불어 증상이 비슷

콜레라 환자가 특유의 푸르스름해진 안색으로 힘없이 누워 있다.
©Wellcome Collection Gallery

한 이질과 설사도 조사되었다. 그런데 사람들이 세 질병을 명확히 구분할 수 없었기 때문에 조사가 정확하게 이루어질 수 없다는 문제가 전문가들 사이에서 논의되었다. 콜레라는 발병의 연간 편차가 매우 큰 반면에 이질과 설사는 그 편차가 작았으며, 콜레라가 간헐적으로 발생하는 감염성 질병인 반면에 이질과 설사는 상시적인 풍토성 질병이라는 차이가 있었다. 하지만 이를 일반인이 구분하기는 쉽지 않았다. 그래서 세 질병을 합친 항목인 '대장 배출'만 통계적으로 의미가 있다는 견해가 제시되기도 했다.

만일 누가 자신은 콜레라에 걸린 게 아니고 다만 감염성이 없는 이질에 걸렸을 뿐이라고 말한다면 사람들은 이를 순순히 사실로 받아들였을까? 그러기가 쉽지 않았을 것이다. 저 사람이 난처한 상황을 순간적으로 모면하기 위해서 둘러댄 것이라면? 콜레라에 걸렸는데 실제로 이질과 구별하지 못한 탓에 이렇게 말했다면? 콜레라 환자라는 낙인이 찍힐까 두려워 거짓말을 했다면? 이런 생각들은 코로나19가 만연한 오늘날 우리가 접하는 문제와 본질적으로 동일하다. 만일 누가자신은 코로나19에 걸린 게 아니라 알레르기성 천식으로 기침을 하는 것뿐이라고 말한다면 당신은 과연 어떻게 반응할 것인가?

옛사람들이 인식한
콜레라의 개념

콜레라는 분변이나 구토물로 오염된 물이나 음식을 통해 감염된다. 콜레라균은 위를 지나 소장과 대장에 이르면 폭발적으로 증식하면서 독소를 방출하는데, 이 독소가 설사와 구토를 일으키는 주범이다. 오늘날에는 1억~100억 개의 콜레라균을 접했을 때 감염이 일어난다는 사실이 알려져 있지만, 콜레라를 처음 접한 19세기 사람들에게는 콜레라가 세균에 의해 감염된다는 이야기 자체가 생소했다. 그렇다면 당시 사람들은 콜레라의 정체를 어떻게 이해했을까?

전통적으로 사람들은 물질이 부패해 오염된 공기를 흡입해서 감염된다고 생각했다. 즉 '미아스마miasma'라고 부르는 나쁜 공기가 질병의 원인이라 인식했다. 이런 인식을 최초로 만들어 낸 인물은 그리스의 의사 히포크라테스였다. 그는 감염병이 지진이나 홍수, 화산 폭발과 같은 자연재난 직후에 급격하게 퍼지게 된다고 지적했다. 그리고

로버스 시모어, 〈콜레라와 같은 사례를 찾는 런던 보건위원회〉, 1832년.

그 이유가 부패한 물질에서 나오는 작은 입자가 가득 들어찬 독성 증기를 사람들이 흡입하기 때문이라고 설명했다. 중세의 흑사병에서 19세기의 콜레라에 이르기까지 미아스마가 수많은 감염병의 근본 원인이라는 관념은 오랜 역사를 통해 대중의 뇌리에 각인되었다.

1830년대 런던의 모습을 보여주는 위 그림을 살펴보자. 영국에 콜레라가 처음 상륙한 시점은 1831년으로 알려져 있다. 이 그림에서는 런던의 공중위생을 담당하는 보건위원회 직원들이 콜레라와 유사한 사례를 찾아내기 위해서 의심 가는 지역을 샅샅이 뒤져보는 장면을 묘사했다. 직원들은 돼지우리, 하수구, 짚풀더미 등 미심쩍은 부분을 하나라도 놓칠세라 꼼꼼히 뒤지고 있다. 그들이 감염원을 찾기 위해 사용한 방법은 냄새를 맡는 것이었다. 부패한 공기가 인체에 파고들어와 질병을 일으킨다는 미아스마 이론에 입각해 탐색을 벌인 것이다. 특히 짙은 안개가 자주 끼는 영국에서는 사람들이 감염병의 주범을 미아스마라고 보는 것을 너무 당연하게 여겼다. 나쁜 공기가 질병

콜레라 방지 복장, 1832년.
ⓒScience Museum, London

의 원인이라면 치유법은 무엇이라고 생각했을까? 대부분의 사람들은 신선한 나뭇잎과 향이 강한 허브들, 그리고 향료가 많이 첨가된 차 등이 효험이 있을 것이라고 믿었다.

　병원균에 대한 개념이 없을 때 콜레라의 진정한 원인을 어떻게 알수 있단 말인가? 고대와 중세처럼 인간의 타락에 분노한 신이 내린 형벌이라고 이해하지 않은 게 그나마 다행이라고도 볼 수 있지 않을까? 세계화시대에 진행된 교통과 통신의 혁신 속에서 많은 사람이 콜레라가 특정 국가에 국한해 발생한 게 아니라는 점을 알게 되었으니, 종교적 설명으로는 설득력이 부족하다고 생각한 이가 많았을 것이다.

　같은 시기에 제작된 위 그림도 흥미롭다. 1832년 런던까지 콜레라가 확산되자 시민들은 공포에 휩싸여 온갖 종류의 반응을 보였다. 이 그림은 콜레라로부터 스스로를 보호하기 위해 각종 '보호 장구'로 무장한 사람을 보여준다. 보호 장구들을 자세히 살펴보면 왼손에 쥔 아카시아나무, 오른손에 쥔 노간주나무, 입에 문 상수리나무, 주머니에 가득한 허브 등이 보인다. "이런 모든 것들을 갖추면 콜레라가 제일 먼저 공격한다"라고 이 풍자화의 문구에 적혀 있다. 과학적인 근거 없이 떠도는 속설에만 의존하면 콜레라를 막을 수 없을 뿐 아니라 오히려 감염에 취약해질 수도 있다는 메시지를 담은 일종의 공공 포스터다. 하지만 이런 속설이 효과가 없다는 것은 알아챈다 해도, 어떤 방법이 실제로 감염 예방 효과가 있을지 알아낼 뾰족한 방법은 없었다.

19세기 후반에도 콜레라에 대처하는 다양한 방법이 여전히 속설로서 대중에게 퍼졌다. 예를 들어 배를 따뜻하게 보호해야 콜레라를 막을 수 있다고 여겨 두툼한 복대를 차는 사람이 많았다. 해바라기나 토마토 시럽이 예방 효과가 있다는 이야기도 널리 신봉되었다. 백신과 항생제가 나오기 전까지 이런 속설은 여전히 민간에서 콜레라만큼이나 전파력이 컸다.

조선시대를 휩쓴
콜레라

우리 조상들도 콜레라의 창궐을 피해 갈 수 없었다. 콜레라의 1차 전파기인 1821년에 괴질이 각지에 돌면서 피해자가 속출했다.《조선왕조실록》의 기록에 따르면 순조가 집권하던 시기, 역병이 창궐했다는 보고가 쇄도했다. 평양에서 열흘에 1,000명이 죽었다는 보고가 올라오더니, 나중에는 한양까지 역병이 전파되었고, 전국적으로 10만 명이 넘는 사망자가 나왔다.

우리나라에 앞서 중국에서 먼저 콜레라가 알려졌기 때문에 병명도 중국의 예를 따르게 되었다. 한자로 콜레라를 호열자虎列剌, 또는 호열랍虎列拉으로 적었는데, 중국어 발음으로 콜레라를 옮긴 데서 기인한다. 호열자는 원래 호열랄虎列剌이라고 해야 정확한데, '랄剌'이란 글자가 낯설고 글자 모양이 '자剌'와 비슷해 호열자로 잘못 바뀌게 되었다고 한다. 호열랄과 호열랍은 중국어 발음으로 모두 '후리에라'로 읽혀 콜레라와 비슷하게 들린다. 한자어를 풀이하면 '호랑이가 살을 찢는다'는 의미다. 콜레라에 걸린 환자의 고통을 단어에 담은 듯도 하다.

1821년 콜레라가 대유행했을 때 이 질병에 대한 대중의 이해는 민간 속설의 수준에 머물고 있었다. 판소리 〈변강쇠가〉에 등장하는 악사들은 "시체의 독한 내가 꽉 찔러" 죽게 되었다고 묘사되어 있다. 냄새가 감염의 통로라고 생각했던 모양이다. 한편 콜레라를 막기 위해서 굿을 하거나 불경 또는 무경巫經을 낭독하는 방법도 널리 유행했다. 점을 쳐서 역병을 피하려는 사람도 있었고, 부적을 지니고 다님으로써 액을 막을 수 있다고 믿기도 했다. 역병이 후손 없이 죽은 불행한 귀신의 원한 탓이라고 생각해 귀신을 달래는 제사를 지내는 사람들도 있었다.

프랑스의 인류학자 샤를 바라가
1888년에 발견한 그림.
콜레라를 막기 위해 조선에서 대
문에 붙이던 고양이 부적이다.

조선 말에 우리나라에 들어온 선교사 올리버 애비슨Oliver Avison은
의학에 관심이 컸고 훗날 세브란스 병원의 건립에 크게 기여했다. 그
가 한반도 곳곳을 돌며 관찰하고 기록한 내용에 따르면, 콜레라의 위
협이 감지된 지방에서는 대문에 고양이 그림을 붙인 집이 많았다고
한다.

고양이가 콜레라와 무슨 상관이 있는 것일까? 콜레라 증상 중 하나
는 근육이 수축해 쥐가 나는 것이었다. "조선인은 쥐 귀신鼠神이 몸 안
으로 스며들어 콜레라에 걸리게 된다고 생각했다. 쥐가 오른 것처럼
발에서 시작해서 몸 위쪽으로 잠입해 올라가서 복부에 이르며 그로
인해 근육에 쥐가 난다고 믿는다." 참으로 기발한 아이디어이지 않은
가? 쥐의 천적인 고양이를 내세워서라도 역병의 잡신을 몰아내고 싶

은 간절한 마음이 느껴진다.

290쪽의 그림은 1880년대에 실제로 우리나라에서 사용되었던 고양이 그림으로, 프랑스의 인류학자 샤를 바라Charles Varat가 1888년에 찾아냈다. 이 그림의 오른쪽 위로 일부 글자가 떨어져 나가긴 했지만 아마도 '잡서살퇴雜鼠殺退'라고 적힌 것 같다. '잡귀인 쥐를 죽여 물리치자'라는 뜻이다.

수도시설의
위생 강화

다시 유럽으로 눈을 돌려보자. 그렇다면 병원균의 개념 없이는 콜레라에 효과적으로 대응할 길이 전혀 없었을까? 그렇지 않았다. 예리한 관찰력과 명민한 분석력, 그리고 집요한 노력으로 무장한 사람들의 두뇌와 손발을 통해 감염병의 충격을 최소화하고 예방 효과를 거두는 방법이 개발되기도 했다. 가장 대표적인 사례가 영국의 의사 존 스노John Snow였다.

1854년 8월 런던에 거주하던 존 스노는 집에서 멀지 않은 소호Soho 지구에서 콜레라 환자가 발생했다는 소식을 들었다. 콜레라는 가공할 속도로 확산되었고, 짧은 기간에 수백 명의 사망자가 발생했다. 스노는 기존의 미아스마 이론으로는 콜레라의 전파를 설명하기 어렵다고 판단했다. 그는 우선 환자들을 가가호호 방문해 감염 전에 어디서 어

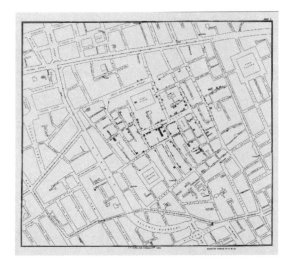

존 스노가 그린 런던의
콜레라 발병 지도.

떤 활동을 했는지 조사했다. 마치 오늘날 역학 조사관이 코로나 확진
자를 조사해 바이러스의 감염 경로를 찾아내는 것과 유사했다. 콜레
라 환자들에 대한 자료가 축적되자 스노는 이들의 분포를 지도에 표
시했다.

　위 그림은 스노가 직접 그린 콜레라 발병 지도다. 그는 지도를 살펴
본 끝에 환자 대부분이 브로드가Broad Street를 중심으로 발생했다는 사
실을 포착했다. 그 거리에는 49채의 건물이 들어서 있고 860명이나
되는 주민들이 밀집해 생활하고 있었다. 스노는 이들 대부분이 브로
드가에 있는 특정한 수도 펌프를 사용했다는 사실을 짚어냈다. 공기
가 아니라 물이 콜레라의 핵심 감염 경로였다는 점이 밝혀지는 순간
이었다. 병원균에 대한 개념이 없어도 객관적인 분석을 통해 콜레라

스노가 콜레라의 진원을 밝혀낸 것을
기념해 남겨둔 브로드가의 수도 펌프.
손잡이가 달려 있지 않은 것이 특징
이다.
ⓒJustinc

의 특성을 잡아내고 그에 기초해 대응 방안을 마련할 수 있다는 위대
한 선례를 그가 보여준 것이다. 존 스노가 오늘날 감염병의 발병 원인
과 감염 경로를 연구하는 의학 분야인 역학Epidemiology의 아버지라고
불리는 데는 이런 획기적인 기여가 있었다.

　우리가 한 가지 주목해야 할 점은 스노가 콜레라의 진원이 수도 펌
프임을 알아냈다고 해서 이것이 곧바로 사회에서 인정되지는 않았다
는 사실이다. 스노는 당장 수도 펌프의 손잡이를 제거해 사람들이 펌
프를 사용하지 못하게 해야 한다고 당국에 요청했다. 정부는 스노의
보고를 접수하고는 이를 무시하다가 며칠 후에야 슬그머니 해당 펌프
에서 손잡이를 빼버리는 조치를 취했다. 당장의 위험에 대해서는 임

시로 대응했지만, 정부로서는 스노의 주장을 전적으로 받아들이고 싶지 않았을 것이다. 그럴 경우 오물에서 물을 통해 입안으로 감염이 이루어진다는 주장을 사실로 인정하는 꼴이 되기 때문이었다.

이 사실을 알게 되면 공용 수도 시설의 위생을 정부가 제대로 관리하지 못해 재난이 발생했다고 시민들이 분노할 것이 너무도 자명해 보였다. 이런 사태를 우려한 정부는 12년이 지난 1866년에야 이 감염 경로를 시인하고 정책에 반영했다. 합리적인 대책을 찾아내더라도 이를 실제로 현실에 도입하기까지는 적지 않은 난관이 존재할 수 있음을 스노의 사례가 여실히 보여준 셈이다.

콜레라의
독특한 기원

그렇다면 19세기에 세계적으로 유행하기 이전에 콜레라균은 어디에 있었을까? 다섯 차례에 걸쳐 광대한 지역을 유린한 팬데믹의 출발점은 과연 어느 시점, 그리고 어느 곳이었을까? 놀랍게도 오늘날의 역사가와 과학자들은 콜레라의 출발점을 매우 정확하게 짚어낸다. 바로 1815년 4월 인도네시아에서 발생한 탐보라 화산의 분화다. 도대체 화산 폭발과 감염병의 확산이 무슨 관계가 있단 말인가?

탐보라 화산은 인도네시아 숨바와섬에 위치한 높이 2,850미터의 성층화산이다. 원래 이 산은 높이가 4,300미터나 되었는데 1815년 엄

오늘날의 탐보라 화산. 대폭발로 인해 만들어진 칼데라 호수가 인상적이다.
ⓒNASA

청난 규모의 화산 폭발로 인해 정상부가 날아가버렸다. 폭발의 위력
이 얼마나 셌던지 폭발 소리가 2,000킬로미터 이상 떨어진 곳에서도
들렸다고 한다. 쓰나미도 발생해 4미터 높이의 해일을 만들어 냈다.
화산 분화로 인해 적어도 수만 명이 목숨을 잃었고, 완전히 소멸해버
린 지역 공동체도 많았다.

　화산 폭발과 더불어 무려 150억 톤의 화산재가 분출된 것으로 추정
되는데 이 화산재가 성층권까지 올라가 전 세계로 확산되었다. 그 결
과 하늘이 어두워지고 지구 표면에 도착하는 태양에너지가 눈에 띄게
줄어들었다. 과학 연구에 따르면 당시 탐보라 화산의 폭발 이후 세계
의 평균 온도가 1.1도 낮아졌다고 한다.

앞서 소빙하기를 다루면서 언급했듯이 지구 전체의 온도가 1도 이상 낮아졌다는 것은 엄청난 기후 격변이었다고 볼 수 있다. 화산 폭발의 여파는 쉽게 수그러들지 않았다. 이듬해인 1816년이 '여름 없는 해'로 기록될 정도였다. 미국과 캐나다의 여러 지역에서 냉해가 발생해 작물 생산에 심각한 타격을 입혔다. 유럽에서도 낮은 기온과 폭우로 인해 식량 생산에 차질이 생겼다.

화산 폭발은 인도양에서 더욱 특이한 영향을 초래했다. 특히 인도의 벵골만에서 사람들이 전혀 예상할 수 없었던 사태를 일으켰다. 화산 폭발로 형성된 구름이 2년에 걸쳐 인도양에서 몬순이 발달하는 것을 막았는데 이것이 벵골만의 생태계를 교란했다. 원래 콜레라는 이 지역의 풍토병이었다. 그런데 탐보라 화산 폭발로 인해 가뭄이 발생하고 나중에는 때아닌 홍수가 찾아오면서 벵골만의 생물 생태계가 전례 없는 충격을 받았던 것이다. 이런 격변 속에서 콜레라균이 변이를 일으켰다. 지역 주민들도 이 변종에는 면역력을 보이지 못해 치명적인 피해를 입었다. 이어서 병원균이 인도 아대륙을 넘어 동쪽으로는 동아시아 전역으로, 그리고 서쪽으로는 지중해 방향으로 전파되었다. 그리고는 앞에서 살펴본 것처럼 19세기에 다섯 차례나 지구 곳곳을 공격하게 된 것이다. 때마침 교통과 통신이 비약적으로 발달하고 사람과 물자의 이동이 빠르게 증가하는 세계화시대였기 때문에 콜레라균이 전 지구적으로 확산되는 것을 막을 방도가 없었다.

오랜 기간 중앙아시아의 토착 질병에 불과했던 흑사병이 팍스 몽골리카 시절 무역과 정복의 흐름을 타서 엄청난 대역병으로 진화했

1815년 탐보라 화산의 분화를 피해 배를 타고 해상으로 피신한 이재민들.

던 것처럼, 19세기 세계화시대를 맞아 인도 벵골만의 풍토병이었던 콜레라도 팬데믹으로 정체를 바꾸어 전 세계를 휩쓸었다. 19세기를 통해 생산 활동을 늘리고 국제무역을 부흥시켰던 교역과 교류의 흐름이 콜레라의 세계적 창궐이라는 예상치 못한 경로를 통해 인간에게 엄청난 피해를 안겼다는 사실이 참으로 놀랍다.

공중위생만이
해결책이다

콜레라의 확산을 막으려면 개인의 노력만으로는 불충분하다는 점에 사람들은 공감했다. 사실 모든 감염병이 마찬가지다. 자신도 모르게 감염되는 피해를 입고 이것이 동시에 타인을 감염시키는 가해가 될 수 있다. 감염병에 대한 최선의 방어책은 공중위생, 즉 사회 전체가 합심해서 공동의 방역 체계를 마련하는 것이다.

공중위생의 중요성을 보여주는 사례가 영국의 의회보고서에 많이 등장한다. 대표적인 사례로 런던 남부에 위치한 두 지역이 등장한다. 1853~1854년에 콜레라가 창궐했을 때 이 두 지역은 상이한 품질의 식수를 공급받았다. 한 지역은 양질의 물을 식수로 이용할 수 있었던 반면에 다른 지역은 깨끗하지 못한 물을 공급받았다. 서로 인접해 있는 두 지역은 수질을 빼고는 주거환경이나 사회적 여건에 별 차이가 없었다. 당시 통계는 저급 식수를 마신 지역이 양질의 식수가 공급된 지역보다 3.5배 높은 사망률을 보여주었다. 이 수치가 놀라운 이유는 과거에는 전혀 다른 양상이었기 때문이었다. 1848~1849년에 콜레라가 퍼졌을 때에는 사망률이 3분의 1배로 정반대였다. 이런 차이가 발생한 이유는 1853~1854년에 양질의 물을 제공받은 지역이 1848~1849년에는 저급 식수를 공급받았고, 반대로 1853~1854년에 하급수를 음용한 지역이 1848~1849년에는 양질의 식수를 공급받았기 때문이다. 이 사례는 콜레라가 수인성 감염병이라는 사실을 스노가 확인한 계기로 작용하기도 했다.

그렇다면 당시 공중위생의 경제적인 가치는 얼마나 되었을까? 1853년 영국 북부의 공업도시 뉴캐슬에서 콜레라로 인해 첫 사망자가 발생하자 시 당국은 엄격한 조치를 내렸다. 당시 의회보고서를 살펴보자.

《펀치Punch》, 1859년 6월 18일.
템스강 물의 오염이 너무 심각해서 굴뚝 청소부마저 코를 막는다는 내용의 그림이다.

여러 사람이 사용하는 시내의 여관들에 48시간 내에 회칠을 하고 청소를 하라는 명령이 떨어졌고, 모두 이 명령을 철저히 지켰다. 수많은 수레와 인력이 곧바로 동원되어 시내의 모든 마당, 골목길, 뒷길을 청소했다. 거친 덩어리들을 치우고 나서는 강 위에 띄운 소방차를 이용해 물줄기를 강력하게 뿌려 마무리를 했다. 이렇게 모든 마당과 골목을 깨끗하게 청소한 후에 회칠을 했다. 빈민들이 사용할 수 있도록 생석회를 시내 곳곳의 편리한 지역에 쌓아두었다. (중략) 지역 당국은 과거에 콜레라가 발병했던 동네를 찾아가 주민들에게 생석회를 자유롭게 가져다 사용하라고 독려했다. 부서진 통로는 수리했고, 하수도 뚜껑이 잘 맞지 않으면 손질을 했고, 염화석회를 넉넉하게 뿌려 (중략) 소독을 했다. 14일 동안에 주어진 상황에서 이룰 수 있는 가장 위생적인 도시 상태를 만들었다. 이 짧은 기간에 사람들의 거주지 인근에서 수레 1,500대 분의 분뇨를 내갔다. 이 모든 작업에 든 비용은 230파운드였는데, 나중에 분뇨를 팔았으므로 결국 200파운드 이하가 되었다.

콜레라 예방을 위해 지불한 사회적 비용은 콜레라가 유발한 사회적 비용에 비하면 훨씬 적었다. 콜레라가 휩쓸고 지나간 뒤 4년 동안 희생자의 유가족에게 생계 보조금으로 지급된 비용이 총 7,500파운드였다. 뉴캐슬에서 콜레라가 초래한 직간접적 비용은 4만 파운드나 되었다고 추계된다. 게다가 이 수치는 무역과 같은 경제활동의 중단으로 발생한 엄청난 손실을 계산에 넣지 않고 산정한 수치였다.

콜레라의 속성과 예방의 효과에 대한 이해가 깊어지면서 정부가 공중위생의 개선에 적극 나서야 한다는 목소리가 점차 커졌다. 특히 수도시설을 확충하면 감염의 확산을 대폭 줄일 수 있다는 인식이 널리 퍼졌다. 1842년에 개혁가 에드윈 채드윅이 묘사한 상황을 살펴보자.

주택·거리·마당·골목·개울이 오염되어 질병의 온상이 되는데도, 도시 관리들은 보통 지극히 야만적인 임기응변 방식에 만족하거나, 아니면 공해 한복판에 가만히 앉아서 터키의 운명론자처럼 체념한 채 만연한 무지와 태만과 불결함을 그대로 받아들인다. 공업 도시에 사는 노동자의 가족들은 모두 일찍 일어난다. 겨울에는 해가 뜨기 전에 일어나 일터로 간다. 그들은 열심히 일하고, 밤늦게 집으로 돌아간다. 춥거나 비가 오거나 눈이 오거나 상관없이 물이 필요할 때마다 문밖에 멀리 떨어진 우물이나 강으로 물을 찾아가는 것은 그들에게 너무도 힘들고 불편한 일이다. 물을 구하는 데 드는 즉각적인 불편함에 비해 깨끗함이 주는 편안

런던의 하수관 매설 공사. 하수 시설의 건설은 수인성 감염병을 크게 줄이는 효과를 냈다.

함이 훨씬 적기 때문에, 그들은 씻기를 포기한다. 오직 어린아이가 숨쉬기를 시작한 때와 사람이 숨쉬기를 멈췄을 때(출생과 사망 시점)에만 잘 씻을 뿐이다.

참으로 비참한 상황이 아닐 수 없었다. 그러나 당시에 모든 사람이 공중위생 개혁에 찬성한 것은 아니었다. 놀랍게도 이에 반대하는 여론이 상당히 견고했다. 19세기 중반 영국은 자유방임주의가 가득했다. 자유 시장 경제에 대한 믿음이 지나치게 공고화된 탓에 중앙 정부는 물론이고 런던과 같은 개별 시의 역할이 확대되는 것도 경계했다. 자유방임의 사조는 거의 도그마로 굳어진 상태였다.

그렇지만 공중위생을 개선해야 한다는 주장은 견고한 자유방임 장벽에 균열을 내기 시작했다. 사회 구성원의 생활이 위협받는 상황이 계속되면 지배적 이데올로기도 계속해서 강고함을 유지하기 어려웠던 것이다. 선구적인 개혁가들이 주도해 제정을 이끌어 낸 공중위생 개혁법들은 감염병에 취약한 지역을 줄일 수 있는 행정적·재정적 기반을 제공해주었다. 정부가 임명한 전문 관리들의 열정적인 노력과 지방 당국의 적극적인 협력이 결합하면 대단한 시너지 효과가 나타난다는 점을 보여주었다.

구체적으로 보자면, 상하수도의 건설과 유지, 공중목욕탕의 개장과 운영 감독, 도로 포장과 보수, 도살장의 위생 관리, 공중화장실의 설치와 관리, 묘지 시설의 점검 등 위생이 취약할 수 있는 분야에서 괄목할 만한 개선을 이루었다. 공중보건의 경제학이 보여주는 바는 지극히 간단하다. 심각한 감염병이 유행할 때 공중보건으로 얻게 되는 편익이 공중보건의 부재로 발생하는 비용에 비해 훨씬 크다는 사실이다.

10

—

기술의 진보로
건강이
위협받다

—

: 화학 물질 사고

시간적으로 오직
이번 세기에 와서야
하나의 종(인간)이
세상의 속성을 바꿀
엄청난 힘을 얻었다.

—

레이첼 카슨, 《침묵의 봄》

◆

◆

'라듐 걸'에게
닥친 비극

기술의 진보와 생산의 증대는 공장의 규모가 커지고 기계의 수가 늘어나는 것만을 의미하지 않는다. 과거에 알려지지 않았던 새로운 물질을 개발하고 이를 생산과정과 소비에 적용하는 작업도 함께 이루어진다. 그런데 이런 신물질 중에는 인간의 건강에 중대한 해를 끼치는 종류도 있다. 대표적인 사례로 라듐을 들 수 있다.

1898년 마리 퀴리Marie Curie와 남편 피에르 퀴리Pierre Curie는 우라늄 광석인 피치블렌드(역청 우라늄석) 1만 톤에서 1밀리그램의 새로운 방사성 물질을 추출하는 데 성공했다. 푸른색의 오묘한 빛을 내는 이 물

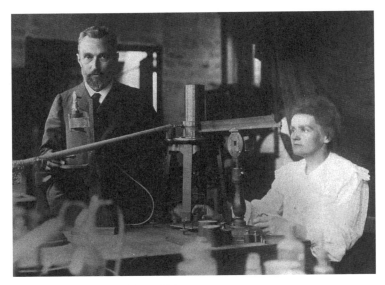

실험에 몰두하는 과학자 퀴리 부부. 1904년경.

질은 '라듐'이라고 명명되었다. 오늘날에는 방사성 물질의 위험성이 잘 알려져 있고, 또한 잘 통제해 사용하면 암 치료 등에 사용되는 등 그 효용이 무척 크지만, 라듐이 처음 발견되었을 당시에는 퀴리 부부를 포함해 어느 누구도 이런 특성을 제대로 인지하지 못했다.

라듐이 발견되었다는 뉴스를 접한 일부 기업가들은 곧 이 물질의 상업적 잠재력에 주목했다. 어둠 속에서도 빛을 내는 특성이 쓰임새가 많을 것이라고 생각했기 때문이다. 그들은 곧 라듐을 기본 원료로 한 야광도료를 개발했다. 고급 시계에 눈금과 숫자를 이 도료로 칠해 주면 밤에도 시간을 쉽게 확인할 수 있는 멋진 야광 시계가 되었다.

유럽에서 개발된 야광도료는 곧 미국에서도 인기를 끌었다. 이어서 시계 제작 과정에 어린 소녀들이 집중 고용되었다. 10대 초반에서 중반에 이르는 소녀들은 시계 판에 정교하게 야광도료를 칠하기 위해서 두 입술을 오무려 붓끝을 물어서 뾰족하게 만들곤 했다. 이 반복적인 행위를 통해 라듐은 아이들이 느끼지 못하는 사이에 서서히 몸속으로 흡수되었다. 라듐의 위험성이 전혀 알려지지 않은 상태에서 아이들은 손톱이나 치아에 야광도료를 바르기까지 했다. 심지어는 라듐이 건강에 좋다고 생각한 사람도 적지 않았다.

라듐을 원료로 한 수많은 약품이 등장해 만병통치약처럼 광고되고 판매되었다. 이에 따라 다른 상품들도 쏟아져 나왔다. 소비자들은 매일 라듐이 포함된 식수를 마셨고 라듐 치약으로 양치질을 했으며 라듐 화장품으로 얼굴을 치장했다. 이렇게 라듐은 수많은 사람이 일상에서 접하는 인기 물질이 되었다.

야광도료로 라듐이 함유된 소재를 쓴 이른바 '라듐 걸Radium girl'들은 시간이 흐르자 몸에서 이상한 증상이 발생하는 것을 알아차렸다. 턱이 상해 무너져 내렸고, 치아가 손상되거나 대퇴골이 골절되는 등 뼈에서 여러 이상 증세가 나타났다. 빈혈 증세를 호소한 사람도 많았고 몸 이곳저곳에서 심한 통증을 느끼기도 했다. 환자의 상태는 점점 악화되었고 목숨을 잃는 이도 발생했다. 라듐 중독이 초래한 재해였다.

1920년대 중반부터 라듐 중독 환자와 사망자의 유가족들이 피해 보상 소송을 시작했다. 그러나 그들에게 보상은 쉽게 이루어지지 않았다. 당시 고용주와 법률가에게는 대부분 산업재해라는 인식이 없었다. 환자의 증상이 다양하니 단일한 물질이 원인이라 볼 수 없다고 주

작자 미상, 1922~1923년.
공장에서 제품에 라듐을 바르고 있는 소녀들.

장하거나, 소녀들이 성적으로 문란해 매독에 감염된 결과라고 매도하기도 했다. 기업이 질병의 발생을 은폐하거나 법정으로 가기 전에 피해자 가족을 회유하는 사례도 다반사였다. 병원비로 허덕이는 가난한 가족으로서는 승소의 가능성도 불확실한 데다가 기나긴 법적 공방이 너무도 부담스럽게 느껴졌을 것이다. 특히 1929년 대공황의 찬바람이 휘몰아치기 시작하자 동네 주민들도 피해자 가족에게 거리를 두었다. 소송이 계속되면 기업이 공장을 다른 곳으로 옮겨 자신들의 일자리가 사라질 수 있다는 우려 때문이었다. 1930년대 말이 되어서야 소송에서 라듐 걸들이 승소하기 시작했다. 참으로 힘들었던 싸움이 결실을 보기 시작한 것이다.

라듐의 위험성이 보편적으로 인정되기까지는 더 긴 시간이 필요했다. 1970년대가 되어서야 라듐의 위험성이 폭넓게 인정되기 시작했고 피해자와 가족들에게 보상의 길이 확실하게 열렸다. 그리고 방사성 물질을 다루는 기업이 지켜야 할 안전 지침도 마련되었다. 긴 고통 끝에 방사성 물질에 의한 산업재해가 사회적으로 인정을 받게 된 것이다.

카라바조도 피할 수 없었던
황 중독

라듐 걸들의 비극은 19세기 후반부터 화학이 발달하면서 과거에 존재하지 않았던 물질들이 새롭게 등장했고 이들 중 일부가 인간에게 치명적인 재해를 초래하게 되었음을 여실히 보여주는 사례였다. 그런데 특정 물질이 인간에게 피해를 안기는 사례는 공업화시대 이전에도 있었다. 그 가운데 이탈리아 초기 바로크시대를 대표하는 화가 카라바조Caravaggio의 사례가 무척 흥미롭다.

카라바조는 빛과 그림자의 대조를 매우 강하게 활용해 근대 미술에 큰 영향을 미친 화가라는 평가를 받는다. 그의 대표 작품 중 하나가 〈골리앗의 머리를 든 다윗〉이다. 《구약성서》에 나오는 이야기를 바탕으로 한 이 작품에서 젊은 다윗은 오른손에 칼을 쥐고 왼손에 거인 골리앗의 잘린 머리를 들고 있다. 골리앗의 목에서는 피가 콸콸 쏟아져

카라바조, 〈골리앗의 머리
를 든 다윗〉, 1610년.
그림을 자세히 보면 골리앗
의 치아가 초록색을 띠고
있음을 확인할 수 있다.

내리고 있다. 흥미로운 점은 다윗과 골리앗의 얼굴이 모두 화가인 자
신의 초상이라는 사실이다. 다윗은 화가의 젊은 시절, 그리고 골리앗
은 30대 중반이 된 당시의 모습을 묘사하고 있다. 그림을 좀 더 자세히
보면 골리앗의 벌어진 입안으로 치아들이 보이는데 초록색을 띠고 있
음을 알 수 있다. 치아의 초록색은 단순히 화가가 그냥 자신의 취향대
로 선택한 것이었을까? 현대의 의학자들은 실제로 카라바조가 초록
색을 띠는 치아를 가졌을 것이라고 본다.

그렇다면 왜 초록색 치아를 가졌을까? 당시에 화가들이 사용하던
물감은 오늘날과 달리 인체에 유해한 물질이 함유된 경우가 많았다.

특히 그 시대의 기술로 선명한 색깔을 내기 위해서는 오늘날 인체에 유해한 것으로 판명된 광물질을 사용하기도 했다. 의학자들은 당시 물감에 들어 있던 황Sulfur 성분이 과다하게 인체에 흡수되어 치아를 변색시켰을 것으로 추정한다. 화가가 업무상 입게 된 일종의 직업병이었다는 것이다.

황은 독성이 매우 강한 물질이다. 황이 몸속에 들어와 중독을 일으키면 어지럼증, 두통, 구역질은 물론이고 심하면 불안, 흥분, 경련, 의식불명, 시력장애, 환각 등의 증상도 발생한다. 카라바조는 유명한 화가였지만 개인적으로 거친 일생을 살았다고 알려져 있다. 성격이 난폭하고 즉흥적이어서 제멋대로 행동하곤 했을 뿐 아니라 과음과 폭력으로 여러 차례 문제를 일으켰다. 홧김에 사람을 죽이고 감옥에 갇혔다가 탈옥해 해외로 도망을 가기도 했다. 어떤 미술사학자는 카라바조의 이런 행동도 황이 일으킨 중독 현상으로 볼 여지가 크다고 지적하기도 한다.

황의 위험성은 산업혁명 이후 점차 알려지기 시작했다. 하지만 황을 원료로 사용하는 공정이 워낙 많았기 때문에 오랜 기간 산업재해를 일으키는 주요 원인으로 작용했다. 예를 들어 화약을 만들거나 성냥을 제조할 때, 비료를 생산할 때, 살충제나 살균제를 합성할 때 황은 핵심 원료로 쓰였다. 그만큼 재해를 일으켜 노동자들에게 피해를 끼칠 위험이 컸다.

위 사진에서 이런 위험을 안고서 노동 현장에서 일했던 잠재적 피해자의 모습을 볼 수 있다. 참고로 우리나라에서도 황이 중대 재해의

1880년대에 촬영된 성냥 공장
노동자들.
황을 원료로 사용한 탓에 중독과
폭발 사고의 위험이 상존했다.

원인이 된 사례가 있었다. 1980년대에 레이온Rayon이라는 화학섬유
를 생산하는 원진레이온이라는 공장에서 이황화탄소와 황화수소 가
스에 수백 명의 노동자가 장기간 노출되어 신체 마비, 언어장애, 정신
분열 등의 심각한 피해를 입은 비극적인 사례였다.

　사람이 일하고 생활하는 환경 속에서 자주 접하는 물질이 재해의
원인이 된 사례는 사실 역사가 길다. 이미 1세기에 로마의 소플리니우
스는 선박에 도색 작업을 하는 노예들에게 납이 해를 끼친다고 지적
한 바 있다. 그의 선구적 관찰력과 사고력은 이후로 계승되지 않았지
만, 근대 초기에 이르자 다시 물질이 일으키는 위해를 설명하는 사람
이 많아졌다. 예를 들어 16세기에 스위스의 파라셀수스Paracelsus는 광
산 노동자의 작업환경을 면밀히 관찰하고서 기존의 의학적 가르침을
거부하고 화학과 광물학에 기초해 의학을 재해석했다. 17세기에는
독일의 의사 슈토크하우젠S. Stockhausen이 납 광산의 광부들을 괴롭힌
질병을 연구하고 납 중독에 관한 저서를 출간했다.

　더욱 본격적으로 직업병에 관해 연구한 인물은 17세기에 활약한

이탈리아의 의사 라마치니Bernardino Ramazzini였다. 그는 대학에서 의학부 교수로 근무했는데, 그가 저술한 책에서 페인트공, 유리공, 배관공이 납을 사용해서 연독산통鉛毒疝痛, led colic이라는 질병에 잘 걸린다고 언급했다. 그가 다룬 직업은 매우 광범위해서 도공·화학공·유리공·주석공·도색공·무두공·대장공·석공·목공·벽돌공·비누공 등을 포함했고, 나아가 담배 생산자·치즈 생산자·조산원·방앗간 인부·세탁원·운송원·군인·가수·운동선수·우물공·선원·사냥꾼 등을 망라했다. 라마치니는 특히 금속을 채굴하는 광부에 대해 매우 상세하게 조사하고 광산의 환기 시설 미비와 폐 질환 문제를 다루었다. 그는 직업의학Occupational Medicine의 아버지라는 명칭에 딱 들어맞는 인물이었다. 라마치니는 노동자의 건강 유지를 위한 입법을 주장해 산업재해와 산업보건 분야 발전에 초석을 닦았다.

'침묵의 봄'을 강요한
DDT의 등장

19세기 후반 화학의 발달이 물꼬를 튼 신물질의 시대는 20세기에 들어서 더욱 화려한 시기를 맞았다. 새로운 물질을 얼마나 다양하게 만들어 낼 수 있느냐가 기업과 국가의 경쟁력을 좌우한다는 믿음을 대다수의 세계인이 공유하는 시대였다. 20세기 중반, 세계 각국은 신물질 개발에 총력을 기울였다. 대학교에서 화학이 인기 과목이 되었고,

제2차 세계대전 당시 사람의 머리에 직접 DDT를 살포하는 모습.
ⓒ미국 질병통제예방센터 (CDC)

화학공학자가 혁신적인 엔지니어로 각광받았다.

당시 세계적으로 인간에게 엄청난 이익을 안겨준 신물질로 꼽힌 것이 DDT다. 디클로로디페닐트리클로로에탄dichloro-diphenyl-trichloroethane이라는 긴 이름을 가진 이 화학물질은 1874년에 처음 합성되었지만 당시에는 특성이 잘 알려지지 않았다. 1930년대 말이 되어서야 DDT가 강력한 살충 효과를 지녔음이 밝혀졌다. 저렴한 비용으로 대량생산이 가능했고 초기에는 인체에 무해하다고 생각했기 때문에 1940년대부터 살충제로 엄청난 양이 사용되었다. 특히 이가 옮기는 티푸스와 모기가 옮기는 말라리아를 없애는 데 탁월한 효능을 보였으므로 사람들은 DDT를 기적의 신물질이라고 여겼다.

위 사진에서 보듯이 제2차 세계대전 때에는 DDT가 군인들을 말라리아와 티푸스의 위험으로부터 지키고 위생을 관리하는 최고의 수단이라고 인식되었다. 심지어 '자유 진영'의 우월성을 상징하는 기술의 소산으로 인식되기도 했다. 1950년대에 DDT는 불결한 주위 환경을 깨끗하게 소독하는 최고의 약품으로 널리 받아들여졌고, 나아가 DDT의 살충 효과를 극대화하기 위해 농약으로도 개발되어 수많은 농가에서 사용했다.

우리나라에도 1945년 해방 이후 미군에 의해 DDT가 유입되었고, 수많은 한국인에게 뿌려졌다. 1946년에는 미군정청 위생국이 DDT를 자체 생산하게 되면서 살포량이 더욱 증가했다. 특히 한국전쟁 전후에 미군에 의해 널리 사용되었고, 전후에는 길거리를 돌아다니며 소독하는 방역차를 통해 전국 곳곳에 살포되었다. 당시 어린아이들은 일명 방구차라고 불렀던 방역차의 꽁무니를 쫓아 뛰어다니며 이 독한 물질에 자발적으로 노출되었다.

인류 최고의 발명품처럼 여겨졌던 DDT가 전혀 다른 평가를 받게 된 데는 생물학자이자 대중적인 과학 작가인 레이첼 카슨Rachel Carson의 공로가 결정적이었다. 그는 1962년《침묵의 봄Silent Spring》이라는 제목의 책을 출간했다. 이 책에서 DDT 사용을 주장하는 농학자와 정부를 신랄하게 비판하고, 자연을 바라보는 인간의 시각을 완전히 바꿀 것을 촉구했다. DDT의 오용이 자연환경을 크게 훼손하고 이것이 다시 인간에게 심각한 위해를 초래한다고 카슨은 목소리를 높였다. DDT가 목장에 살포되면 목장에서 풀을 먹은 소의 몸뚱이와 우유에 DDT가 축적되고 이것이 인간이 소고기와 우유를 섭취하는 과정에서 체내로 들어와 축적된다는 점을 강조했다. 이 책이 출간되자 화학업계와 일부 공무원들은 저자의 주장이 잘못되었으며 공연히 대중을

한국전쟁 당시 미군이 보유한 DDT를 한국 아이들에게 뿌리고 있다.

불안하게 만들 뿐이라고 공격했다.

하지만 카슨의 선구적인 노력에 힘입어 이후에 많은 학자와 사회운동가들이 DDT의 유해성을 널리 알렸다. 그 결과《침묵의 봄》은 20세기에 사회적 영향력이 가장 컸던 저작 가운데 하나로 늘 꼽힐 만큼 환경문제에 대해 대중이 관심을 갖게 한 영향력을 인정받고 있다. 결국 이런 노력들이 축적되면서 1970년대에 대부분의 국가에서 DDT를 농약으로 사용하는 것을 금지했다. 단, 말라리아 예방을 위해서 일부 국가에서 제한적으로 사용하고 있을 뿐이다.

그런데 DDT의 역사는 놀랍게도 오늘날까지 이어지고 있다. 2017년에 우리나라에서 이른바 '살충제 달걀 파동'이라는 사건이 발생했다. 금지된 종류의 살충제를 다수의 양계장에서 사용한 것이 확인된 것이다. 더욱 놀라운 사실은 친환경 농장에서 사육하던 닭과 달걀, 그리고 토양에서도 DDT 성분이 검출되었다는 점이다. 우리나라에서 DDT의 판매가 금지된 것이 1979년인데 무려 38년이 지난 시점에 이 물질이 검출되다니! DDT의 달갑지 않은 귀환에 사육 농가와 소비자는 모두 화들짝 놀랐다. 어떻게 아직까지 DDT 성분이 남아 있었는지 정확한 경로는 파악되지 않았다. 과거에 사용되었던 DDT 성분이 잔류한 것이거나 다른 약품을 제조할 때 사용한 화학약품의 잔류물일 것으로 추정되었을 뿐이다.

우리만의 재해, 가습기 살균제 사건

화학이 크게 발달하고 화학공업 기술이 높은 수준에 도달한 오늘날에는 새로운 물질이 등장하는 속도가 놀라울 정도로 빠르다. 과학자들은 새로운 물질의 수를 측정하는 작업이 무의미할 정도로 다양한 물질이 빠른 속도로 만들어지고 있다고 말한다. 많은 신물질이 대학과 연구소의 실험실에서 만들어진다. 하지만 일부 물질은 실험실을 벗어나 민간 기관에서 상업적인 목적으로 만들기도 하는데, 특히 여러 물질을 혼합해서 새로운 물질을 만드는 경우가 많다.

우리나라에서 발생한 끔찍한 재해 중 하나가 이런 방식으로 발생한 것이었다. 바로 '가습기 살균제 사건'이라고 불리는 대규모 참사였다.

2011년 질병관리본부가 '원인 미상 폐 손상 증후군'이라는 이름으로 가습기 살균제의 문제를 처음 발표했다. 가습기 살균제는 1994년 초음파 가습기의 물통에서 세균이 증식하지 못하게 할 목적으로 등장했다. 보통 세균 제거가 목적이라면 세정제로 물통을 씻고 맑은 물로 헹구고 말리는 방법이 상식적이었을 것이다. 그런데 제조사들은 물통에 물과 함께 살균제를 넣고서 가습기를 작동하라고 사용법을 제시했다. 소비자들은 이 사용법을 충실히 따랐다. 그러자 살균제는 초음파에 의해 만들어지는 미세한 물 입자와 함께 사람들의 몸속으로 흡수되었다.

이 사용법이 치명적인 위험성을 지닌다고 인식한 이는 거의 없었다. 잠재적 위험성에 대한 사전적 실험이 제대로 이뤄지지 않았고, 따라서 소비자들은 아무런 경고도 받지 못했다. 오히려 가습기 살균제는 안전한 제품임을 보증하는 KC인증을 받았고 언론을 통해 창의적이고 우수한 제품이라는 평가를 얻었다. 이런 상태로 무려 17년 동안 아무런 보호막 없이 수많은 사람이 가습기 살균제를 사용했다. 이 기간에 무려 800만~1,000만 명이 약 60여만 개의 가습기 살균제를 사용한 것으로 추정된다. 특히 몸이 약한 영유아, 어린이, 임산부, 노인들이 가습기 살균제에 더 많이 노출되었을 것이므로 실제 피해를 입은 사람은 더 많았을 것이다.

질병관리본부의 발표가 있은 지 석 달이 지난 시점부터 정부는 해당 제품을 수거하기 시작했다. 그리고 이듬해 동물 실험 결과를 통해 가습기 살균제에 사용된 PHMG와 PGH라는 물질의 독성이 확인되

일반인들이 아무리 들여다봐야
이해할 수 없는 PHMG의 구조.

었다고 발표했다. 다른 국가들에서는 이런 물질을 흡입하도록 허용할 경우 안전성 검사와 성분 표시를 하게 되어 있었지만, 우리나라에서는 이 물질들을 가습기 살균제로 사용하는 것이 너무나도 쉽게 허용되었다. 이런 차이로 인해 다른 국가에서는 발생하지 않은 재해가 우리나라에서만 발생하게 된 것이다.

뒤늦게 정부가 나서서 실태를 자세히 파악하고 피해 보상 대상자를 산정하기로 했다. 2017년 '가습기 살균제 피해 구제를 위한 특별법'이 제정되었고 그에 따라 피해자 신고를 받았다. 2018년 환경부가 3,995명에 대해 피해를 인정했는데 안타깝게도 대부분 폐섬유증을 앓은 중증 환자들에만 국한되었다. 가습기 살균제로 피해를 입은 소비자가 실제로 얼마나 많은지, 이들이 겪은 피해가 얼마가 광범위하고 얼마나 깊은지는 아직도 초보적인 추정 수준을 넘지 못하고 있다. 아마도 영원히 실제 피해를 정확하게 파악하지 못한 채 사건이 마무리될 가능성이 크다. 더군다나 책임져야 하는 기업이 어디인지, 이런 기업에 대해 적절한 제재가 가해졌는지, 정부의 안전 관리에는 문제가 없었는지에 대해서도 충분한 조사와 대응 조치가 이루어지지 않았다. 이 사건을 계기로 앞으로 이런 대참사가 발생할 위험을 얼마나 줄이게 되었는지 낙관적으로 장담하기 어렵다.

가습기 살균제 사건은 우리가 정체를 잘 알 수 없는 낯선 화학물질에 의해 재해를 입을 수 있다는 두려움을 대중에게 안겨준 대참사였다. 이 사태를 접하면서 일부 사람들은 이른바 '노케미족no chemistry族', 즉 화학물질에 대한 거부감이 극도로 커서 가능한 한 모든 화학물질 사용을 거부하는 사람이 되기도 했다. 고도의 과학기술이 반드시 재해의 감소와 안전의 확대를 보장하는 게 아니라 오히려 그 반대로 작용할 수 있다고 강하게 믿는 것이다. 그만큼은 아니더라도 신규 화학물질의 잠재적 위협에 무방비로 노출된 채 살고 있다고 우려하는 사람들이 늘어난 것은 분명하다.

바다로 유입되는
미세플라스틱의 위험성

우리가 사용하는 물질 중에서 플라스틱은 환경에 부정적인 영향을 미치는 대표적인 물질로 인식되고 있다. 플라스틱은 포장재로 널리 쓰일 뿐 아니라 건축 자재와 직물의 소재로도 광범위하게 사용되기 때문에 우리가 늘 접촉하는 물질이라고 볼 수 있다. 우리나라도 플라스틱 소비량이 매우 많은 국가 가운데 하나다. 2019년 기준으로 우리나라는 1인당 연간 44킬로그램의 플라스틱을 소비해 오스트레일리아

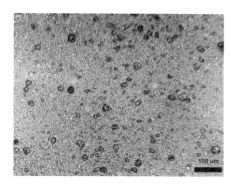

치약에 함유된 폴리에틸렌 연마제.
ⒸDantor

와 미국의 뒤를 이어 세계에서 세 번째를 기록했다. 우리가 부끄러워 해야 할 통계다.

그런데 최근에는 플라스틱 자체만이 아니라 매우 작은 크기의 플라스틱, 즉 길이 5밀리미터 이하의 플라스틱이 초래하는 문제에 대해 관심이 크게 고조되고 있다. 이런 플라스틱을 '미세플라스틱microplastics' 이라고 부르는데, 애초에 미세한 크기로 제작된 경우도 있고, 플라스틱을 오래 사용하면서 작은 가루가 생겨난 경우도 있다. 전자의 경우로는 치약과 세안제 등에 함유된 마이크로비드microbead라는 연마제나 공업용으로 사용하는 연마제 등이 있다. 후자의 경우 대부분 풍화 작용이나 타이어 가루, 세탁으로 인한 합성섬유의 파편화 등 인위적인 행위로 인해 미세화된 것이다. 어느 것이든 인간이 자초한 재해라는 데 이견을 가질 수 없다.

미세플라스틱 가운데 가장 크게 문제가 되는 것이 해양 미세플라스틱이다. 바다로 유입된 플라스틱은 파도에 의해 마모되거나 자외선이 일으키는 광화학적 과정에 의해 미세화된다. 바다를 접하고 있는 모든 국가는 미세플라스틱 문제에서 자유롭지 않다. 우리나라도 마찬가지여서, 한 분석에 따르면 거제도 부근의 바닷물 1세제곱미터에서 미세플라스틱이 무려 평균 21만 조각이나 발견되었다고 한다. 해양 미세플라스틱이 특별히 문제가 되는 이유는 이것이 해양 생물들에게 위해를 가하기 때문이다. 잘게 쪼개진 플라스틱은 아가미나 비늘에 박히거나 소화기에 상처를 준다. 또한 해양 생물이 플라스틱을 삼키면서 먹이사슬의 일부로 들어오게 된다.

미세플라스틱에 들어 있거나 붙어 있는 다양한 화학물질이 미세플라스틱과 함께 흡수되는 문제도 심각하다. 이미 이런 미세플라스틱은 해양 생물의 사체에서 많이 발견되고 있고 심지어 염전에서 생산된 소금에서도 발견되고 있다. 미생물이 미세플라스틱을 받아들이면 부분적으로 소화 분해를 시킨다는 놀라운 연구도 나오고 있다. 이런 미세플라스틱 오염이 지속되면 우리가 소비하는 해산물을 통해 인간에게 피해가 전이될 수밖에 없다.

해양 미세플라스틱이 가장 많이 발견되는 곳은 당연히 해양 플라스틱이 많은 곳이다. 세계 각지에서 바닷물로 유입된 플라스틱은 해류를 따라 이동하게 된다. 현재 중국, 인도네시아, 필리핀, 태국, 베트남에서 바다로 버려지는 플라스틱의 양이 나머지 국가들에서 버려지는 플라스틱 양보다 많다. 바다로 유입된 플라스틱들은 어디로 갈까? 일부는 해안으로 밀려 나오지만, 나머지는 먼 바다로 떠내려가게 된다. 이렇게 표류하던 플라스틱은 해류가 정체된 곳 또는 둘 이상의 해류

태평양의 조류와 거대 플라스틱 쓰레기 더미들.
자료: 미국 해양대기청(NOAA)

가 만나는 곳에 모여 거대한 플라스틱 쓰레기 더미를 이루게 된다.

현재 태평양에는 엄청난 크기의 플라스틱 쓰레기 더미가 세 군데나 있다. 위 지도가 이들의 위치를 보여준다. 일본에서 멀지 않은 지역에 서부 쓰레기 더미가 존재하고, 미국에서 가까운 곳에 동부 쓰레기 더미가 위치하며, 마지막으로 북태평양 한가운데 아열대 수렴 지역에 플라스틱 쓰레기 더미가 모여 있다. 쓰레기 더미 하나가 우리나라 면적의 10배가 넘을 정도로 크기가 엄청나다. 2050년이 되면 해양 쓰레기의 양이 물고기의 총량을 넘어설 것이라는 충격적인 전망도 나왔다. 쓰레기 더미는 보기에 흉할 뿐 아니라 해양 생태계에 중대한 위해를 가한다. 물고기와 같은 해양 동물들이 폐 그물이나 플라스틱 끈에 걸려 죽음을 맞기도 하고 플라스틱 조각을 삼켜 위험에 처하기도 한다. 해조류나 따개비류가 쓰레기에 붙어 멀리 이동하는 바람에 생태계가 교란되기도 한다.

점차 늘어나는 미세먼지와 초미세먼지

미세플라스틱과 비슷한 크기면서 인간을 더욱 직접적으로 위험에 빠뜨리는 것이 미세먼지다. 먼지는 공기 중에 떠다니거나 흩날리는 작은 입자의 물질을 통칭한다. 그중에서 미세먼지PM, Particulate Matter는 입자의 크기가 매우 작은 먼지를 말한다. 그런데 미세먼지는 단지 크기가 작다는 특성만 지닌 게 아니라는 점이 문제다. 미세먼지의 성분을 찾아보면 질산염이나 황산염 등이 약 58퍼센트를 차지하고 탄소류와 검댕이 약 17퍼센트로 뒤를 잇고 있다. 지표면의 흙먼지와 같은 광물은 미세먼지 중 불과 약 6퍼센트만을 차지할 뿐이다. 즉 미세먼지의 많은 부분이 석유나 석탄 같은 화석연료가 연소할 때 발생해 대기를 오염시키는 물질이라는 뜻이다.

미세먼지가 발생하는 경로를 기준으로 살펴보면 어떨까? 일차적 발생은 굴뚝이나 도로 등의 발생원으로부터 고체 상태로 미세먼지가 나오는 것을 말한다. 이와 달리 이차적 발생은 발생원에서 가스 형태로 나온 물질이 공기 중의 다른 물질들과 화학 반응을 일으켜 생성되는 것을 말한다. 화석연료가 타는 과정에서 나오는 질소산화물이나 황산화물이 공기 중의 수증기, 암모니아, 오존 등과 결합해서 만들어 내는 미세먼지가 이에 해당한다. 우리나라의 경우 미세먼지 배출량 중 절반 이상이 제조업 시설의 연소 공정에서 나오며, 다음으로 자동차와 같은 이동 오염원에서 배출된다.

미세먼지가 인체에 들어와 흡수되면 당연히 여러 건강상의 문제를 일으킨다. 눈을 자극해 결막염이나 각막염을 일으키고, 코로 들어와 알레르기성 비염을 증가시킨다. 기관지로 흡수되면 기관지염, 천식, 폐기종 등을 일으키고 폐에 도달하면 폐포의 손상을 유발한다. 또한 미세먼지는 인간에게 암을 유발하는 1군 발암물질로 분류되어 있다. 1군 발암물질이란 인간에게 발암성이 있는 것으로 '확인'된 물질로서 석면, 벤젠 등 위험 물질이 이에 포함된다. 미세먼지는 이 그룹에 들어 있을 만큼 발암 위험성이 크다. 세계보건기구가 2014년에 발표한 자료에 의하면 전 세계에서 미세먼지로 인해 조기 사망하는 사람의 수가 해마다 700만 명이나 된다. 엄청나게 많은 인구가 미세먼지에 의해 재난을 입고 있는 것이다.

작은 먼지를 미세먼지와 초미세먼지로 구분하기도 한다. 미세먼지는 지름이 10마이크로미터 이하인 먼지(PM10이라고 쓴다)를 말하고, 초미세먼지는 지름이 2.5마이크로미터 이하인 먼지(PM2.5)를 지칭한다. 마이크로미터㎛는 100만 분의 1미터㎛에 해당하며 보통 사람의 머리카락의 지름이 60마이크로미터가량 된다. 따라서 미세먼지는 지름이 머리카락 굵기의 6분의 1 이하이고 초미세먼지는 24분의 1 이하라고 보면 된다. 미세먼지와 초미세먼지는 모두 중금속이나 황산염, 질

공장에서 나오는 배기가스는 미세먼지의 원천 중 하나다.

산염과 같이 건강에 해로운 물질을 다량 포함하고 있다. 이들은 우리가 숨을 쉴 때 호흡기관으로 파고 들어가 기관지와 폐에서 염증이나 알레르기 반응을 일으켜 천식, 만성폐쇄성폐질환 등의 호흡기질환을 악화시킨다. 이런 염증이 혈관으로 침투하면 혈전을 형성하거나 동맥경화를 일으키고, 급성 심근경색이나 뇌졸중과 같은 심각한 질환으로 발전할 위험이 있다. 한마디로 중대한 위험 요소라고 봐야 한다.

우리나라는 미세먼지와 초미세먼지에 의한 대기오염이 세계적인 기준으로 볼 때 심각한 국가에 속한다. 서울의 미세먼지는 로스앤젤레스의 1.5배에 달하고, 파리나 런던의 두 배가 넘는다. 우리나라는 인구밀도가 높고, 공업의 비중이 크며, 인접국에서 날아오는 미세먼지의 양도 많기 때문이다. 초미세먼지도 OECD 국가들 가운데 최악의 수준이다. 2017년 우리나라의 연평균 초미세먼지는 25.1$\mu g/m^3$인데, 서울도 25.3$\mu g/m^3$로 전국 평균과 별반 다르지 않았다. 이 수치는 런던(12.5$\mu g/m^3$), 파리(13.9$\mu g/m^3$), 도쿄(13.3$\mu g/m^3$) 등 세계 주요 도시들보다 두 배가량 높은 수준이다. 세계 주요 도시 가운데에는 뉴델리(209$\mu g/m^3$)와 베이징(58$\mu g/m^3$) 정도가 우리보다 현저히 높은 수치를 보인다. 한 연구에 따르면 초미세먼지로 인해 세계 185개국 사람들이 평균적으로 1.03년의 수명 단축을 겪고 있다. 우리나라는 평균수명이 0.49년 단축되는 것으로 보고되었다.

　이런 상황임에도 우리나라에서 미세먼지와 초미세먼지를 줄이려는 노력이 다른 국가들에 비해 적극적이지 않다. 우리는 앞서 6장에서 영국이 심각한 대기오염 문제로 골머리를 앓았던 역사를 살펴보았다. 그렇다면 영국은 어떤 노력을 통해 오늘날 우리나라보다 훨씬 나은 대기 상태를 갖게 되었을까? 영국 의회는 스모그 문제의 심각성을 인지하고 이미 1956년과 1968년에 청정공기법을 제정했다. 대기오염 물질의 배출을 금지하는 지역을 도시 내에 설정했고, 각종 공해 물질이 도심에서 잘 빠져나갈 수 있도록 굴뚝 높이를 상향 조정했다. 1974년에 제정한 대기오염통제법은 자동차와 산업용 연료의 사용에 제약을 가했다. 초기에는 이산화황의 배출을 집중적으로 감시했다가 1980년대에는 유해 중금속인 납의 배출 제한으로 관심을 돌렸다. 1990년대에는 광화학 스모그로 감시와 규제의 범위를 확장했고, 최근에는 더욱 공격적으로 정책을 강화하고 있다. 런던에서는 2019년부터 도심에 초저방출 지역Ultra Low Emission Zone을 지정해 혼잡 통행료

징수는 물론이고 배출가스 과징금을 추가로 부과하는 정책을 실시하고 있다. 또한 내연기관을 장착한 차를 전기차로 전환하는 속도를 높여가기로 했다.

영국보다 미세먼지와 대기오염 문제가 심각한 우리나라는 더욱 적극적으로 개선하는 데 나서야만 할 것이다. 삶의 질은 경제 규모의 증가에 따라 자동으로 높아지는 것이 아니다. 구성원들의 의식적·지속적인 노력만이 삶의 질을 향상하는 열쇠가 될 수 있다.

3부
—
정책과 통제라는 거대한 위험
: 시스템재난의 시대

11

—

잘못된 정책이
불러온
생태계 파괴

—

: 대약진운동과
토끼 사냥

우리는 앞으로 7년 안에
영국을 따라잡고
다시 8년 후에
미국을 따라잡을 것이다.

—

마오쩌둥

중국의 서툴렀던
경제 발전 정책

20세기 전반은 암흑의 시대였다. 1914년 발발한 제1차 세계대전이 수많은 사람을 고난과 죽음으로 몰고 갔다. 전쟁이 마무리되던 1918년에는 스페인 독감이 창궐해 2년 사이에 세계적으로 2,500만~5,000만 명의 목숨을 앗아갔다. 1929년에 시작된 대공황은 실업과 빈곤을 통해 사람들의 목을 죄었다. 그리고 1939~1945년 동안 벌어진 제2차 세계대전은 전 세계를 다시 한번 전쟁의 소용돌이로 몰아넣었다. 인류 역사에서도 손에 꼽을 수 있는 참혹한 시대였다.

제2차 세계대전이 끝난 후 세계는 크게 바뀌었다. 우선 식민지 체제

1949년 마오쩌둥이 중화인민공화국 정부의 수립을 공식적으로 선포하고 있다.

가 종식되어 많은 국가가 열강의 간섭을 받지 않고 독자적인 발전을
도모할 수 있게 되었다. 또 다른 중요한 변화는 미국과 소련을 양극으
로 하는 냉전 체제가 등장했다는 사실이다.

　중국은 두 가지 변화를 모두 겪었으면서도 지배적 세계 질서와는
다소 다른 경로로 나아갔다. 19세기 후반 중국은 서구 열강들에 의
해 반식민지로 전락했고, 청일전쟁, 만주사변, 중일전쟁을 겪으며 일
본의 군국주의적 영향력이 자국으로 확대되는 것을 지켜봐야 했다.
치열한 항일투쟁 끝에 제2차 세계대전이 종료된 지 얼마 되지 않은
1949년, 중국은 마오쩌둥毛澤東의 지도력에 힘입어 중화인민공화국이
라는 사회주의 국가로 재탄생했다. 당시는 이념적으로 양극 체제가
정립된 시기였지만 중국은 소련 진영으로 들어가지 않았고 독자적인

발전을 도모했다.

중국은 이렇게 정치적 독립과 자주적 국가 수립을 대외적으로 천명했지만, 대내적으로는 해결해야 할 문제가 산적해 있었다. 특히 낙후된 경제를 근대화시켜 사람들의 생활 수준을 향상시키는 것이 선결 과제였다. 소련과 달리 중국은 농업을 중심으로 한 경제체제였다. 그러므로 부국강병을 위해서는 공업화를 빠르게 추진하는 것이 필수불가결했다. 그러나 한편으로는 농업도 낙후되었으므로 대다수 인구가 살고 있는 농촌을 새롭게 재편하는 과업도 이루어야 했다.

이런 딜레마를 해결할 방안으로 마오쩌둥은 혁명적인 경제 발전을 위한 계획을 마련했다. 그는 1953년에 경제개발계획을 출범시켰는데, 이때 소련의 지원을 받을 수 있으리라고 내심 기대했다. 하지만 중국과 소련이 서로 대립하는 관계로 상황이 여의치 않게 변했다. 하는 수 없이 마오쩌둥은 자력갱생 노선으로 경제 발전 방식을 변경해야만 했다. 중국은 소련과 달리 농업 비중이 컸으므로 공업과 도시 중심이었던 소련식 경제 발전 방식을 대신할 방안을 찾아야만 했다. 공업을 발전시키는 것도 중요하지만 농촌에 집단 공동체를 설립해 농민 대중을 교육하고 생산성을 높여 농촌을 부강하게 만드는 것도 중요했다. 이를 위해 1958년에 마오쩌둥이 시작한 급진적인 개혁운동이 이른바 '대약진운동Great Leap Forward'이었다.

336쪽의 왼쪽 포스터는 마오쩌둥이 꿈꾼 경제 발전의 모습을 보여준다. 국가 주도하에 대중의 노동력을 활용해 농업생산과 공업생산을 동시에 증대시킨다는 청사진으로, 바로 '농공병진農工竝進' 계획이었

(왼쪽) 농공병진을 강조한 포스터, 1958년경.
(오른쪽) 〈네 해악을 없애자〉, 1958년.

다. 포스터에는 두 손으로 떠받친 용기에 용광로와 농산물이 함께 놓여 있다. 아래에는 "공업과 농업의 생산을 발전시키고, 공업과 농업의 공동 발전을 실현하자"는 내용의 구호가 적혀 있다. 과연 마오쩌둥의 계획은 잘 이루어졌을까?

참새 잡기를
장려하다

단기간에 농촌을 발전시키기 위해 마오쩌둥은 인민공사人民公社라는 대규모 집단농장을 구성해 새로운 생산 활동의 기본단위로 삼고자 했다. 그러나 그보다 먼저 일상에서 사람들에게 큰 해를 입히는 요소들을 박멸하는 작업을 개혁의 출발점으로 삼아야 한다고 판단했다. 1956년 마오쩌둥은 해악의 네 원천으로 모기, 파리, 쥐, 참새를 지목했다. 그리고 수년 내에 이들을 완전히 박멸할 것을 전국에 지시했다. 2년 후 대약진운동이 공식적으로 시작되면서 '제사해除四害', 즉 '네 가지 해악 없애기' 캠페인도 본격적으로 추진되었다.

336쪽의 오른쪽 그림은 네 가지 해악을 없애자는 메시지를 간명하게 전달하는 포스터다. 정부가 제작한 이 포스터에는 해악들을 단번에 소탕하자는 캠페인 추진 세력의 단호한 결기가 담겨 있다. 네 해악 중에서 모기, 파리, 쥐는 여러 감염병의 매개체가 될 수 있는 종류들이고 참새는 쥐와 더불어 농민들이 애써 수확한 곡물을 축내니, 이들을 박멸하면 농촌의 위생이 개선되고 식량 문제가 완화될 것이라는 판단이었다. 이 얼마나 바람직한 효과인가!

그런데 참새의 경우 나머지 셋과는 다른 문제를 안고 있었다. 참새는 곡식 알갱이만 먹는 게 아니라 벌레도 잡아먹는다. 참새를 없애면 당장 곡물이 축나는 것은 막을 수 있지만, 대신 해충이 창궐할 수 있다는 점이 중국 지도자의 머리에서는 떠오르지 않았나 보다. 그 결과 인간과 참새 사이에 악연이 만들어졌다.

인간과 참새의 독특한 관계는 생각보다 역사가 깊다. 예를 들어 참새를 없애는 게 좋겠다는 아이디어는 20세기 중반 중국에서 처음 등장한 것이 아니었다. 17세기 중반 지금의 독일에 위치한 프로이센에서도 참새 박멸을 목표로 한 칙령이 몇 차례 공포되었다. 식량 손실을

참새 잡기 독려 포스터, 1958년경.

막아 국가의 재정을 탄탄히 하자는 통치자의 기획이 출발점이었다. 칙령에 의거해 잡아야 할 참새의 머릿수가 농장의 규모에 비례해 농민들에게 할당되었다. 할당량을 미처 채우지 못한 농민들은 벌금을 내야 했다.

농민들은 이 정책에 대해 어떻게 반응했을까? 정부의 의도대로라면 농민들이 참새를 적극적으로 잡아 참새 수가 크게 줄었을 것이다. 그러나 현실은 정부의 뜻과 정반대로 움직였다. 농민들은 참새를 죽이는 게 아니라 보호했다. 왜냐하면 참새 수를 적절히 유지해야 언제든 정부가 지정하는 할당량에 맞춰 참새 머리를 제출할 수 있었기 때문이었다. 돌이켜보면 농민들은 정부 정책이라는 환경 변화에 대응해 매우 합리적으로 반응했던 것이다. 아무리 정책 입안자의 애초 의도가 좋더라도 정책이 사람들의 인센티브에 역행한다면 그 정책은 기대했던 성과를 전혀 달성할 수 없는 법이었다.

그로부터 3세기가 흐른 20세기 중반, 프로이센의 시행착오를 전혀 알 길이 없었던 중국에서는 다시 한번 참새를 대상으로 대대적인 사회적 실험이 실시되었다. 참새 소탕 캠페인은 정부의 지휘하에 중국 전역에서 신속하게 전개되었다. 338쪽의 그림은 '타마작운동打麻雀運動', 즉, 참새 잡기 캠페인의 일환으로 제작되어 널리 배포된 포스터다. 새총을 들고 시위를 팽팽하게 당기고 있는 소년. 그가 어깨에 걸고 있는 줄에는 여러 마리의 참새가 발목이 묶인 채 대롱대롱 걸려 있다. 이 소년은 그냥 재미로 참새를 잡고 있는 것이 아니라 국가 시책에 발맞춰 참새 잡기 운동에 적극 앞장 서고 있는 것이다. 이 소년의 모습은 당시 중국 정부가 원하는 인간상이었던 셈이었다.

새총만으로는 국가가 원하는 만큼 참새를 잡기 어려웠을 것이다. 그래서 사람들은 참새를 잡는 수많은 방법을 고안해내고 이를 다른 사람들에게 전파했다. 잠자리채 휘두르기, 올가미 놓기, 그물을 던져 포획하기, 둥지 부수기, 쌀알에 독약을 발라 놓기 등 온갖 방법이 동원되었다. 심지어는 북과 징을 요란하게 두드리고 목이 터져라 계속해서 고함을 질러 참새들이 나뭇가지나 처마에 앉지 못하게 하자는 기발한 아이디어가 등장했다. 계속 날아다니다가 힘이 빠지면 땅바닥에 떨어질 것이라는 생각에서였다.

정부는 실제로 이 방법을 사용하도록 사람들을 독려했다. 다음 사진은 베이징 외곽의 대표적인 궁궐 정원인 이화원頤和園에서 촬영되었

참새를 쫓는 학생들, 1958년.

다. 베이징대학교 학생들이 큰 깃발을 손에 들고 힘차게 흔들고 있다. 참새들이 나무에 앉지 못하도록 내쫓고 있는 모습이다. 정부는 이 방법이 탁월한 효과를 발휘했다고 발표했다. 하지만 실제로 얼마나 큰 효과를 거두었는지는 확인할 길이 없다. 어떻게 해서든 참새를 소탕하라는 정부 주도 캠페인에 학생은 물론이고 군인, 공무원과 일반인까지 모두 동원되었다. 베이징에서만 무려 300만 명이 참새 잡기에 나섰다고 당시의 신문은 전했다.

대대적인 참새 잡기 캠페인의 실제 결과는 어떠했을까? 불쌍한 참새들은 난데없이 대참사를 맞고 말았다. 수억 마리가 잡혀 멸종 위기에 이르렀다고도 하는데 실제 포획된 개체 수는 추정이 불가능해 보인다. 어쨌든 헤아리기 어려운 만큼 많은 참새가 죽음을 맞았다. 그러나 농민의 시름을 덜어주고 생활 수준을 향상시켜주겠다는 애초의 목표가 달성된 것은 전혀 아니었다. 참새가 줄어들자 메뚜기와 같은 해충이 기하급수적으로 늘어났다. 농작물에 큰 피해가 발생한 것은 필연적인 귀결이었다.

중국 정부는 참새 잡기의 부작용을 지적한 학자들의 견해를 무시하다가 참새 잡기 운동이 시작된 지 2년이 지난 후에야 뒤늦게 실수를 인정했다. 하지만 이미 피해는 전국적으로 걷잡을 수 없이 확대된 후였다. 만시지탄晩時之歎이 아닐 수 없었다.

역사가들의 추계에 따르면 대약진운동 기간에 발생한 대기근으로 대략 2,000만 명이나 되는 중국인이 사망했다. 상상하기도 어려운 규모의 대재앙이 탄생한 지 얼마 되지 않은 신흥국을 덮친 것이다.

대약진운동 시기의 대기근은 중국 인구에 어떤 자취를 남겼을까?

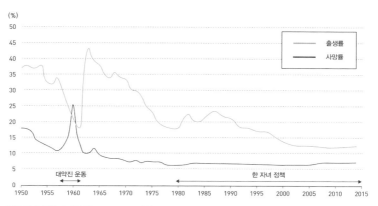

중국의 출생률과 사망률, 1950~2014년
자료: 《중국통계연감》

341쪽의 그래프를 통해 살펴보자. 인구 1,000명당 출생자와 사망자수의 비율을 각각 출생률과 사망률이라고 부르는데, 이들 두 변수의 시간적 추이가 그래프에 표시되어 있다. 우선 출생률은 1950년대에 높은 수준에서 점차 낮아지는 모습을 보여주는데, 대약진운동이 한창인 시점에 급격한 하락을 보였다. 그 직후에 출생률 급락에 대한 반발로 일시적으로 출생률이 올랐지만 다시 점진적인 하락세를 기록하게 된다. 특히 1980년경부터는 정부가 한 자녀 정책을 강력히 추진함에 따라 출생률의 하향 움직임이 두드러졌다.

이번에는 사망률을 보자. 사망률도 장기적으로 하락하는 양상을 보여주었다. 거의 모든 시기에 사망률이 출생률보다 낮았으므로 중국 인구는 지속적으로 증가했다. 그러나 출생률과 사망률의 격차가 꾸준히 감소했기 때문에 인구 증가율은 점차 낮아지는 경향을 보였다. 가장 눈에 띄는 점은 역시 대약진운동 시대에 사망률이 급증했다는 사실이다. 이 기간이 유일하게 출생률보다 사망률이 높게 기록된 때다. 그만큼 대기근의 충격이 컸음을 확인할 수 있다.

'뒤뜰 용광로'와
황폐화된 산

이 엄청난 재앙을 모두 참새잡기 캠페인 탓으로 볼 수는 없다. 대약진 운동 시기의 여러 정책적 오류가 한꺼번에 몰려서 발생한 탓으로 이

대약진운동 시기의 대표적
시행착오였던 토법고로.

해하는 게 맞을 것이다. 가장 대표적인 정책 실패가 철을 단기간 내
에 자체 생산하자는 운동이었다. 외국 기술에 의존하지 않고 중국
인 스스로의 힘으로 경제 발전에 필요한 철을 자급자족하자는 계획
이었다. 이 계획의 일환으로 토법고로土法高爐, 즉 전통 기술을 이용한
용광로가 전국의 인민공사 뒷마당에서 제작되었다. 훗날 '뒤뜰 용광
로backyard furnace'라는 이름을 얻게 된 소형 용광로였다.

철을 한 번도 생산해본 경험이 없는 농민들이 철을 얼마나 잘 생산
할 수 있었을까? 농민들은 아무 철물이나 닥치는 대로 용광로에 쏟아
넣었다. 그리고 석탄이든 나뭇조각이든 불에 탈 수 있는 사물들을 죄

다 끌어모아 연료로 썼다. 이렇게 해서 제작된 철은 품질이 너무나 조악해 거의 고철덩이 수준에 불과했다. 정부가 농민들에게 질 좋은 땔감을 구하라고 명령하자 농민들을 이런 땔감을 찾아다니느라 논밭을 방치하는 상황이 되었다. 결국 연료로 사용할 나무를 얻기 위해 벌목이 대대적으로 이뤄졌는데, 그 결과 산을 벌거숭이로 만들어버렸다. 황폐화된 산은 홍수와 산사태에 취약할 수밖에 없었다. 또한 농민의 손길이 닿지 못한 경지에서는 수확량이 격감했다. 참새잡기 캠페인과 마찬가지로 철의 자력갱생을 내걸고 추진한 토법고로도 대실패로 끝나고 말았다. 생태계에 대한 이해 부족, 관료의 경험 부족, 정책의 현실성 부족이 맞물려 일으킨 대참사였다.

문화대혁명으로
태세를 전환하다

대약진운동의 참담한 실패는 출범한 지 얼마 되지 않은 중국 정부의 대중적 기반에 큰 타격을 입혔다. 중국 정부와 정치 지도자들로서는 국면을 전환하고 흐트러진 국가의 기틀을 다잡아야 하는 과제를 안게 되었다. 그 해결책으로 초기의 사회주의 혁명 정신으로 돌아가자는 정풍운동이 가장 적합해 보였다. 혁명 정신의 진보를 가로막는 반동적 사상, 부르주아 심성을 버리지 못한 잔존 세력, 언제든 다시 사회주의 사상을 위협할 가능성이 있는 불손한 집단을 척결함으로써 사회주

문화대혁명 시기의 새로운 풍경으로, 농민들이 덩샤오핑의 초상화 주변에 앉아 《마오주석어록》을 읽고 있다. 1969년 사진.

의 체제를 탄탄히 다져야 한다는 주장이 널리 공표되었다. 마오쩌둥의 표현을 살펴보자.

> 부르주아 계급은 타도되었지만, 이들은 아직도 다른 계급을 착취하던 낡은 이념, 문화, 관습, 풍속을 이용해 대중을 타락시키고 그들의 마음을 사로잡아 복귀를 꾀하고 있다. (중략) 이제 우리의 목표는 자본주의의 길을 걷는 당국의 모든 불순분자와 맞서 싸워 이들을 분쇄하고, 반동적인 부르주아 학술 권위자는 물론 부르주아 계급이나 다른 모든 착취 계급의 이념을 비판 및 규탄하며, 공산주의적 경제 토대에 어울리지 않는 교육, 문학, 예술 등 모든 상부구조를 뒤바꿔 사회주의 체제를 공고히 하고

발전시키는 것이다.

이 기획은 문화대혁명Cultural Revolution이라는 이름으로 1960년대 중반에 닻을 올렸다. 유교적 폐해, 불순한 반동적 문화와 자본주의적 잔재를 타파하고 진정한 사회주의를 실천하자는 목적으로 진행된 대대적인 사회 변혁 캠페인이었다. 한편으로는 공산당의 정치적 입지를 강화하고 반대 세력을 쳐내기 위한 수단이기도 했다. 덩샤오핑鄧小平, 류사오치劉少奇와 같은 수정주의적 정치가들은 위기에 몰렸고, 홍위병이 조직되면서 전국이 광기 어린 숙청의 현장으로 변했다.

문화대혁명은 1976년 마오쩌둥이 사망할 때까지 계속되었지만, 이미 1973년 덩샤오핑이 정계에 복귀할 때쯤 동력을 잃기 시작했다. 계급투쟁과 평등주의를 내건 문화대혁명이 사회를 경직적으로 만들었다는 비판도 점차 커졌다. 그리고 이를 대신해 경제성장과 실용주의를 모토로 내건 새로운 변화의 움직임이 호응을 얻기 시작했다. 1976년 마오쩌둥이 사망하고 추종 세력들이 축출됨으로써 문화대혁명은 공식적으로 막을 내렸다. 이어서 최고 권력자의 지위에 오른 덩샤오핑이 1980년에 행한 연설을 살펴보면 대약진운동과 문화대혁명에 대한 그의 평가를 읽을 수 있다.

경제 분야에서도 지난 3년 동안 중대한 성과가 있었습니다. (중략) 지난 3년 동안의 노력으로 우리 경제를 현재의 수준까지 회복시킨 것 자체만 해도 큰 성과입니다. 1957년 이래 20여 년 동안 우리 과업의 초점은 한

번도 경제 발전으로 옮겨진 적이 없습니다. 따라서 누적된 문제들이 많이 있습니다. (중략) 사실 우리는 여러 분야에서 경험이 부족했고, 그나마 얻은 경험이 체계화되고 제도화되지 못했습니다. 많은 문제가 만족스럽게 해결되지 못했습니다. (중략) 10년간의 문화대혁명 동안에 모든 것이 혼란에 빠졌습니다.

이어서 그는 다음과 같이 변화하기를 독려했다.

그렇지만 이제 우리는 앞을 내다봐야 하고, 건설적인 제안을 해야 하며, 비난 어린 불평과 평가 때문에 좌절하지 말아야 합니다. (중략) 그들이 새로운 상황과 새로운 문제를 열린 마음으로 공부한다면 그들의 성과는 개선될 것입니다.

이후 중국은 덩샤오핑이 주도하는 방향으로 나아갔다. 그는 사람들의 삶을 개선할 수만 있다면 그 방법은 중요한 문제가 아니라고 확신했다. "검은 고양이든 흰 고양이든 쥐만 잘 잡으면 된다"는 이른바 흑묘백묘론黑猫白猫論은 그의 실용주의 노선을 여실히 보여주는 말이었다. 동시에 이 표현은 대약진운동과 문화대혁명이라는 대재난으로 얼룩진 중국의 역사를 마무리하고 새로운 시대를 열겠다는 선언이기도 했다.

사냥용 토끼를
강제로 번식시키다

중국의 참새 잡기 대참사는 생태계를 통제하려는 섣부른 시도가 인간에게 얼마나 큰 재난을 초래할 수 있는지를 생생하게 보여주었다. 생태계 교란에 대한 경각심이 한층 높아진 오늘날의 관점에서 보자면 더욱 안타까운 시행착오였다고 평가할 수 있다. 자연의 법칙을 무시한 무모한 정책이 얼마나 큰 위험을 초래할 수 있는지 일찍 알았더라면 대약진운동 시기의 엄청난 재앙을 피할 수 있지 않았겠는가! 그런데 인간이 무지 또는 순간의 오판으로 인해 생태계를 교란시킨 사례는 과거에도 여러 차례 존재했다. 대표적인 사례로 19세기 오스트레일리아를 들 수 있는데, 이번 주인공은 토끼다.

17세기 초, 유럽 탐험가들은 남태평양 지역을 돌아보다 거대한 땅덩어리를 발견하고서 '미지의 남쪽 땅Terra Australia Incognita'이라고 지칭했다. 이 땅은 남쪽에 있다는 의미로 오스트레일리아로 불리며, 매우 독특한 역사를 거쳐 오늘에 이르렀다. 1770년 영국의 탐험가 제임스 쿡James Cook은 이 땅의 동쪽 지역을 조사하고 뉴사우스웨일스New South Wales라고 이름을 붙인 후 영국령이라고 선포했다. 식민지 확보를 놓고 한창 경쟁을 벌이던 프랑스가 자국 영토라고 주장할까 봐 서둘러 내린 결정이었다.

오스트레일리아의 역사가 독특한 점은 이런 생뚱맞은 출발에만 있는 게 아니었다. 당시 영국은 죄수의 숫자가 너무 많아서 골머리를 앓

뉴사우스웨일스로 죄수를 호송하는 수송선의 내부.

고 있었다. 죄수를 수용할 감옥이 부족해지자 정치가들은 이들을 수
용하기 위한 방편으로 뉴사우스웨일스를 활용하자는 기묘한 아이디
어를 생각해냈다. 1787년 죄수 700여 명과 교도관, 선원, 일반인을 포
함해 총 1,400여 명을 태운 11척의 이른바 '최초 선단The First Fleet'이
영국에서 출항해 여덟 달 만에 뉴사우스웨일스에 도착했다. 이들이
정착한 곳은 오늘날 세계적으로 아름다운 항구로 손꼽히는 도시 시드
니였다. 그 후 오스트레일리아에서 100년 동안 16만 명 이상의 영국
인 죄수들이 유형 생활을 했다. 그들은 형기가 끝나면 그곳에 정착해
제2의 삶을 꾸려나갔다. 죄수와 교도관, 선원, 그리고 나중에 들어온
이민자들이 한데 섞여 만들어 낸 영국의 식민지가 바로 오스트레일리

아였다.

오스트레일리아는 역사상 생물의 멸종이 가장 두드러졌던 국가로 기록되고 있다. 지난 두 세기 동안 지구상에서 멸종된 포유류 가운데 약 3분의 1이 오스트레일리아에서 사라진 것으로 알려져 있다. 오스트레일리아에서 생태계 교란이 시작된 때가 바로 최초 선단의 도착이었다. 11척의 배에는 여러 사람 외에도 다양한 종류의 동물들이 타고 있었는데, 고양이, 토끼, 붉은 여우, 사슴, 염소 등이었다. 이들은 항해 과정이나 정착 생활에서 승선한 사람들에게 여러 면에서 도움이 되리라 여겨 데려온 동물들이었다. 다행히도 얼마간 이들은 오스트레일리아 생태계에 매우 제한적인 영향을 미쳤다.

상황이 급변한 것은 1859년의 일이었다. 토머스 오스틴Thomas Austin 이라는 영국인은 최초 선단을 타고 들어온 사람들과는 다른 목적, 즉 자신의 사냥 취미를 충족시키기 위해 토끼 12마리를 오스트레일리아로 들여왔다. 깊은 고민 없이 들여온 토끼들은 오스틴이 생각한 것보다 훨씬 빠르게 번식하기 시작했다. 겨울 날씨가 포근한 편이고 토끼가 먹을 수 있는 식물이 풍부한 환경이라서 토끼가 개체 수를 늘리기 쉬웠다.

토끼는 실제 얼마나 많이 늘어났을까? 토끼의 수는 그야말로 기하급수적으로 증가했다. 더 이상 오스트레일리아 사람들에게 토끼는 반가운 존재가 아니었다. 1870년경이 되면 해마다 200만 마리 이상을 포획했음에도 개체 수가 줄지 않았다고 보도될 정도였다. 오스트레일리아 토끼가 세계에서 가장 빠르게 번식한 포유류라는 달갑지 않은

토끼를 잡기 위해 독이 든 통을 운반하는 인부들.

기록도 뒤따랐다. 이 기록을 받아든 오스트레일리아인은 골머리가 아팠다. 토끼가 농작물과 토착 식물을 닥치는 대로 갉아먹어 큰 피해를 냈기 때문이다. 놀라운 식성과 번식력을 가진 토끼들 때문에 토착 초식 동물들도 본래 서식지에서 밀려나 생존을 위협받았다.

　토끼의 생태계 교란 문제가 심각해지자 오스트레일리아 정부도 가만히 있을 수 없었다. 토끼의 개체 수를 줄이기 위해 다양한 방법을 모색했다. 토끼 덫을 설치하고, 토끼집을 파괴하고, 사람들에게 토끼 사냥을 독려했다. 20세기 초에 촬영된 위 사진은 토끼를 잡기 위해 독이 든 통을 운반하는 인부들의 모습을 보여준다.

　때로는 더욱 본격적인 방안이 마련되기도 했다. 아주 긴 울타리를 설치해 토끼가 다른 곳으로 이동하는 것을 막고자 했다. 저명한 생물학자 루이 파스퇴르Louis Pasteur는 병원균을 이용해 토끼의 개체 수를 줄일 수 있으리라는 아이디어를 제안했다. 그 이후 효과적인 생물학적 방법을 개발하려는 노력이 경주되었다. 마침내 1950년에 토끼에 피부암을 일으키는 바이러스를 퍼뜨려 사망에 이르게 하는 방법이 개발되었다. 이 방법을 써서 6억 마리였던 토끼의 개체 수를 1억 마리까지 줄이는 데 성공했다. 사람들은 마침내 토끼를 통제할 수단이 확보되었다고 기뻐했다. 그러나 이는 잘못된 생각이었다. 곧 저항력을 가진 토끼가 등장했기 때문이다. 결국 개체 수가 다시 늘어나 수십 년 후 2~3억 마리를 기록했다. 생물학적 대응법이 당장에는 효과가 있는 것으로 보이지만 예상치 못한 새로운 문제를 발생시킬 위험이 있다고 자연이 경고를 보낸 셈이다.

하지만 오늘날에도 동물의 개체 수를 통제하는 데 생물학적 방법이 최선의 해결책이라고 여기는 견해가 많다. 이 분야에 대한 인간의 지식이 충분하지 않아 예상하지 못한 재난을 초래할 수 있다는 경계심이 필요하다.

인류의 공적, 모기를 퇴치하려는 노력

역사적으로 인간의 목숨을 가장 많이 앗아간 동물은 무엇일까? 호랑이나 늑대와 같은 맹수를 떠올리거나 쥐나 박쥐처럼 질병을 전파시키는 동물을 떠올리기 쉬울 것이다. 하지만 이들보다 몸집이 훨씬 작은 곤충이 인간에게 더 치명적이다. 그중에서도 모기는 과거는 물론 오늘날까지 엄청난 수의 사람에게 치명적인 피해를 입히고 있다. 현재 전 세계에는 3,000여 종의 모기가 존재하는데, 이들에 의해 수많은 질병이 인간에게 전파된다. 대표적으로 급격한 고열과 발작을 일으키는 말라리아, 바이러스성 뇌염을 일으키는 일본뇌염, 급성 열성 바이러스 질환으로 출혈과 장기 기능 저하를 초래하는 뎅기열, 급성 신부전을 일으키는 악성 감염병인 황열병, 피부를 코끼리처럼 두껍고 단단하게 만드는 상피병, 그리고 임산부가 감염되면 아이에게 소두증을 유발하는 지카바이러스 등이 있다. 가히 모기는 인간의 천적이라고 부를 만한 존재다.

이 가운데 가장 널리 감염되는 것이 말라리아다. 말라리아는 '나쁜mal 공기aria'라는 뜻으로, 말라리아가 나쁜 공기를 통해 전파된다고 서구인들이 믿었기 때문에 붙은 이름이다. 모기가 말라리아를 옮기는 매개체라는 사실은 19세기 말에 밝혀졌지만, 사람들은 훨씬 이전부터 말라리아가 늪지와 관련성이 높다는 점은 알고 있었다.

우리나라에서는 말라리아가 학질瘧疾이라는 이름으로 알려져 왔다. 허준의 《동의보감》에는 이 질병에 걸리면 "춥고 떨리면서 턱이 마주치다"가 추운 증상이 멈추면 "겉과 속에 모두 열이 나면서 머리가 터질 듯이 아프고 갈증이 나서 찬물만 마시게" 된다고 증상이 기술되어 있다. 이는 현대 의학이 묘사하는 증세와도 일치한다. 말라리아에 걸렸을 때 고통이 얼마나 심하고 회복이 얼마나 어려웠던지 우리말 표

현 중에 '학을 뗀다'라는 말이 있을 정도다. 견디기 어려울 만큼 괴롭고 힘든 상황에서 벗어났다는 뜻으로 이 표현을 쓰는데, 원래 이 말은 학질, 즉 말라리아에 걸렸다가 회복한다는 뜻이다. 이 질병이 사람들에게 얼마나 큰 고통을 주었는지를 잘 보여주는 표현이다.

오늘날에도 말라리아는 수많은 희생자를 내고 있다. 말라리아에 걸리는 인구가 세계적으로 매년 2억 명이 넘고, 40만 명가량이 사망에 이르는 것으로 알려져 있다. 특히 5세 이하의 어린아이들이 말라리아에 가장 취약해 희생자가 끊임없이 발생한다.

사람들은 짜증을 불러일으키고 때로는 치명적인 결과를 가져오는 모기를 쫓기 위해 다양한 수단을 강구해왔다. 모기의 번식을 막기 위해 물웅덩이를 제거했고, 때로는 송사리와 미꾸라지를 물에 풀어 모기 유충인 장구벌레를 잡아먹게 했다. 모기가 싫어하는 성분을 방출하는 식물을 태워 모기를 쫓기도 했으며, 가는 섬유와 철망을 이용해 모기장과 방충망을 만들어 모기의 접근을 막았다. 또한 모기를 잡는 다양한 살충제를 제조해 사용하기도 했다.

말라리아 치료제를 개발하는 데도 힘을 쏟았다. 남아메리카에서 자생하는 기나나무에서 추출한 키니네Quinine가 치료제로 가장 널리 사용되어 왔고, 최근에 중국의 전통 의학에서 힌트를 얻은 의학자 투유유屠呦呦가 개똥쑥이라는 식물에서 항말라리아 물질을 추출한 공로로 노벨생리의학상을 받기도 했다.

생물학적으로 모기를 통제하려는 시도도 늘어나고 있다. 그중 하나는 모기를 무기력하게 만들고 결국 사망에 이르게 하는 곰팡이류를 찾아내 모기에 적용하는 것이다. 다른 하나는 생명공학적 신기술을 이용하는 것으로, 이른바 유전자 가위gene scissor를 써서 암컷 모기의 DNA를 편집해 불임을 시키는 것이다. 이런 모기를 풀어놓으면 수컷 모기와의 사이에서 태어난 모기도 불임이 된다. 따라서 세대를 거듭하면 결국 모기는 멸종을 맞게 되리라는 것이다.

이런 '바이오 무기'로 모기를 말끔히 퇴치한다면 사람들에게 큰 혜택이 올 것이라고 쉽게 기대할 수 있다. 그러나 신기술을 현실에서 사용하기에 앞서 주의를 깊이 기울여야 한다는 시각도 있다. 신기술이 갑자기 자연에 적용되었을 때 우리가 미처 알지 못하는 방식으로 생태계가 반응하게 되면 예상치 못한 새로운 악영향이 발생할 수도 있다는 주장이다. 예를 들어 순록이 장거리 이동을 할 때 모기가 적은 지역을 통과하는 방식으로 적응해왔는데, 모기가 없어지는 지역이 생기면 순록의 이동 경로가 바뀔 수 있다. 그러면 해당 지역의 먹이사슬에 중대한 변화가 발생하고 이것이 다시 생태계에 예기치 못한 충격을 줄 수 있다는 것이다.

　장기간에 걸쳐 섬세하게 균형을 만들어온 생태계가 갑작스러운 변화를 맞아 불균형 상태에 놓이게 되면, 그 이후 어떤 형태의 새로운 균형으로 나아갈지, 그리고 그 과정에서 어떤 예상치 못한 '나비효과'들이 발생할지 사전에 파악하기는 어렵다. 우리가 근시안적 오판을 피하려면 주목해야 하는 주장이자 경고가 아닐까.

생태계
교란종의 위협

생태계의 안정성과 관련해 교란종 문제도 생각해볼 게 많다. 외래 교란종은 오늘날 우리나라도 심각하게 대응해야 하는 문제다. '괴물쥐'라는 별명으로 널리 알려진 뉴트리아가 국내 생태계에 들어온 대표적인 외래 교란종이다. 뉴트리아는 원래 남아메리카에서 서식하는 설치류인데, 1980년대에 모피 의류가 높은 인기를 누리자 새로운 모피 공급원으로 사용하기 위해 국내로 들여온 종이다. 그런데 예상과는 달리 경제적인 이익이 미미한 것으로 드러나자 뉴트리아를 사육하던 농가들이 이들을 방치하면서 환경 문제로 비화되었다. 현재 정부는 뉴트리아를 포유류 중 유일하게 생태계 교란종으로 지정하고 퇴치 사업을 벌이고 있다.

　뉴트리아 외에도 많은 동물들이 생태계 교란종으로 지정되어 있다.

황소개구리·붉은귀거북·블루길(일명 파랑볼우럭)·꽃매미·등검은말벌·중국줄무늬목거북·붉은불개미·미국선녀벌레·미국가재·갈색날개매미충 등으로 그 명단이 해마다 길어지고 있다. 식물도 마찬가지다. 돼지풀·물참새피·도깨비가지·애기수영·가시박·미국쑥부쟁이·가시상추·갯줄풀·환삼덩굴·마늘냉이 등 이루 기억하기 힘든 수많은 교란종이 이미 우리 곁에 뿌리를 내리고 있다. 이들 가운데 일부는 기후변화 때문에 국내에서 확산되었고, 다른 일부는 인간이 경제적인 이익을 얻거나 개인적인 호기심을 충족시키기 위해 무분별하게 외국에서 들여온 것들이다.

외국에서 들어온 교란종은 그 자체로 '나쁜' 동식물은 아니다. 그렇지만 자연에 서서히 적응할 여유를 주지 않은 채 단기간에 국내 토종 생태계에 커다란 충격을 주므로 주의를 기울여야 한다. 특히 세계화가 빠른 속도로 확산된 21세기에 우리는 과거 어느 때보다 생태계를 위협하는 사태가 발생할 위험이 크다는 점을 명심해야만 한다.

12

—

인간의
개입으로
급변하는 지구

—

: 이상기후와
생태계 파괴

하지만 저는
변화를 만들어 내지 못할 만큼
소소한 사람은
없음을 알게 되었어요.

_

그레타 툰베리 Greta Thunberg

인류세와
기후 변화

지구가 경험한 재난의 역사를 보면 처음에는 자연력에 의한 재난이 절대적인 비중을 차지했지만 시간이 흐르면서 인간의 역할이 개입된 재난의 비중이 늘어났음을 알 수 있다. 일부 학자들은 인간이 단지 재난의 장기적인 추세에 영향을 준 데 그치지 않고 지구의 지질학적인 특성 자체에 중대한 변화를 가져왔다고 주장한다. 이에 따르면 인간의 활동이 본격화된 이후와 이전의 지층이 질적으로 다른 모습을 하고 있다. 또한 지구 환경의 훼손과 파괴가 기존의 지질구조에 뚜렷한 흔적을 남길 뿐 아니라 지구를 둘러싼 기후 환경에도 현저한 변화를

쿠거 브랜트Cuger Brant, 〈인류세의 새벽〉, 2003년.
오늘날 인류세라는 독자적인 지질시대를 인정해야 한다는 주장이 많다.

초래했다고 학자들은 말한다. 즉, 인간이 지구에 본질적인 변화를 초
래했다는 것이다.

　이런 주장이 점차 많은 호응을 얻으면서 '인류세人類世, Anthropocene'
라는 용어가 오늘날의 지질시대를 지칭하는 용어로 자리를 잡아가고
있다. 이 용어를 처음 제안한 인물은 노벨화학상 수상자인 파울 크뤼
천Paul Crutzen이다. 인류세는 정확히 신생대 4기의 홍적세Diluvial Epoch와
최후의 지질시대로 통상적으로 여겨온 충적세Alluvial Epoch의 뒤를 잇
는 독자적인 시대를 의미한다.

　그런데 지질학적 차이를 만들어 낼 만큼 영향을 미친 인간 활동이
구체적으로 언제 시작되었는지에 대해서는 아직까지 견해가 다양하
다. 가장 가깝게는 핵 실험으로 방사능 물질이 대기 중으로 퍼진 1945
년을 강조하는 견해가 있다. 화석연료가 널리 사용되기 시작한 18세

기 중반의 산업혁명을 기점으로 봐야 한다는 견해도 있다. 또한 신석기혁명이 발생해 농경과 목축에 의존하는 정착 생활이 시작된 시점에 주목하는 견해도 있다. 생물 종의 멸절이라는 관점으로 1만 4,000~1만 5,000년 전이 결정적이었다고 여기는 견해도 있다.

약 1만 년 전 내지 이전으로 거슬러 올라가 기준선을 잡자는 견해를 따른다면 현재의 지질시대인 충적세(홀로세Holocene라고도 한다)와 시기적으로 근접하게 된다. 충적세는 통상 1만 년 전에 시작되었다고 정의된다. 어느 주장을 따르든 인류세를 주장하는 논의에는 인류가 미친 영향이 지구환경 자체에 중대한 영향을 줄 수 있다는 판단이 깔려 있다. 인간이 지구환경을 더 이상 파괴해서는 안 된다는 성찰을 내포하는 인식이기도 하다.

인류가 기후에 미친 영향을 중심으로 보자면 석탄과 같은 화석연료 사용을 크게 늘린 시점이 매우 중요하다. 지구 전체의 차원에서 볼 때 가장 중요한 기후변화 현상으로 '지구온난화global warming'를 들 수 있다. 지구온난화는 지구의 평균 지표면 기온이 장기적으로 상승하는 현상을 의미한다. 지표면 기온의 관측이 널리 시작된 시점이 1850년이기 때문에 그 이전 100년 기간, 즉 산업혁명 기간은 온도를 정확히 알기 어렵다. 그렇지만 이 기간에 영국 이외의 국가들은 아직 공업화의 길에 본격적으로 들어서지 않았고 화석연료의 사용이 크게 확대되지 않았으므로 1850년 이후보다는 온도 변화가 작았을 것으로 추정할 수 있다.

다음 그래프는 1850~2010년의 지표면 기온의 변화를 보여준

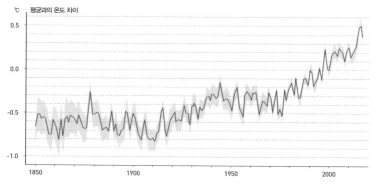

℃ 평균과의 온도 차이

0.5

0.0

-0.5

-1.0

1850   1900   1950   2000

지구 전체 평균 지표면 기온의 편차, 1850년 이후.
자료: 영국 기상청 해들리센터.

다. 이 그래프는 1981~2010년의 평균 지표면 기온을 기준으로 각
연도에 지표면 기온이 이로부터 얼마나 차이가 났는지 보여준다.
1850~1920년 시기에는 기준 온도보다 약 0.6도가량 낮은 온도를 기
록했다. 1910년대를 전후해 온도가 상승세를 나타내기 시작해서 대
략 1940년대까지 이런 상승세가 유지되었다. 그리고 약 30년간의 소
강 상태가 이어졌으며, 다시 1970년대 이후 급증세로 전환해 가파른
증가세를 유지했다. 종합하자면, 일시적으로 지표면 기온 상승이 정
체를 보인 시기를 제외하고는 전체적으로 상승세가 완연했으며 상승
속도가 점점 빨라졌다고 볼 수 있다.

다음 지도는 지표면 기온이 지구상의 어느 지역에서 더 빠르게 증
가했는지를 보여준다. 즉, 1951~1980년의 지표면 기온을 기준으로,
2021년에 차이가 얼마나 발생했는지를 지역별로 알 수 있다. 지구 표

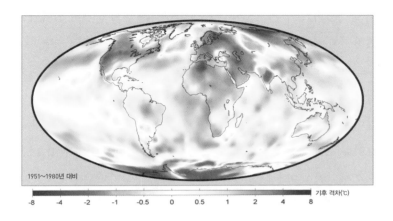

1951~1980년 대비

| | | | | | | | | | | 기후 격차(℃) |
| -8 | -4 | -2 | -1 | -0.5 | 0 | 0.5 | 1 | 2 | 4 | 8 |

지구의 지역별 지표면 기온 변화, 2021년 6월 기준.
자료: www.BerkeleyEarth.org

면 전체의 73퍼센트가 이 기간에 가시적인 온도 상승을 보여주었다. 이 자료가 보여주는 중요한 결과는 적도 부근보다 고위도 지역에서 지표면 기온 상승이 두드러졌다는 사실이다. 북극점에서 가까운 지역, 특히 유럽, 러시아 동부와 캐나다에서 기온 상승의 폭이 가장 컸다. 이 차이는 다음에서 살펴볼 북극한파의 주요 원인으로 작용하게 된다.

점점 상승하는
지구 온도의 추세

지구의 평균 온도가 상승하는 현상을 그간 '지구온난화'라는 이름으로 불러왔다. 그런데 온난화라는 용어는 기후변화 문제의 절박함을 전하기에 지나치게 부드러운 표현이라고 할 수 있다. '지구가열global heating'이라고 부르거나 적어도 '지구온도상승'과 같은 용어가 더 적절할 것이다. 지구의 온도를 높이는 요인은 다양하다. 과학자들은 하나같이 가장 중요한 요인으로 온실가스를 지목한다. 이산화탄소가 온실효과Greenhouse Effect의 9~26퍼센트를 차지해 가장 비중이 높고, 다음으로 메탄이 4~9퍼센트를 차지한다. 구름과 수증기도 온실 효과를 내지만 인간이 노력해서 줄여야 하는 대상은 아니다.

산업혁명 이후 인간의 활동은 이산화탄소, 메탄, 아산화질소, 오존, 프레온가스 등의 배출을 늘려왔다. 이산화탄소만 놓고 보면 지금까지 36퍼센트가 증가했는데, 주로 화석연료의 사용에 따른 변화였다. 지난 20년만으로 한정해도 화석연료의 사용은 이 기간에 생긴 이산화탄소의 4분의 3을 설명할 수 있다. 나머지는 벌목과 같이 지표면에서 이루어진 인간 활동의 결과다. 메탄의 변화는 더욱 놀랍다. 산업혁명 이후 무려 150퍼센트에 가까운 증가를 기록했다. 인간이 고기와 젖을 얻기 위해 사육하는 가축이 메탄 배출에서 큰 비중을 차지한다.

그렇다면 앞으로 지구온도상승은 얼마나 더 가속화될까? 기후변화에 관한 정부 간 협의체인 IPCCIntergovernmental Panel on Climate Change의 보고서에 따르면 가까운 미래(2021~2040년)에 적으면 1.5도, 많으면 1.9도 기온이 상승할 것으로 예측되었다. 중간미래(2041~2060년)에는 최소 1.6도에서 최대 3.0도의 상승이 예상되며 이 같은 상승 추세가 먼 미래까지 이어질 것으로 추정했다. 이 암울한 미래상은 태평양과 인도양의 섬나라들에게 특히나 충격으로 다가온다. 기온 상승으로 해수면이 높아지면 이 국가들은 아예 해수면 아래로 잠길 수도 있기 때문이다. 수많은 기후 난민이 생길 수 있는 상황이다.

재난의 피해자는 바다에 인접한 국가만이 아니다. 기후 격변은 지구 곳곳에서 식량 부족을 일으키고 있다. 세계식량계획WFP의 추계에 따르면 현재 식량 부족을 겪고 있는 인구가 8억 명이 넘고 당장 기아의 위기에 처한 인구만 해도 4,000만 명이나 된다. 식량 부족 중 상당수가 기후변화에 기인한 흉작으로 발생하거나 기후변화의 영향이 정치 분쟁과 합해져 발생한다. 식량 부족은 기아와 영양실조를 일으킬 뿐 아니라 굶주린 사람들이 고향을 떠나게 만들고 아이들이 교육을 받지 못하게 만든다. 이런 상황은 농업 기반을 심하게 망가뜨림으로써 향후 식량 생산을 더욱 어렵게 만든다. 이런 빈곤의 악순환을 초래하는 가장 중요한 요인이 바로 기후변화다.

그런데 산업혁명 이후 지금까지의 기후변화를 인간의 활동에 의한 것이라고 단정 지을 수 있을까? 혹시 자연적인 기온의 변화가 이 시기에 있었던 것은 아닐까? 중세 이후에 소빙하기가 나타났던 것처럼 이 시기에 자연적인 변화에 따라 기온 상승의 추세가 나타났다고 볼 수는 없을까? 이런 질문에 대해 정확한 대답을 제시하기 위해 과학자들은 노력해왔다. 그들은 상승한 기온 가운데 어느 정도가 자연적인 힘에 의해 발생했고, 어느 정도가 인간의 활동에 의해 생겨났는지를 구분하는 작업에 힘을 기울였다.

다음의 그래프는 이런 연구의 결과를 보여준다. 미국항공우주

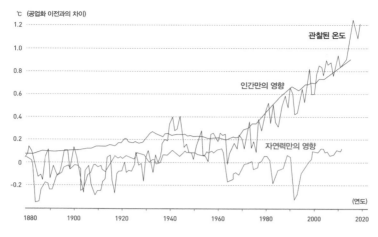

℃ (공업화 이전과의 차이)

관찰된 온도

인간만의 영향

자연력만의 영향

(연도)

기온 상승의 요인.
자료: NASA

국NASA이 분석한 바에 따르면 1880년 이래 기온 상승의 추세가 뚜렷하게 관찰되었다. 분석 결과, 2020년까지 약 1.2도의 기온 상승이 있었던 것으로 나타났다. 1850~1900년의 평균 기온이 공업화 이전의 일반적인 수준이라고 가정하고 분석한 결과를 보면, 현재까지 발생한 기온 변화 가운데 자연력에 의한 기온 변화는 미미한 것으로 나타났다. 거의 대부분의 기온 상승은 인간 활동의 영향으로 밝혀졌으며, 특히 1970년경을 기점으로 기온 상승의 속도가 현저하게 빨라졌다. 분명히 오늘날의 지구온도상승 추세는 압도적으로 인간 활동에 의해 형성된 것이라고 말할 수 있다.

지구온도상승은 단지 기온의 상승이라는 문제만을 의미하는 것이 아니다. 오늘날 지구온도상승은 해수면의 상승, 해수 순환의 변화, 계

해수면 상승 효과로 미국 플로리다주의 마이애미 길가까지 밀물이 올라와 거리 일부가 잠겼다.
ⓒB137

절성 산불의 증가, 해양 산성화, 생태계 다양성의 감소, 지역적 사막화와 홍수 피해 등 폭넓은 문제들을 만들어 낸다. 이들 가운데 해수면의 상승은 가장 쉽게 수량화할 수 있는 피해다. 산업혁명 시기부터 지금까지 지구의 해수면은 약 20센티미터 상승한 것으로 추정된다.

최근에도 해수면은 지속적으로 상승하고 있으며 상승 속도가 점점 빨라진다는 분석이 있다. 만일 지구 전체의 평균 지표 기온이 2도 상승한다면 해수면은 1미터 이상 상승해 지구상의 수많은 항구도시와 해안지대가 수면 아래로 가라앉게 될 것이다. 빙산이 얼마나 녹느냐에 따라 무려 3미터 이상 해수면이 상승할 것으로 추정한 연구도 있다. 2019년에 진행된 연구에 따르면 현재 1억 5,000만 명의 거주지가

2050년이면 해수면 아래에 위치할 것이고 3억 명이 해마다 바닷물이 넘치는 지역에 거주하게 될 것이라고 한다.

기후 문제를 해결하려는 국제적인 노력

기후 문제를 해결하기 위해서는 개별 국가만의 노력으로 부족하다. 많은 국가가 공통으로 해결하려는 의지를 갖고 책임 분담에 동의해야만 효과를 기대할 수 있다. 그러나 현실에서 이런 국제적인 동의에 도달하기는 참으로 힘들다. 그간 진행된 국제적인 노력 중 하나로 지구온도상승을 제어하기 위해 채택된 '교토의정서Kyoto Protocol'를 들 수 있다. 논의 과정에서 온실가스 감축 목표를 설정하고 구체적인 감축 일정을 잡는 데 이견이 많았다. 또한 개발도상국을 참여시켜야 하는지를 놓고도 논쟁이 뜨거웠다. 하지만 결국 1997년에 교토의정서가 채택되었고, 2005년에 발효되어 온실가스의 감축을 어느 정도 기대하게 되었다. 그렇지만 한계도 분명했다. 첫째로 세계 이산화탄소 배출의 4분의 1 이상을 차지하는 미국이 자국의 산업 보호 등을 이유로 2001년에 협약에서 탈퇴했다. 둘째로 또 다른 이산화탄소 배출 대국인 중국과 인도는 개발도상국이라는 이유로 온실가스 배출 감축 의무가 면제되었다. 결국 세계 온실가스 배출의 14퍼센트를 차지하는 국가들만이 교토의정서에 남아 있게 되었으니 효과를 기대하기 어려웠다.

이런 한계를 극복하려는 노력이 계속된 끝에 2015년에 '파리협정 Paris Agreement'이 채택되었다. 이듬해에 발효된 이 조약은 세계 온실가스 배출의 70퍼센트를 넘게 차지하는 국가들이 참여했기 때문에 높은 실효성을 기대할 수 있었다. 또한 모든 참가국에 온실가스 감축 의무가 부과되었다는 점도 기대를 높였다. 그러나 2017년 미국의 트럼프 대통령이 이 조약에서 탈퇴하겠다고 선언함으로써 기대는 실망으로 변했다. 파리협정이 지구온도상승을 늦추는 효과적인 대응책이 되리라는 믿음은 더 이상 국제적으로 받아들여지기 어렵게 되었다. 다행히 2021년 대통령으로 취임한 조 바이든 Joe Biden이 파리협정에 미국이 재가입하겠다고 선언함으로써 국제적 공조라는 희망의 불씨를 되살렸다.

여기서 국제적 합의를 어렵게 만드는 중요한 요인을 하나 짚어보기로 하자. 온실가스 배출의 책임을 누가 짊어져야 할까? 그에 따른 부담을 국가 간에 어떻게 배분하는 것이 타당할까? 오늘날 온실가스를 배출하는 양을 기준으로 삼아야 하는지, 아니면 그간 배출한 누적 총량을 기준으로 삼아야 하는지의 문제는 여전히 논쟁 중이다. 산업혁명 시대부터 오늘날까지 배출된 이산화탄소의 누적 총량을 기준으로 삼는다면 오늘날 선진국들의 책임이 전체의 4분의 3을 초과한다. 반면에 현재의 배출량을 기준으로 보자면 중국, 인도 등 개발도상국들이 상대적으로 큰 비중을 차지한다.

372쪽 그래프는 1750년 이래 각국이 배출한 이산화탄소의 누적 비율을 보여준다. 산업혁명 초반인 1800년을 기준으로 보면 영국이

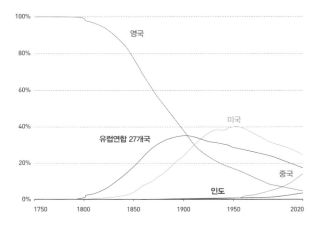

각국의 이산화탄소 발생 누적 비율 추이, 1750~2020년.
자료: Our World in Data, Global Carbon Project

이산화탄소 배출의 대부분을 차지했다. 그 후 후발공업화를 이룬 유
럽 국가들(오늘날의 유럽연합 27개국과 유사)과 미국의 비중이 점차 증가해
20세기 전반에 영국을 추월했다. 한편 경제개발이 뒤처진 중국과 인
도는 20세기 후반에 가시적인 증가를 보이기 시작해 21세기에 빠르
게 비율을 높여가고 있다. 현재 배출량을 기준으로 삼아야 한다는 선
진국과 누적된 배출 총량을 기준으로 삼아야 한다는 개발도상국 간의
갈등을 어떻게 해결할 것인가? 이 갈등을 현명하게 해소하지 않고서
는 지구온도상승 문제에 대한 실효적인 해결책을 만들어내기 어려울
것이다.

아메리카 대륙에
불어닥친 더스트볼

지금까지 세계적 차원에서 기후변화 문제를 살펴보았다. 이번에는 특정 시점에 특정 지역에서 발생한 기후변화에 대해 알아보자. 우리는 앞에서 산업혁명 시기를 다룰 때 주로 도시와 공장이 초래한 효과에 주목했다. 그러나 현대로 올수록 모든 경제 부문에서 고갈을 야기할 수준으로 기술을 개발하고 사용하는 사례가 증가했다. 전통적인 산업으로 꼽히는 농업도 마찬가지다. 토질을 지나치게 악화시키는 재배 기술이 사용됨에 따라 과거에 존재하지 않았던 재난이 발생했다.

대표적인 사례로 20세기 전반 미국을 강타한 '더스트볼Dust Bowl'이라는 모래먼지 폭풍을 들 수 있다. 이 문제가 가장 심각했던 시기는 1930년대였다. 더스트볼은 토양을 심각하게 침식시켰고, 농촌사회를 빠른 속도로 황폐화시켰다. 전례 없는 지독한 모래먼지 폭풍에 사람들은 골머리를 앓았다. 이 모래먼지 폭풍은 왜 이 시기에 대규모로 미국을 휩쓸었던 것일까?

대항해시대 이후 아메리카 대륙은 엄청난 생태 변화를 경험했다. 사람과 동식물과 병원균이 유라시아에서 유입됨에 따라 아메리카의 생태계는 과거에 겪어보지 못한 대격변을 맞았다. 경제활동에 중요한 자원 가운데 하나인 토지도 이런 대격변을 면하지 못했다. 유럽인에 의해 소와 양이 유입되기 이전에 미국의 드넓은 평원을 차지했던 주인공은 버펄로였다. 대항해시대 이전에 버펄로는 약 5,000만 마리나 되었다고 추정된다. 이들이 드넓은 평원을 누비던 시절에 땅을 뒤덮고 있던 것은 오늘날 우리에게 익숙한 풀이 아니라 '버펄로그래스Buffalo Grass'라고 불리는 길고 질긴 풀이었다. 버펄로그래스는 버펄로의 생존에 필수적인 먹이였다. 그렇지만 19세기에 서부로 활동 영역을 넓혀가던 백인 개척자들에게는 이 풀이 아무런 가치가 없었다. 백인 개척자들이 절실하게 원한 것은 농사를 지을 땅이었다. 미국 정부는 백인 이주민들이 대평원의 미개척지에 정착해 토지를 경작하도록 지원을 아끼지 않았다. 이 적극적인 정책에 고무되어 수많은 사람이 대평원으로 이동해 정착하고 자영농이 되었다. 이런 움직임은 20세기 초반까지 계속되었다.

그러다 1914년에 새로운 상황이 발생했다. 제1차 세계대전이 발발하자 세계적으로 농산물 가격이 급상승한 것이다. 미국도 마찬가지 상황이었으므로 경작지를 더욱 확장할 유인이 사람들을 자극했다. 농민들은 땅을 깊게 쟁기질함으로써 예전에 버펄로그래스가 깔려 있던 대지를 새로운 경작지로 바꿔갔다. 농민들이 잘 몰랐던 것은 버펄로그래스가 지닌 독특한 성질이었다. 이 풀은 흙이 흩어지지 않고 제자리에 있도록 잡아주고, 땅이 마르지 않도록 습기를 머금는 특성이 있었기 때문에 가뭄에 저항력이 강했다. 당시 농민들은 기본적으로 토지에 대한 지식이 부족했다. 그들은 땅의 영양분을 유지하기 위해서 휴지기를 설정한다거나 여러 작물을 돌아가며 재배해야 한다는 사실조차 잘 모르고 있었다. 어쩌면 알면서도 당장의 이익을 위해 무시했는지 모른다. 이에 그치지 않고 어떤 농민들은 면화 재배를 위해 토지

1935년 텍사스주에 불어닥친 더스트볼.

를 깔끔하게 정리하려고 겨울 내내 세찬 바람에 노출시키기까지 했
다. 이 무모한 행동들이 모두 토양을 침식시켰다.

　제1차 세계대전이 종결되자 이번에는 세계적으로 곡물 가격이 하
락세를 맞았다. 전쟁이 진행되는 동안에 각국이 자국우선주의의 입장
에서 농업 생산 기반을 경쟁적으로 늘렸는데 이것이 전후 농산물 공
급 과잉으로 이어진 것이다. 당시 대다수 국가는 보호무역주의를 경
제 기조로 삼고 있었으므로 미국 농민이 수출을 통해 이익을 얻기도
어려웠다. 이런 상황에서 미국 농민들은 쪼그라든 가계소득을 만회하
기 위해 농산물 경작을 오히려 확대하려고 했다. 이런 개인적인 선택
의 집합적 결과는 곡물 가격의 추가 하락뿐이었다. 악순환 속에서 경
지는 계속 확대되었고, 농민의 소득은 증가될 기미를 보이지 않았다.

　하지만 농민들 중에는 여전히 낙관적인 기대를 마음속에 품는 이가

많았다. 일단 쟁기질로 풀이 자라던 땅을 경지로 전환하기만 하면 기후 자체가 농사짓기에 적합하게 변할 것이라고 믿었기 때문이다. 농민들은 "쟁기 따라 비가 온다"는 속설이 맞을 거라고 기대했다. 당시 일부 농학자들은 이런 믿음이 이론적으로 합당하다고 주장했다.

이런 간절한 기대를 저버린 채 1930년부터 더스트볼과 함께 심한 가뭄이 도래했다. 엄청난 모래바람이 농장을 순식간에 집어삼켜 버렸고 하늘이 시커먼 먼지폭풍으로 가려졌다. 모래폭풍은 멈출 줄 모르고 더욱 악화되었다. 1935년이 되자 한 번도 보지 못했던 크기의 더스트볼이 발생했는데, 높이가 3킬로미터 넘는 거대한 모래먼지가 3,000킬로미터 넘게 이어져서 미국의 동부 해안까지 날아가 앉았다.

아무도 원치 않았던 불청객인 모래폭풍은 1930년대에 거의 해마다 돌아왔다. 1935~1938년에는 가뭄의 피해가 특히 심하게 나타났다. 모래바람이 토양의 표면을 긁어 날려버렸으므로 경작지는 치명적인 타격을 입을 수밖에 없었다. 쟁기 따라 비가 온다는 말은 전혀 맞지 않는 것으로 판명되었다. 오히려 수분을 땅에 붙잡아 둘 버펄로그래스가 더 이상 없었기 때문에 광활한 지역이 더욱 메말라 갔다. 농사를 지을 수 없게 되자 농민들은 할 수 있는 일이 없었다. 그사이에 더스트볼이 건강을 해치는 현상도 늘어났다. 먼지 가득한 공기를 호흡함에 따라 천식이나 기관지염과 같은 질병에 걸린 사람이 증가했다. 심지어 '갈색 역병'이라고 불린 규폐증silicosis과 같은 폐질환에 걸린 환자도 늘어났다. 이들을 감당하기에는 의료시설이 부족했고 공중보건 시스템도 제대로 갖춰져 있지 않았다. 많은 환자가 마냥 고통을 호소했

1936년 사우스다코타 지역의 모습.
더스트볼로 인해 농가의 농기구과 시설물들이 모래 더미에 파묻혀 있다.

고, 사망자가 크게 늘었다.

　더스트볼이 한창 맹위를 떨치는 동안에 농지 황폐화와 가뭄으로 인한 경제적 피해가 누적되어 농민들을 고통 속에 몰아넣었다. 무려 50만 명에 이르는 이재민이 발생했으며, 300만 명이 넘는 사람이 새로운 삶을 찾아 기나긴 이주 행렬에 올랐다. 당시는 농업 부문만이 아니라 미국 경제 전체가 대공황이라는 거대한 소용돌이에 빠져 있었으므로 빈곤의 고통은 더욱 뼈저렸다.

　위기 극복의 실마리가 마련된 것은 프랭클린 루스벨트Franklin Roosevelt가 대통령에 당선되어 뉴딜New Deal 정책을 실시하면서였다. 더스트볼 시기의 농업 불황은 신속하게 극복해야 할 선결 과제 중 하나였다. 루스벨트는 다양한 정책을 마련했다. 농가의 소득 보전을 위해서 각 농가가 키우는 곡물과 가축의 생산량을 제한했고, 이 과정에서 발생하는 피해액을 정부가 보상하기로 했다. 농민이 생산한 곡물, 과일, 육류는 지역 구호 시스템을 통해서 분배될 수 있도록 제도를 마련했다. 정부가 1,000만 에이커(약 4만 제곱킬로미터)나 되는 드넓은 경지를 매입한 뒤 이를 초지로 형질 변경했으며, 토양이 더는 침식되지 않도록 2억 그루의 나무를 식재했다.

경지 고갈을 피하는 농사법을 농민들에게 교육하는 것도 중요했다. 토양 침식이 왜 위험한지, 윤작법이 왜 도움이 되는지, 버펄로그래스를 다시 심는 작업이 왜 필요한지 농민들이 알 수 있도록 교육을 진행했다. 미국 농업은 이를 통해 점차 회복의 길을 찾아갔다. 더스트볼이라는 거대한 환경 재앙을 맞고 나서야 깨닫게 된 값비싼 교훈이었던 셈이다. 인간이 기술에 대한 맹신과 자국우선주의를 고집하다가 지구 환경에 씻기 힘든 상흔을 남긴 사례였다.

온실효과로 생성된
북극한파

기후의 급변은 사람들에게 많은 희생을 요구한다. 과거에는 별로 없었지만 현대에 들어 새롭게 등장한 자연재해도 있다. 겨울철 북반구의 국가들에 자주 들이닥치는 한파가 대표적인 사례다. 며칠에 걸쳐 영하 20도, 때로는 영하 30도를 밑도는 한파가 지속되어 수많은 사람과 동식물이 피해를 입고 재산 피해도 큰 규모로 발생한다. 이런 현상을 '북극한파'라고 부른다.

북극한파의 원인은 무엇일까? 과학자들은 의외로 지구온도상승을 지목한다. 온실효과로 인해 지구의 온도가 높아지는 현상이 어떻게 맹렬한 한파를 초래할 수 있다는 것일까? 지구가 시속 1.4킬로미터가 넘는 속도로 자전하기 때문에 극지방에서는 대기에 소용돌이가 생기는데, 이렇게 형성된 찬 공기의 극소용돌이polar vortex는 보통 제트기류jet stream에 막혀 남쪽으로 내려오지 못하고 극지방에 머물게 된다고 과학자들은 설명한다.

제트기류는 대류권이나 대기권 윗부분에서 빠르게 흐르는 좁은 공기의 흐름이다. 그런데 지구온도상승의 영향으로 극지방의 기온이 상승하면 중위도지방과 기온 차이가 줄어들어 제트기류의 방어력이 약해진다. 이때 극소용돌이가 제트기류를 뚫고 중위도 지역까지 남하하면 그 지역에 엄청난 한파를 초래한다. 그리고 며칠 후에는 다시 찬 공기의 소용돌이가 극지방으로 북상하면서 기온이 회복된다. 극소용돌이가 이렇게 주기적으로 남하와 북상을 반복하는 현상을 북극진동arctic oscilliation이라고 부르는데, 이것이 초래하는 일시적인 맹추위가 바로 북극한파인 것이다.

2019년 1월, 미국의 시카고는 북극한파로 영하 30도를 기록한 후 불과 사흘 만에 영상 10도로 기온이 치솟았다. 며칠 사이에 기온이 40도나 오른 것이다. 2021년 2월에는 100년 만의 북극한파가 다시 미국

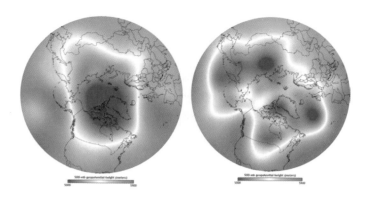

북극 지역의 극소용돌이 모습, 좌측은 2013년 12월, 우측은 2014년 1월이다.
자료: 미국해양대기청(NOAA), http://www.climate.gov.

을 강타해 국토의 73퍼센트가 눈으로 덮였다. 많은 주가 영하 30~50
도를 기록했고 심지어 남부의 텍사스주조차 영하 18도의 강추위를
기록했다. 남부지방에는 한파에 대응하는 설비가 갖춰져 있지 않았기
때문에 발전소들이 작동을 멈췄고, 400만 가구 이상이 암흑 속에서
추위에 벌벌 떨어야 했다. 상가도, 학교도, 병원도 모두 속절없이 문을
닫았다. 경제적 피해가 1조 원에 달한 것으로 추정되는 재난이었다.

위 그림 자료는 극소용돌이의 남하에 따른 북극한파 현상을 보여준
다. 왼쪽 그림은 제트기류가 극소용돌이를 안정적으로 막아놓은 모습
이고, 오른쪽 그림은 제트기류가 약해져 극소용돌이가 북반구 곳곳으
로 내려와 북극한파를 일으키는 상황을 보여준다. 동일한 현상이 남
반구에도 발생하지만 남극한파가 영향을 미치는 대륙의 면적이 제한
적이기 때문에 보통 대규모 재난으로 확대되지는 않는다.

이 북극한파는 21세기에 들어서, 특히 2010년대부터 빈도가 높아진 것으로 알려져 있다. 아시아, 북아메리카, 유럽은 모두 북극한파의 공격을 받을 수 있다. 예를 들어 2012년에는 우크라이나, 그리고 2014년에는 미국 동북부에서 기록적인 한파가 몰아쳤다. 동아시아와 우리나라도 북극한파로부터 안전하지 않다. 2016년 1월, 북극한파가 강하해 동아시아 전역을 꽁꽁 얼렸다. 중국 내몽골자치구는 영하 49도를 기록했고, 백두산 기슭의 삼지연은 영하 37도를 밑돌았다. 서울은 영하 18도로 21세기에 들어 최저온도를 보였다. 대만의 타이베이가 영상 2도, 홍콩이 영상 3도를 각각 기록했는데, 이 온도는 수십 년 만에 가장 낮은 기온이어서 동사로 인한 사망자가 속출했다. 2021년 12월, 북극한파가 동아시아 지역을 다시 강타했다. 중국 헤이룽장 지역은 영하 48도의 맹추위를 맞았고, 북한의 백두산 부근은 영하 35~40도를 기록했다. 강원도 철원은 영하 25도 아래로 떨어졌고, 경기도에서도 영하 20도 이하를 기록한 지역이 많았다.

지구온도상승은 지구 전체의 기온이 골고루 상승하는 것을 의미하지 않는다. 오히려 지구 곳곳에서 온도가 상이한 수준으로 상승하고, 이것이 예상하지 못했던 지역적 기후 재난을 일으킨다. 이런 기후재난은 북극한파 이외에도 해수 온도의 상승, 초지의 사막화, 거대 산불의 확산, 열대성 저기압의 빈번한 발생 등 다양하다. 그리고 이런 재난이 해수면 상승, 가뭄, 모래먼지 폭풍, 대기오염, 홍수 및 감염병 확산과 같은 다양한 형태로 인간에게 고통을 안긴다.

탄소발자국을
줄이기 위한 노력

기후 위기를 초래하는 가장 중요한 요인은 온실가스다. 그중에서도 이산화탄소의 배출 비중이 가장 크기 때문에, 효과적으로 이산화탄소 배출을 줄이기 위해서 우선 이산화탄소가 어떤 활동을 통해 많이 배출되는지를 알아야 한다.

우리가 만들고 유통하며 소비하는 상품들은 그 모든 과정에서 이산화탄소를 배출한다. 특정 상품이나 특정 활동에서 이산화탄소가 얼마나 배출되는지 총량을 알 수 있다면 유용할 것이라는 생각에서 고안된 개념이 '탄소발자국Carbon Footprint'이다. 2006년에 개발된 이 개념은 무게 단위인 그램, 또는 실제 광합성을 통해 감소시킬 수 있는 이산화탄소의 양을 나무의 수로 환산해 표시한다. 우리나라도 친환경제품의 생산과 소비를 돕는다는 취지로 2009년부터 상품의 생산과 유통 과정에서 발생하는 이산화탄소 배출량을 상품 겉면에 표기하고 있다.

우리는 일상생활에서 얼마나 많은 탄소발자국을 남기고 있을까? 일회용 컵을 1회 사용할 때 발생하는 탄소발자국이 11그램이다. 샤워를 15분간 하면 86그램, 헤어드라이어를 5분간 사용하면 43그램이니, 우리 몸을 깨끗하게 유지하는 데도 적지 않은 이산화탄소가 배출된다. 2시간의 TV 시청이 129그램, 5시간의 노트북 사용도 마찬가지로 129그램의 탄소발자국을 만들어 낸다. 먹을거리를 생산하는 데는 탄소발자국이 더 많이 요구된다. 오렌지주스 250밀리리터를 마시려

탄소발자국 인증 마크.

면 360그램의 탄소발자국이 생기고, 쇠고기 320그램을 먹으려면 무려 4,390그램의 탄소발자국을 남겨야만 한다. 휴대전화를 1년 사용하면 탄소발자국이 얼마나 생길까? 무려 11만 3,000그램이 필요하다. 우리는 하루하루 많은 양의 탄소발자국을 만들고 있는 셈이다. 각자의 탄소발자국 크기가 얼마나 될지 되돌아보는 것이 탄소발자국을 줄이는 출발점이다.

최근 내연기관으로 작동하는 자동차를 급속히 줄여나가겠다는 국가들이 늘어 무척이나 고무적인 신호로 받아들여지고 있다. 노르웨이와 네덜란드는 2025년부터 내연기관차 판매를 금지하기로 했고, 영국과 프랑스는 2030년을 목표 연도로 삼았다. 우리나라도 2035~2040년에 내연기관차를 퇴출하겠다는 목표를 발표했다. 내연기관의 퇴출은 탄소발자국을 줄일 뿐 아니라 대기오염의 또 다른 문제점인 미세먼지를 줄이는 데도 크게 기여할 것이므로 앞으로 세계적인 추세가 될 것임이 확실하다.

탄소발자국과 비슷한 문제의식에 기초해서 만들어진 개념들이 더

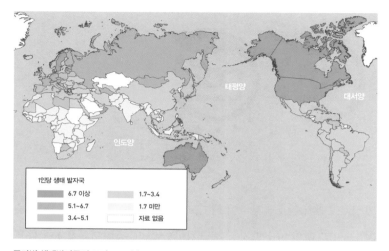

국가별 생태발자국의 크기, 2016년.
자료: Global Footprint Network

있다. 예를 들어 '물발자국Water Footprint'은 어떤 상품을 생산, 사용, 폐
기하는 데 사용되는 물의 양을 측정한 단위다. 이는 세계적으로 부족
한 자원 중 하나인 물의 소중함을 알리는 유용한 개념이다. 300그램
무게의 사과 1개에 해당하는 물발자국이 210리터이고, 돼지고기 1킬
로그램의 물발자국은 4,800리터다.

　'생태발자국Ecological Footprint'이라는 개념도 있다. 사람이 생활하면
서 남긴 생태적 영향을 토지 면적으로 환산한 것이다. 인간이 의식주
와 기타 생활용품을 마련하는 데 필요한 자원의 생산과 폐기에 드는
비용을 계산한 것이다. 면적 기준은 1인당 1.8헥타르이며 이 면적이
넓을수록 환경문제가 심각하다는 뜻이다. 생태발자국은 인간이 환경

에 미치는 영향을 종합적으로 계측한다는 면에서 특징이 있다.

384쪽의 지도는 국가별 생태발자국을 보여준다. 생태발자국은 1인당 소득 수준과 대체로 비례하는 양상을 보이는데, 미국, 캐나다, 오스트레일리아가 대표적으로 1인당 생태발자국이 큰 국가다.

이런 발자국들을 고안한 이유는 간단하다. 사람들에게 경각심을 일깨우고자 하는 것이다. 일상을 살아가면서 우리가 얼마나 많이 환경에 부담을 지우고 있는지 무심히 넘기기 쉽다. 심지어 자신은 매우 친환경적인 삶을 살아가고 있다는 착각을 하면서 살 수도 있다. 각자의 생활을 발자국의 관점에서 냉철하게 돌아본다면 스스로를 환경에 빚지지 않는 존재라고 감히 말할 수 있는 사람이 매우 드물 것이다.

식생활 변화가
지구를 바꾼다

탄소발자국을 줄여야 한다는 생각은 사람들이 받아들이기에 어렵지 않다. 그렇지만 어떻게 탄소발자국을 줄일 것인가에 대해서는 사회적인 합의가 어렵다. 특히 우리의 식생활과 관련해서 인식에 혁명적인 변화가 필요하다는 주장이 최근에 대두하고 있다. 이에 대해 간략히 살펴보기로 하자.

과학자들의 추계에 따르면 우리가 통상 섭취하는 음식물(밥, 고기, 채소, 과일, 술 등)은 가계가 배출하는 온실가스의 10~30퍼센트를 만들어

낸다. 음식의 원재료가 생산되고 포장, 운송되는 과정, 그리고 음식물 쓰레기가 처리되는 과정까지 포함하면 인간이 배출하는 온실가스의 21~37퍼센트가 식생활의 결과라고 계산된다.

고기와 유제품 등의 축산식품이 특히 온실가스와 밀접한 관련이 있다. 닭고기 1킬로그램을 생산하려면 곡물 2~3킬로그램이 있어야 하고, 돼지고기는 곡물이 6~7킬로그램이 있어야 생산할 수 있다. 따라서 식물성 식품과 비교해서 닭고기와 돼지고기를 생산할 때 온실가스가 더 많이 배출된다. 양고기가 이들보다 더 많은 온실가스를 배출하고, 특히 소는 이들보다 훨씬 더 많은 온실가스를 만들어낸다. 쇠고기 1킬로그램을 얻기 위해서는 12~14킬로그램의 곡물이 필요하다. 그뿐 아니라 소와 같이 되새김을 하는 반추동물은 트림과 방귀를 통해 메탄가스를 다량 배출한다. 메탄가스는 온실효과가 이산화탄소보다 최대 80배 큰 것으로 알려져 있다. 또 분뇨에서 나오는 아산화질소는 이산화탄소의 310배에 해당하는 온실효과를 낸다. 현재 세계적으로 사육되는 소가 약 14억 마리이므로, 이들이 배출하는 온실가스가 엄청난 양임을 알 수 있다. 오늘날 지구 농경지 전체의 절반가량이 가축용 작물 재배에 사용되고 있으며, 가축 사육에 들어가는 물의 양도 엄청나게 많다.

인간은 지구상에 출현한 이래 잡식으로 살아왔고, 고기는 인류의 식단에서 중요한 부분을 차지해왔다. 게다가 현대로 오면서 소득 수준이 개선됨에 따라 1인당 육류 소비량은 늘어나는 추세다. 한편으로는 육류 섭취를 줄이거나 아예 거부하는 사람이 늘어나고 있지만 추세를 바꾸기에는 역부족이다. 예를 들어 우리나라에서 1인당 고기 섭취량은 1990년에 30킬로그램 수준이었는데 20년 후에는 56킬로그램으로 크게 증가했다.

만일 지구환경 개선을 위해 가축 사육 방식을 바꾸거나 고기 소비를 줄여야 한다면 현실적으로 어떤 방안이 있을까? 우선 기존의 가축 사육 방식을 유지하면서 사료에만 변화를 주어도 온실가스를 많이 줄일 수 있다는 주장이 있다. 어떤 과학자들은 소의 사료에 해초를 일부 포함하면 소가 내뿜는 메탄가스를 80퍼센트 이상 줄일 수 있다는 연구를 발표했다. 해조류는 저렴하고 지속가능한 방식으로 공급이 가능하며 이산화탄소를 흡수하는 능력이 뛰어나다는 부가적인 장점도 지니고 있다.

육류 소비 자체를 바꿔야 한다는 견해도 많다. 예를 들어 많은 식품 기업들이 대체고기를 개발하는 연구에 박차를 가하고 있다. 첫째로 콩, 버섯, 호박 등 식물성 재료에서 추출한 단백질로 고기로 만드는 것인데, 고기 특유의 질감과 육즙을 모방하는 기술이 빠른 속도로 발전하고 있다. 식물성 고기는 기존 육류보다 토지 사용량을 95퍼센트, 온실가스 배출량을 87퍼센트, 물 소비량을 75퍼센트 감소시킨다는 통계가 있다. 둘째로 식용으로 쓰이는 가축에서 줄기세포를 추출해 배양함으로써 고기를 만들어 낼 수 있다. 이런 고기를 '배양육'이라고 부르는데, 사육한 고기와 성분과 맛이 기본적으로 같아서 고기 애호가들이 선호할 수 있다. 마찬가지 방법으로 인공 달걀도 생산할 수 있다. 셋째로 단백질을 섭취하는 대안적 방법으로 식용곤충에 주목하는 이들도 있다. 곤충이 생태계에 영향을 적게 주면서 양질의 단백질을 제공할 수 있다는 점을 아는 사람이 점차 늘고 있다. 다만 인간이 곤충에 대해 갖고 있는 거부감 탓에 식용으로 개발하는 데 제약이 따르고 있다.

어느 방법이든 대체고기는 친환경적일 뿐 아니라 가축의 도살이라는 문제를 피할 수 있고, 게다가 가축 전염병이나 항생제 오남용과 같은 문제도 피할 수 있다는 장점까지 추가한다. 우리가 현재까지 유지해 온 식단에 변화가 필요하다는 주장은 오늘날 점차 많은 호응을 얻고 있다. 맛있는 고기를 원하는 우리의 입맛을 포기하지 않으면서도 친환경적이고 지속가능한 방법으로 우리의 식생활을 재편할 길을 머지않아 찾을 수 있지 않을까?

탄소를 줄일
재생에너지의 시대

다시 오늘날의 기후 문제로 돌아와보자. 온실가스 문제에 대처하기 위해서는 빠른 속도로 화석연료의 사용을 줄이고 대신 재생에너지의 사용을 늘려야 한다. 우리가 에너지를 사용하는 분야는 크게 전력, 열, 수송으로 나눌 수 있다. 즉 전기를 생산하고 운반하고 사용하는 것, 냉난방 용도로 열을 이용하는 것, 운송 수단이 요구하는 동력원이 되는 것이다. 그런데 세 분야 모두 석유, 석탄 및 천연가스를 주로 사용해왔기 때문에 종합적으로 이런 화석연료를 줄이는 대체 방안을 마련하는

독일 하노버시에 설치된 대규모 태양광 패널.
©AleSpa

것이 현안이라고 봐도 무리가 없다.

현재로서는 햇빛이나 바람을 이용해 전력을 생산하는 기술이 재생에너지를 늘리는 가장 보편적인 기술이다. 조력이나 지열도 기술 개발을 통해 중요한 에너지원이 될 수 있으리라 여겨지지만 아직은 그 비중을 빠르게 높이기 어려운 실정이다. 친환경 에너지원을 사용하는 데 앞장선 국가들은 이미 태양광발전과 풍력발전의 비중을 빠르게 높여 왔다. 독일의 경우 이렇게 발전되는 비중이 전체 에너지 사용의 43퍼센트에 이르고, 덴마크의 경우엔 50퍼센트나 된다.

태양광발전과 풍력발전은 탄소 배출이 거의 없기 때문에 온실효과를 가져오지 않는다는 확실한 장점이 있지만 동시에 단점도 지니고 있다. 햇빛과 바람이라는 자연환경에 의존할 수밖에 없다는 점이 가장 치명적이다. 원하는 시점에 원하는 만큼 전력 생산량을 조절할 수 없다는 의미이기 때문이다. 이는 전력의 생산단가를 높이는 요인이다. 그렇지만 한편으로 태양광발전에 대한 수요가 증가하고, 다른 한편으로 생산이 증가함에 따라 규모의 경제economies of scale가 실현되면서 생산단가도 눈에 띄게 하락하고 있다. 2019년 기준 태양광발전의 정산단가는 1킬로와트아워당 약 94원이었다. 2014년에 약 221원이었던 것과 비교하면 단가가 가파르게 하락되어왔음을 알 수 있다. 유연탄의 정산단가가 1킬로와트시(Kwh)당 약 86원이므로 곧 태양광발전이 더 저렴해질 게 분명해 보인다. 최근의 연구에 따르면 2030년에 우리나라의 태양광 발전 비용은 지금보다 30퍼센트가량 더 저렴해질 것이라고 한다.

요즘에는 수상에 태양광 패널을 설치하는 기술도 발전을 거듭하고 있다. 육지와 달리 부지 확보의 문제가 적고 물이 패널을 식혀주는 효과가 있어 여름철에 유용하다는 장점이 있다. 수상 태양광이 녹조를 유발한다거나 수중 생태계를 오염시킬 것이라는 대중의 우려도 있지만, 충분히 해결할 수 있다는 연구가 속속 나오고 있다.

한편 원자력발전의 경우 정산단가가 1킬로와트시당 약 58원에 불과해 비용 면에서 우위가 있는 것으로 계산된다. 그렇지만 원전의 안전 기준 강화 추세와 방사성 폐기물의 처리 문제, 사고의 위험성 등 부정적인 요인도 함께 고려해야 한다.

풍력도 재생에너지로서 주목을 받고 있다. 특히 최근에는 해상에 풍력발전 단지를 조성하는 국가들이 늘고 있다. 2019년 기준으로 전 세계 해상풍력발전 설치 용량이 29기가와트인데 2030년이 되면 234

기가와트로 7배가량 늘어날 것으로 예측된다. 우리나라도 이런 추세에 발맞추어 야심 찬 계획을 구체화하고 있다. 최근 정부는 전라남도 해안에 원자력발전소 8기에 해당하는 8.2기가와트 규모의 해상풍력단지를 세우겠다고 발표했다. 지금까지 세계에서 가장 큰 해상풍력발전 단지는 영국에 위치하고 있는데, 우리나라에서 계획 중인 해상풍력발전 단지는 이를 크게 능가하는 규모다.

생물의 다양성을
지키는 방법

마지막으로 생태계의 변화에 주목해보자. 인간의 활동은 다양한 경로를 통해 생태계에 영향을 미쳐 왔다. 신석기혁명으로 목축이 본격적으로 이루어졌는데 이것이 지구상에 가축의 개체를 엄청나게 늘리는 효과를 낳았다. 세계에 존재하는 특정 생물을 정해 그들의 몸무게를 다 합친 것을 생물량biomass이라고 한다. 이를 기준으로 오늘날 동물의 상황을 살펴보면 흥미로운 사실을 알 수 있다. 사람과 가축을 합한 생물량은 1억 6,000만 톤이다. 육상과 해양의 야생 포유류를 다 합쳐도 700만 톤에 불과하니 지구는 인간과 가축에 의해 점령당한 상태라고 봐도 무방하다. 조류도 마찬가지여서 야생조류가 200만 톤인데 가금류(주로 닭)는 500만 톤에 이른다.

  학자들이 신석기시대 이전, 즉 인간의 손길이 자연에 거의 미치지 않은 시점과 현재를 비교해놓은 통계를 좀 더 들여다보자. 전체 포유류의 생물량은 이 기간에 4,000만 톤에서 1억 6,700만 톤으로 증가했다. 그중 육상의 야생 포유류는 생물량이 2,000만 톤에서 300만 톤으로 줄었고, 해양의 야생 포유류는 2,000만 톤에서 400만 톤으로 줄었다. 따라서 인간과 가축을 합한 생물량이 현재 1억 6,000만 톤에 이르고 그중 인간이 6,000만 톤이나 된다. 가히 사람과 가축의 전성시대라고 부를 만하다.

인간이 기술을 발달시키고 생산을 늘리면서, 교통수단을 발달시키고 공간의 이동성을 높이면서, 생태계에 미치는 영향도 더욱 확대되었다. 예를 들어 특정 작물만을 집중적으로 재배하는 단작monoculture의 관행을 도입하거나 외국에서 새로운 동물을 애완용으로 들여오거나 경제적인 이익을 위해 외국의 동식물을 반입하는 행위는 모두 국내 생태계에 중대한 변화를 일으킨다. 그뿐 아니라 인간이 거주지와 상업 용지를 개발하는 과정, 경지를 확장하는 과정, 에너지원을 생산하는 과정, 교통수단을 사용하는 과정, 생물자원을 얻는 과정, 새로운 질병이 퍼지는 과정, 환경이 오염되는 과정, 기후변화가 발생하는 과정 등 수많은 과정에서 생태계는 치명적인 타격을 입을 수 있다. 특히 생물의 종이 점차 줄어드는 현상은 각별한 주의가 필요하다.

오늘날 생물다양성biodiversity이 줄어드는 문제는 인류가 대처해야 할 심각한 문제 가운데 하나로 꼽힌다. 생물다양성을 확보하면 지구 생태계를 풍부하게 유지할 수 있다. 인간이 얻을 수 있는 현실적 이익을 중심으로 보더라도, 생물다양성의 확보는 인간의 미래 생존과 복

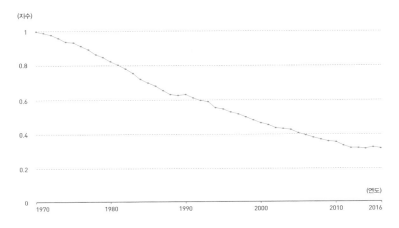

(지수)

1

0.8

0.6

0.4

0.2

0

1970   1980   1990   2000   2010   2016

(연도)

살아 있는 지구 지수, 1970~2016년.
자료: 세계자연보호기금(WWF)과 런던동물학회(ZSL)

리에 결정적인 수단이 된다. 중요한 식량원이나 사료로 개발될 가능성이 있을 뿐 아니라 수많은 의약품과 화학물질의 원료로서 무한한 잠재력을 가지고 있기 때문이다.

역사 속에는 인간이 무분별하게 남획해 멸종되어버린 동물이 수없이 많다. 그리고 지금 이 순간 지구상에서 멸종 위기에 처한 동물이 전체 동물종의 25퍼센트에 이른다. 위 그래프는 지구상의 생물다양성이 최근 들어 얼마나 축소되었는지를 보여준다. 척추동물의 개체수를 중심으로 생물다양성을 측정하는 지표로 '살아 있는 지구 지수Living Planet Index'가 있다. 그래프는 1970년 척추동물 4천여 종을 기준으로 1970~2016년 기간의 시기별 생물종의 멸종 추이를 보여준다. 이 지수가 지속적으로 하락한 것을 쉽게 확인할 수 있는데, 2010년대에 하락세가 주춤했다는 사실이 일말의 위안을 준다.

　미래에 생물다양성의 추세는 어떻게 될까? 2050년까지 현재 존재하는 생물종 가운데 30퍼센트가 멸종할 것이라는 과학자들의 예측이 있다. 매년 14만 종이 사라진다는 분석도 있다. 이런 위기감을 배경으로 국제 사회는 생물다양성 문제에 공동 대응하자는 인식을 키워왔다. 1992년에 조인되고 1993년에 발효된 생물다양성협약Convention on Biological Diversity은 이런 노력이 맺은 결실이었다. 우리나라도 1994년 이 조약에 가입함으로써 국제적 공조 활동에서 일익을 담당하게 되었다. 생물다양성협약에 가입한 나라는 생물다양성을 보전할 의무와 가입국 간에 협력 의무가 있다. 구체적으로 보면 생물다양성 유지에 필요한 국가 정책을 수립하고 관련 조사를 실행하며 생물의 국가 간 안전한 이동과 관리에 힘써야 한다.

　생물다양성 보존을 위한 인간의 노력은 아직 추세를 반전시킬 만한 수준과는 거리가 멀다. 생물다양성 문제를 좀 더 심각한 화제로 받아들이고, 생물다양성의 확보가 인류의 미래에 꼭 필요하다는 인식이 절실히 필요하다.

13

한순간
마비되는
초연결성 사회

: 디지털 사고

◆
◆

체르노빌은 내가 시작한
개방정책보다 소련이 붕괴하는 데
더 중요한 원인이었을 것이다.

–

미하일 고르바초프 Mikhail Gorbachev

2003년 뉴욕을 멈춘
정전 사태

2003년 8월 14일 오후 4시 10분, 세계 경제의 심장부인 뉴욕에서 갑자기 정전blackout 사태가 발생했다. 사실 이 정전 사태는 미국 북동부와 중서부, 캐나다 온타리오주에 이르는 드넓은 지역에서 거의 동시에 발생한 재해였다. 오후 일과를 마무리하고 있던 직장인, 학생, 주부들은 갑자기 실내가 칠흑같이 어두워지자 당황했다. 업무용 컴퓨터는 화면이 까맣게 변했고, 교실 내부는 얼굴을 분간할 수 없게 어두워졌으며, 집 안의 가전제품들이 작동을 멈췄다. 어찌할 바를 모르던 사람들은 정신을 차리고 사태를 수습하고자 했다. 그러나 갑자기 발생한 상황에 대처하기가 쉽지 않았다. 이 사고의 출발점은 미국 에너지회사의 경고 시스템 결함에 있었다. 소프트웨어 버그로 인해 제어실이 제 기능을 유지하지 못했고, 그 결과 송전선에 과부하가 발생해 정전이 시작되었다. 여러 지역에서 순차적으로 정전이 발생했고, 이런 지역은 빠른 속도로 확대되었다.

정전이 지속된 시간은 아주 길다고 말하기 어려운 수준이었다. 일부 지역에서는 2시간 만에 전기가 복구되었으며, 대부분의 지역에서 자정 이전에 전기가 다시 들어왔다. 그러나 이 길지 않은 시간 동안 사람들은 평소와는 전혀 다른 경험을 해야만 했다. 우선 정전이 되자 사람들이 자연스럽게 전화기를 들기 시작했다. 갑자기 전화 통화량이 급증하자 전화선이 감당할 수 있는 수준을 금방 넘어섰다. 전화는 곧 먹통이 되었고, 통신망에서 단절된 사람들은 당황했다. 무선전화도 마찬가지였다. 사용자가 갑자기 몰리자 무선 전화망이 과부하 상태에 빠졌고, 휴대전화는 한동안 작동을 멈췄다. 이어서 몇몇 도시에서는 수도 시스템도 문제를 일으켰다. 수압이 낮아져 물 공급에 차질이 생긴 것이다. 이에 따라 사람들에게 받아놓은 물을 끓여 마시라는 정부의 경고가 전해졌다. 그나마 텔레비전과 라디오는 대부분 빠르게 정상 상태를 회복했다. 그러나 일부 방송국에서는 정전으로 몇 시간 동안 프로그램을 제대로 송출하지 못했다.

정전이 발생한 날은 무더운 여름이어서 섭씨 30도가 넘는 지역이 많았다. 따라서 냉방에 대한 수요가 높았고 이것이 사태 초기에 정전이 확대된 한 가지 원인이었다. 상황은 계속 악화되었다. 시원한 음료

정전으로 인해 대중교통이 끊겨 걸어서 퇴근하는 뉴욕 시민들, 2003년.
ⓒGlitch010101

나 아이스크림으로 더위를 달래면 좋으련만 정전 탓에 냉장고와 냉동
고가 기능을 잃었다. 더 큰 문제는 집으로 돌아가는 일이었다. 지하철
과 전차가 작동을 멈추자 택시와 버스로 사람들이 몰렸고, 한정된 택
시와 버스는 모든 승객을 감당할 재간이 없었다. 결국 많은 승객이 보
행자가 되기로 마음먹었다. 위 사진에서 볼 수 있듯이 수많은 사람이
집까지 걸어서 가야만 했다. 물론 집에 도착해도 에어컨이나 선풍기
를 틀 수 없었다. 참으로 고단한 하루였다.

시스템재난의
전형적인 사례, 정전

2003년의 뉴욕 정전 사태는 우리에게 시스템재난이 어떤 것인지를 알려주는 좋은 사례다. 컴퓨터의 버그로 인한 기술적인 문제가 전력 조정의 문제로 이어졌고, 결국 광범위한 지역에서 정전 사태를 일으켰다. 무더위를 피하려고 냉방장치를 작동시키면 이것이 전력 수요를 늘려 정전을 더 키웠다. 전화 통화의 급증으로 통신망에도 장애가 발생했고 수도 공급에도 차질이 생겼다. 교통수단도 상당수가 멈췄고, 가전제품들은 대부분 사용할 수 없는 상태가 되어버렸다. 모든 것이 시스템화되어 있는 현대사회에서는 이렇듯 시스템 일부에서 발생한 작은 문제가 엄청난 사회적 재난으로 확대될 수 있다.

정전 사태는 시스템재난의 전형적인 사례다. 전기는 인간의 삶에서 매우 중요한 위치를 차지하고 있다. 인간이 개발한 시스템 가운데 역사가 긴 편이고, 기업에서 개인까지 거의 모든 조직과 사람이 이용하며, 전 세계적으로 광범위하게 사용되고 있기 때문이다. 예고 없이 발생하는 정전, 넓은 영역에 걸쳐 발생하는 정전, 장기간 이어지는 정전은 모두 우리에게 큰 불편을 안기고, 나아가 상당한 피해를 남긴다.

역사적으로 가장 많은 사람에게 영향을 준 정전 사태는 인도에서 발생했다. 인도는 미국과 중국에 이어 세계에서 세 번째로 전기를 많이 생산하고 소비하는 국가지만 전력을 공급하는 인프라는 충분히 갖추지 못했다. 2012년 인도의 북부와 동부에서 정전이 일어나면서 무

2012년 허리케인으로 인해 뉴욕의 절반이 정전되었다.
ⓒDavid Shankbone

려 6억 2,000만 명이나 되는 사람들이 힘든 시간을 맞아야 했다. 이는 인도 인구의 절반에 해당하는 엄청난 규모였다. 이 사고가 발생하기 이전 세계 최대의 정전 사태라는 오명도 인도에서 기록되었다. 2001년 인도 북부 지방의 정전으로 2억 3,000만 명이 피해를 입었다. 그밖에도 2014년 방글라데시, 2015년 파키스탄, 2005년과 2019년 인도네시아 등에서 1억 명 이상이 정전으로 피해를 입은 사태가 발생했다. 모두 인구가 많고 경제 발전이 늦어 인프라가 부족한 국가들이었다.

복구가 늦어 정전 사태가 몇 년씩 지속된 사례도 있다. 대표적으로 2013년 필리핀, 2017년 푸에르토리코, 2019년 베네수엘라의 정전을 꼽을 수 있다. 필리핀과 푸에르토리코의 정전 사태는 슈퍼 태풍과 초대형 허리케인에 의해 발생한 것이고, 베네수엘라의 사례는 심각한 경제 위기 속에서 지속된 것이었다.

그러나 경제구조가 고도화되고 국민소득이 높은 국가라고 해서 정전으로부터 자유로운 것은 아니다. 대표적으로 미국의 역사가 이를 잘 보여준다. 지난 50년으로 기간을 한정해서 간략히 살펴보자.

먼저 1977년 뉴욕에서 낙뢰로 인해 정전이 발생했다. 이때 사람들이 상점을 약탈하는 사태가 벌어졌고 총 4,500명이 경찰에게 체포되었다. 1982년에는 서부 해안지대에서 강풍으로 정전이 발생했다. 총 200만 호의 가구와 상점이 피해를 입었다. 1996년에 발생한 정전 사태는 북서부 지역을 어둠 속에 빠뜨렸다. 여름철 전기 수요 급증으로 인해 정전이 발생했는데 400만 명이 불편함을 겪었다. 2003년의 사례는 앞에서 살펴보았고, 2012년에는 허리케인으로 인한 정전 때문에 뉴욕에서 플로리다에 이르는 광범위한 지역이 타격을 입었다.

이렇듯 미국의 정전 역사를 보면 선진국으로 구분되는 나라들도 정전 재해로부터 자유롭지 않다는 점을 알 수 있다. 사실 세계 어느 나라도 충분히 안전한 전력망을 보유하고 있다고 말하기 어렵다. 오늘날에도 지구상의 모든 사람은 정전의 위험을 안고서 살아가고 있는 것이다.

연결 매체의
원활한 작동 조건

지금까지 살펴본 정전 사태를 염두에 두고 우리가 살아가는 세상을 다시 둘러보자. 우리의 생활은 다양한 경로로 다른 사람들 또는 여러 기관들과 연결되어 있다. 대중교통과 개인 차량, 철도와 선박과 비행기를 통해 원하는 곳으로 이동한다. 교통수단보다 더 빠르게 연결해주는 매체는 통신이다. 전통적인 전화선과 전신선 이외에 오늘날에는 인터넷과 무선통신을 통해 소식이 전달되고 결제가 이루어지며 주식 투자가 행해진다. 그뿐 아니라 수도관과 가스관이 각 가정까지 실핏줄처럼 연결되어 있다. 자동차마다 달린 내비게이터는 GPS 기기를 통해 지리 정보를 운전자에게 전달해준다. 이와 같은 물리적인 연결 매체 이외에도 다양한 수단이 우리의 생활을 통제한다. 신용카드, 교통카드, SNS, 배달 앱 등 수많은 네트워크가 우리를 촘촘히 동여매고 있다. 사람 – 사람, 사람 – 사물, 사물 – 사물 등 세상의 모든 존재가 서로 긴밀하게 이어져 상호작용하는 초연결사회의 문턱을 우리는 넘어서고 있다.

한 가지 사례를 살펴보자. 2020년 12월 14일, 우리나라 시간으로 밤 9시를 전후해서 약 40분간 구글Google의 서비스가 중단되었다. 이메일 서비스인 지메일Gmail, 문서 공유 서비스인 구글독스Google Docs, 클라우드 서비스인 구글클라우드Google Cloud와 원격수업에 널리 쓰이는 구글미트Google Meet, 동영상 서비스인 유튜브You Tube 등이 한꺼번에 멈췄다. 중단 사태는 겨우 40분에 불과했지만 그동안 엄청나게 많은 사람들이 불편을 겪었다. 특히 서비스 중단 사태를 낮 시간에 맞은 국가들에서는 문제가 꽤 심각했다. 긴급한 회사 업무가 갑자기 중단되었고, 수많은 학교에서 비대면 수업 진행에 차질이 빚어졌으며, 개인의 활동에도 많은 제약이 발생했다. 단 하나의 인터넷 서비스 회사에서 발생한 단기간의 장애가 전 세계 사람들에게 막대한 영향을 주었던 것이다.

이렇듯 기술이 발전하면서 점차 많은 연결 매체가 중층적으로 경제주체들을 긴밀하게 연결 짓고 있다. 그리고 각 연결 매체가 안정적으로 기능하려면 다른 연결 매체가 원활히 작동해야만 한다. 이렇게 상호 의존적인 여러 부분이 유기적으로 엮여 시스템을 구성한다. 만일 시스템의 어느 한 부분에서 문제가 발생하면 피해는 짧은 시간 안에 걷잡을 수 없이 확산된다. 이것이 현대사회의 본질이다. 현대인들은 의식적이건 무의식적이건 이런 잠재적 위험성을 항상 끌어안고서 살아간다.

현대사회에서 사람들은 과학기술의 진보를 믿기보다 과학기술이 초래할 불확실성을 걱정하는 상황에 놓인다. 사회학자 울리히 벡Ulich Beck이 자신의 저서 《위험사회Risk Society》를 통해 놀라운 통찰력으로 지적한 바로 그 상황이다. 그는 경제 발전에 뒤진 후진국만이 아니라 선진국의 발달한 산업사회도 상시적인 위험에 노출된다는 점을 강조하고 성찰의 필요성을 역설했다.

후쿠시마 원전 사고와
방사능 유출

시스템재난의 양상을 보여주는 현대의 사례 가운데 하나가 2011년 일본 후쿠시마에서 발생한 사태다. 3월 13일, 후쿠시마 앞바다에서 규모 9.0에 이르는 초대형 지진이 발생했다. 이 충격으로 해저가 무려 9미터가량 수직으로 이동했다. 그리고 해저의 수직 이동은 해안 지역에서 높이가 최대 40미터에 달하는 엄청난 쓰나미를 발생시켰다. 일본은 해안선의 43퍼센트에 해당하는 1만 2,500킬로미터에 6미터 높이의 방파제를 쌓아두고 있었는데, 이는 규모 8 수준의 지진이 일으킬 쓰나미를 막아낼 수 있도록 계획된 것이었다. 그런데 이번 쓰나미의 파고는 이 기준치를 넘어서는, 통상적으로 발생을 예상하기 어려운 수준이었다. 방파제를 넘어선 파도는 도로, 주택, 차량을 모두 파괴하고 잔해를 내륙 10킬로미터 밖 지역까지 끌고 갈 정도였다. 지진과 쓰나미로 인해 1만 6,000명이 사망했는데, 대다수는 쓰나미로 인해 목숨을 잃었다.

더욱 장기적 파급력을 지닌 재난은 원자력발전소에서 발생했다. 이 발전소도 해일에 대비해 6미터 높이의 방파제를 갖추고 있었다. 이를 넘어 범람한 해수는 비상용 디젤발전기와 순환펌프를 침수시켰고 이에 따라 냉각시스템이 작동 불능 상태가 되었다. 이 재난의 경우에도 결국에는 전력선이 단절됨으로써 결정적인 문제가 발생한 것이었다.

결국 노심이 과열되어 핵연료가 녹아내리는 치명적인 사고로 이어졌다. 격납건물에서 수소 폭발이 발생해 세슘과 같은 방사성 물질이 대기 중으로 다량 배출되었고 냉각수가 오염되어 방사성 물질이 바다로 흘러들었다. 폭발 이후 반경 20킬로미터 이내에 거주하던 사람들은 모두 강제로 이주할 것을 명령받았고, 이에 따라 20만 명이나 되는 주민들이 경계 바깥으로 거주지를 옮겨야 했다.

아직도 발전소는 방사성 물질을 계속 유출하고 있다. 그리고 엄청난 양으로 불어난 오염수를 더 이상 보관하지 않고 바다로 방류하려는 계획도 구체화하고 있다. 일본 정부는 삼중수소를 제외한 대부분의 방사성 물질을 제거한 채로 방류할 것이며 삼중수소는 빠르게 희석되어 인체에 침투해도 금방 빠져나가게 된다고 주장한다. 그러나 일본 정부의 설명이 방사성 물질의 위해를 지나치게 낮게 평가한 것이라고 주장하는 전문가도 많아서 세계인의 우려를 자아내고 있다.

컴퓨터와 인터넷이
바꿔놓은 세계

시스템 재해를 이야기하면서 빼놓을 수 없는 것이 컴퓨터와 인터넷이다. 이들이야말로 세상의 사물을 촘촘하게 이은 거미줄이었다. 20세기 중반을 기점으로 인류는 과거에 경험하지 못했던 새로운 시대를 맞이했다. 바로 '지식기반사회 Knowledge-based Society'가 등장한 것이다. 정보통신기술이 급속하게 발달하면서 기존의 산업 생태계에 근본적

애플 사가 판매한 초기 개인용 컴퓨터.
ⓒEd Uthman

인 변화를 요구하게 되었다. 우선 개인용 컴퓨터가 널리 보급되었고, 인터넷이 개인용 컴퓨터 및 서버를 연결하게 되어 정보의 이동 속도와 비용에 극적인 변화를 가져왔다. 이에 따라 기업과 산업의 구조는 본질적인 변화를 맞게 되었다. 이른바 '정보화혁명'의 시대, 또는 '3차 산업혁명'의 시대가 도래했다. 미래학자 앨빈 토플러Alvin Toffler가 '제3의 물결The Third Wave'이라고 명명한 새 시대가 개막한 것이다.

이와 같은 변화는 1970년대부터 본격화되었다. 1976년 스티브 잡스Steve Jobs가 세계 최초로 개인용 컴퓨터를 조립했고, 이듬해 애플 사Apple를 설립함으로써 개인용 컴퓨터의 시대가 열렸다. 1980년대에 들어서는 아이비엠IBM이 개인용 컴퓨터의 성능을 크게 향상시켜 업무처리 능력을 괄목할 만하게 개선했다. 인터넷의 발달은 1989년 월

드와이드웹www의 기본 안이 마련되면서 시작되었다. 이후 이 기본
안이 공개되어 누구나 인터넷을 사용할 수 있는 길이 열렸다.

한편, 통신 인프라도 눈에 띄게 개선되었다. 새로 개발된 광섬유가
기존의 전화선을 대체하면서 통신 속도가 비약적으로 증가했다. 또한
지구 궤도를 도는 통신위성이 정보의 전송 능력에 획기적인 향상을
가져왔다. 이런 기술 진보를 기반으로 산업계에서 경제적 효율성을
높이려는 노력이 적극적으로 이루어졌다. 특히 1980년대 미국은 국
가 주도로 이 분야의 발달을 이끌었다. 미국방부가 전산화된 병참 지
원 시스템을 개발했는데 이 시스템이 뛰어난 효율성을 보였다. 이를
눈여겨본 민간 기업들이 이를 재빨리 받아들여 기업운영에 응용했다.
그 결과 제품의 기획, 생산관리, 물류관리 등 여러 분야에서 눈부신 혁
신을 거두었다.

컴퓨터와 인터넷을 전면적으로 활용하는 정보화시대에는 과거에
기업이 폐쇄적으로 수집하고 관리해온 정보는 그 가치가 지속적으로
하락했다. 반면에 새로운 정보를 찾고 획득하는 비용은 꾸준히 낮아
졌다. 이제는 정보와 지식이 개인, 기업, 국가 모두에게 성장과 번영의
원천으로 인식되고 있다. 내가 원하는 정보는 누가, 어디에서 만든 것
이든 상관없이 쉽게 찾아낼 수 있고, 또한 새로운 아이디어만 있으면
이를 상용화해줄 용의가 있는 금융기관과 생산자와 판매처를 세계 어
디에서든 찾아낼 수 있다. 물론 원천 지식과 정보의 가치는 더욱 커진
다. 바야흐로 지식과 정보가 부를 창출하는 가장 중요한 원천인 시대
가 도래한 것이다.

컴퓨터 오작동이
가져온 혼란

그런데 정보통신기술의 발달이 긍정적인 변화만을 가져온 게 아니었다. 과거에 생각하지 못했던 부작용도 발생했는데, 이 가운데 일부는 재해의 가능성으로도 연결되었다. 전 세계 사람들을 불안과 공포로 몰아넣었던 사례가 '밀레니엄 버그'라고도 불린 'Y2K'였다. '2000년'을 의미하는 이 용어는 구체적으로 컴퓨터 오작동의 위험을 지칭한다. 1999년 12월 31일에서 2000년 1월 1일로 넘어가는 순간 컴퓨터의 오작동으로 사회적 대혼란이 발생할 것이라는 경고가 1999년 말에 사람들을 두려움에 떨게 했다. 컴퓨터들이 대부분 연도 끝의 두 자릿수만 인식하게 되어 있었기 때문에 2000년을 '00'으로 인식해 1900년과 혼동을 일으키리라는 우려였다. 다행히 우려했던 상황이 발생하지는 않아 세계인이 안도의 한숨을 쉴 수 있었다. 하지만 이 사태는 컴퓨터에 크게 의존하는 사회 시스템이 어떤 가공할 재해에 놓일 수 있는지를 사람들에게 각인시킨 중요한 계기였다.

통신 네트워크로 기업과 개인이 모두 연결된 사회에서 통신 시설의 사고는 수많은 사람에게 심각한 피해를 안길 수 있다. 2018년 서울에서 발생한 KT의 통신구 화재는 불과 79미터의 통신구를 소실시켰지만, 그 피해는 실로 엄청났다. 휴대전화와 인터넷이 불통이 되면서 개인 통신이 막힌 것은 물론이고, 수많은 상인이 결제망 마비로 인해 손님을 받을 수 없었다. 어떤 병원은 환자에 대한 정보를 처리할 수 없어

Y2K의 위협을 경고하는 설명 자료.
©Robert Hunt

서 응급실을 운영하지 못하기도 했다. 피해를 입은 사람과 피해 범위를 구체적으로 확정하는 일조차 어려울 정도로 피해가 광범위하게 일어난 사례였다. 이 재해를 계기로 통신보호체제를 강화하고 피해보상 시스템을 구축해야 한다는 사회의 요구가 들끓을 정도였다.

시스템재난의 대부분은 예기치 않은 사고로 인해 발생하는 불상사다. 그렇지만 어떤 시스템 재해는 특정한 사람들이 의도적으로 준비하고 고의로 발생시키는 사고다. 해킹hacking은 정보화시대에 심각한 재해를 낳을 수 있는 요소로 부각되고 있다. 해킹은 타인이나 특정 기관의 컴퓨터 시스템에 몰래 접속해 자료를 빼가거나 파괴하는 행위인데, 이것이 초래할 수 있는 피해는 상상을 초월한다. 금융기관의 컴퓨터 시스템에 몰래 들어간 해커가 막대한 금액을 해외 비밀계좌로 이

전시키고 잠적하는 상황을 가정해보자. 원자력발전소의 컴퓨터망에 침투한 해커가 안전을 위협하는 명령을 내린다고 생각해보자. 또는 무기 운용 체제를 담당하는 컴퓨터를 해커가 원격 조정해 대량 살상을 낳는 공격 명령을 내리는 상황을 그려보자. 이런 사태는 원천적으로 불가능한 게 아니다. 해킹 기술은 나날이 고도화되고 있으며 심지어 일부 국가에서는 안보 차원에서 해커를 양성하고 지원한다는 의혹도 새삼스러운 게 아니다.

피싱phishing은 정보화시대에 발생한 새로운 범죄다. 이메일이나 SNS로 발신자를 사칭해 수신자의 개인정보를 빼내는 피싱은 인터넷과 스마트폰으로 금융 활동을 할 수 있는 환경에서 막대한 피해를 일으킨다. 최근 사이버범죄 중 가장 빈번하게 발생하는 유형이기도 하다. 2020년에는 전 세계의 약 75퍼센트에 해당하는 기관이 피싱 공격의 대상이 되었다는 통계가 있다. 그만큼 피싱은 잠재적으로 위험하다.

랜섬웨어ransomware도 중요한 위협 요소로 대두하고 있다. 랜섬웨어는 몸값을 의미하는 '랜섬ransom'과 '소프트웨어software'의 합성어다. 랜섬웨어는 타인의 컴퓨터 시스템에 침투해 시스템을 잠가버리거나 데이터를 암호화함으로써 사용할 수 없게 만든 후 이를 인질 삼아 금전을 요구하는 악성 프로그램이다. 피해자가 컴퓨터 파일의 복구를 원한다면 금전을 보내라고 협박하는 방식인데, 물론 돈을 지불한다고 해서 실제로 파일이 복구되리라고 순진하게 기대해서는 곤란하다. 가해자가 이런 '선처'를 해주리라는 보장은 전혀 없다. 최근에는 비트코

인과 같은 암호화폐로 몸값을 송금하도록 요구하는 등 랜섬웨어도 진화를 거듭하고 있다.

노동자를 위험에 빠뜨리는 경제구조

지금까지 우리는 시스템재난이라는 개념을 토대로 다양한 종류의 사고를 살펴봤다. 주로 전력망이나 인터넷망과 같은 기술적 시스템이 논의의 초점이었다. 그런데 노동시장의 고용 시스템도 재해와 관련이 깊다는 점에 대해서는 사람들의 인식이 충분하지 않다. 예를 들어 모든 노동자가 정규직으로 고용되는 시스템과 노동자가 다양한 기준에 따라 구분되고 다층적 하도급 계약으로 연결되어 있는 시스템은 재해에 대한 함의가 너무나도 다르다. 기술적 시스템과 별도로 사회적 시스템에 대해 고민이 필요한 이유다.

산업재해는 업무 자체에 내재한 위험도만으로 결정되지 않는다. 어떤 사회집단에 속해 있느냐에 따라 산업재해에 대한 지식 수준이 다르고, 산업재해를 바라보는 태도가 다르다. 또한 산업재해에 대응할 재정 여력이 다르고, 산업재해에 영향을 미치는 생활 습관이 다르다. 동일한 업종에서 일하는 노동자라고 해도 숙련 노동자, 반숙련 노동자, 미숙련 노동자에게 산업재해는 여러 측면에서 매우 상이하게 나타난다. 그러므로 사회집단에 대한 논의를 제외한 채 진행하는 산업

독일 스톨젠바흐 기념관에
설치된 광산노동자를 기리
는 조형물.
ⓒAxel Hindemith

재해 논의는 중대한 결점을 지닐 수밖에 없다.

특히 노동집단에 따라 산업재해를 당할 위험에 큰 차이가 있다는 사실에 주목해야 한다. 우선 국가별로 산업재해 위험도에 차이가 있다. 비교연구에 따르면, 파키스탄의 공장 노동자는 프랑스의 공장 노동자보다 작업 중 재해로 사망할 위험이 8배나 크다. 케냐의 운송 노동자는 덴마크의 운송 노동자와 비교할 때 사망률이 10배나 높다. 과테말라의 건설 노동자는 스위스의 건설 노동자보다 업무상 사망 확률이 6배나 된다. 선진국이냐 후진국이냐에 따라 산업재해의 빈도와 강도가 두드러지게 차이가 나는 것이다. 기업 규모별로 보자면, 규모가 큰 기업일수록 재해로부터 안전성이 높다. 일반적으로 200명 이상의 노동자를 고용하는 기업에서 발생하는 사망 내지 위중한 사고가 50명 이하의 노동자를 고용하는 기업과 비교할 때 대략 절반 수준인 것으로 나타난다.

산업재해 발생에서 선진국 – 후진국 차이, 기업 규모에 따른 차이 이외에도 재해 위험도에 두드러지게 취약한 노동집단들이 있다. 첫 번째로는 여성 노동자를 들 수 있다. 정도의 차이는 있지만, 어느 국가에서건 재해 방지를 위한 사회적 자원이 남성이 주로 고용되는 직종에 집중적으로 투자되는 경향이 강하다. 안전 표준을 제정할 때에도 남성 노동자를 기준으로 삼아왔다. 또한 장비와 시설도 남성 노동자의 체형과 몸집을 기준으로 설치되는 경우가 많은 게 현실이다. 두 번째는 가내 노동자를 들 수 있다. 공장 노동자는 기업과 정부의 감독과 통제가 적용되지만 가내 노동에 종사하는 사람은 안전 규제에서 배제되는 사례가 많다.

세 번째로 파트타임 노동자도 재해에 취약하다. 이들은 풀타임 노동자와 달리 업무상 위험에 대해 개선을 요구하기 어려운 위치에 있다. 네 번째는 계약 노동자다. 주로 임시 노동자가 이에 해당되는데, 이들의 사고율은 통상 정규 노동자의 2배 수준이라고 알려져 있다. 하도급 노동자는 특히 업무상 재해에 취약하다. 그 가운데에서도 운전기사가 특히 사고에 취약하다는 자료가 있다. 세계적으로 발생하는 도로 사고의 15~20퍼센트는 업무상 사고인데, 이런 사망 중에서 상당수는 산업재해로 처리되는 게 아니라 단순 교통사고로 취급된다.

다섯 번째로 이주 노동자를 들 수 있다. 유럽의 통계에 따르면 이주 노동자의 업무상 사고율이 본국의 노동자에 비해 2배에 달한다. 여기에는 많은 요인이 작용한다. 언어적 장벽, 생소한 기술의 사용, 가족의 해체, 보건 접근성의 제약, 스트레스와 폭력 등이 이에 포함된다. 여섯

오토바이로 소포를 배달하는 우편집배원. 배달에 종사하는 노동자는 날로 증가하고 있다.
ⓒRoadgo

번째로 비공식 부문이 재해에 취약하다. 이 집단의 노동자에 대해서는 정부가 정확한 통계를 수집하기 어렵고, 조사관이 적절하게 감독하기도 어렵다. 일곱 번째는 아동 노동자다. 아동 노동을 법으로 금지하는 국가가 많지만 아직도 세계적으로 많은 아이가 강제적 또는 반강제적으로 노동에 종사하고 있다. 고령 노동자도 차별화된 관행으로 고통을 받는 사례가 다반사다.

　마지막으로, 최근에는 플랫폼 노동자라는 신규 집단의 재해가 새로운 현상으로 부각되고 있다. 대리운전, 배달 대행, 우버 택시 등이 대표적으로 이런 업종에 해당한다. 플랫폼 노동자는 사용자에게 종속된 노동자가 아니라 자영업자로 취급되곤 하기 때문에 노동자로서 처우개선을 요구하기 곤란하다. 산업재해에 취약한 집단의 규모는 아직도 매우 크며, 안타깝게도 나라에 따라서는 규모가 점점 더 커지는 추세다.

해결책 없는
'위험의 외주화'

산업재해의 위험은 모든 노동자에게 동일한 수준으로 존재하지 않는다. 앞에서 지적한 것처럼 정규직 노동자, 남성 노동자, 조직 노동자, 풀타임 노동자, 원청기업 노동자, 자국 노동자 등의 노동 조건은 비정규직 노동자, 여성 노동자, 가내 노동자, 파트타임 노동자, 하청기업 노동자, 이주 노동자 등의 노동 조건에 비해 훨씬 양호하다. 특히 인건비 절감을 위해 짜인 다단계식 하도급 구조 속에서 재해의 위험은 가장 취약한 노동자들의 몫으로 귀결되기 마련이다. 이들은 법적 보호로부터 외면당하기 일쑤고, 저임금 탓에 오랜 시간 위험한 작업을 계속해야 하며, 상부에 위험 요소를 개선해달라고 요청하기도 힘든 위치에 서 있다. 안전교육을 제대로 받지 못하는 경우도 많고, 재해가 발생한 경우 사회안전망의 도움을 받지 못하는 사례도 비일비재하다.

최근의 조사에 따르면, 2017년 8월 기준 우리나라의 전체 임금 노동자 1,988만 2,769명 가운데 17.4퍼센트인 346만 5,239명이 간접고용 노동자다. 간접고용이란 기업(즉 원청업체)이 직접 노동자를 고용하지 않고 제3자(즉 하청업체)에게 고용된 노동자를 이용하는 고용 형태를 말한다. 우리가 통상적으로 용역, 파견, 사내 하청, 하도급, 아웃소싱 등으로 부르는 다양한 고용 형태가 모두 여기에 속한다. 간접고용 여부를 판정하는 것이 늘 쉽지만은 않기 때문에 실제로는 간접고용 노동자의 비중이 위의 추계치보다 더 높을 것으로 생각된다. 사실상 간접고용 노동자처럼 일하지만, 노동자 통계에 잡히지 않는 비공식 노동자의 규모도 상당히 크다고 추정된다.

이런 '위험의 외주화'는 재해가 반복됨에도 해결책을 찾는 데 사회가 주의를 충분히 기울이지 않는 원인으로 작용해왔다. 간접고용 노동자에게 발생한 재해는 원청기업의 책임에서 벗어난 것으로 치부하는 관행이 오랜 기간 이어져 왔기 때문이다.

2018년 12월, 충남 태안화력발전소 협력업체에 근무하던 김용균이라는 청년 노동자가 사고로 목숨을 잃었다. 비정규직 노동자였던 그는 운송설비를 점검하는 작업을 밤새 하다가 기계에 끼여 참변을 당한 것이다. 그의 비극적인 죽음을 계기로 비정규직의 열악한 노동 조건이 여론의 도마에 올랐다. 당시 사건을 조사한 보고서는 원청기업이 위험하고 유해한 업무를 법과 제도의 보호를 제대로 받지 못하는 하청업체의 노동자에게 떠넘기는 관행이 중요한 원인이었다고 명시했다.

외주화, 즉 하도급 계약을 통해 원청기업이 얻을 수 있는 이익은 명확하다. 위험하고 유해한 작업을 다른 작업들로부터 분리하여 하청업체들에 맡기면 원청기업은 우선 노동자에게 안전교육을 시키는 비용이나 사고방지용 설비 확보에 드는 비용, 그리고 근무수칙을 엄격히 지키는 데 드는 비용 등을 절감할 수 있다. 또한 재해의 발생이 적은 것으로 보고되기 때문에 원청기업은 산재보험료를 감면받을 수 있다.

위험의 외주화가 더 이상 발생하는 것을 방지하기 위해 이른바 '김용균법'으로 알려진 '산업안전보건법 개정안'이 2020년에 발효되었다. 핵심 내용은 위험하고 유해한 작업의 하도급을 원칙적으로 금지하고, 원청회사에게 산재예방조치의무를 강화해 적용하며, 안전조치 위반 시에 하청기업은 물론 원청기업 사업주의 처벌을 강화하며, 기존에 산재보호 대상 범위에 들지 않았던 노동자들도 법적 보호를 받는다는 것이다. 이 법이 실제 노동 현장에서 산업재해를 얼마나 줄이게 될 것인지 꾸준히 주목해야 할 것이다.

우리나라는 재해를 일으키거나 예방 조치를 불충분하게 한 행위에 대한 처벌의 수위가 낮은 편이다. 재해를 막기 위해서는 예방 교육과 안전장치 설치 등에 비용이 들기 마련이다. 이윤 극대화를 추구하는 기업의 입장에서는 의무적인 규제가 없다면 재해 방지에 소홀할 금전적 유인이 있는 것이다. 따라서 재해를 줄이기 위해서는 재해 발생에 대한 책임을 확실하게 묻고, 징벌적 처벌제도 및 폭넓은 피해보상 제도를 마련하는 것이 중요하다.

이런 문제의식을 반영해 중대재해처벌법의 제정이 논의되었고 마침내 2021년, 법률이 국회를 통과했다. 이 입법과 관련해 재해 방지에 깊은 관심을 보여 온 소설가 김훈의 분석은 의미심장하다. 그는 대기업에 책임을 지우는 일에 대한 두려움이 우리 사회에 토착된 '풍토병'이라고 말한다.

대기업이 국민과 국가를 '먹여 살린다'는 자비의 설화가 입법 과정의 담론을 지배하고 있다. '먹여 살린다'는 이 설화는 이윤과 임금의 관계를 설명하는 경제 이론이 아니라 한 시대 전체의 지배 이데올로기로 자본과 노동의 관계 위에 군림하고 있다. (중략) 이것은 다수가 신봉하는 미신이다. 밥벌이하다가 죽는 죽음과 불구가 되는 사고를 줄이려는 많은 노력들은 이 미신 앞에서 좌절되었고, 좌절을 거듭할 때마다 미신은 더욱 번창했다.

제도와 의식은 밀접하게 연결되어 있다. 어떤 문제를 해결하기 위한 의식이 확산되고 무르익으면 제도를 만들어 낼 힘이 현실적으로 생긴다. 하지만 그 반대 역시 성립한다. 제도를 갖추면 그에 따라 사람들은 마음속에서 각자 수용하는 표준을 새로이 형성한다. 이것이 널리 확산되면 사회 전반의 의식에 변화가 확립되는 것이다. '아직 대중의 관심이 부족해서', '문제점이 충분히 공유되지 않아서', '경제 현실을 놓고 볼 때 악영향이 압도적으로 커서'라는 이유들은 그래서 설득력이 부족하다.

세계화시대에
확산되는 재해

20세기 중반부터 본격화된 세계화는 교역의 방식에 결정적인 변화를 가져왔다. 교통과 통신의 눈부신 발달에 힘입어 국제 운송비가 크게 절감되고, 관세와 같은 국가 간의 제도적 장벽이 전례 없이 낮아진 새로운 환경에서 생산의 특화와 완제품의 수출이라는 기존의 경제 틀을 고수할 필요가 없어졌다. 생산 과정은 여러 단계로 구분되었고, 각국은 개별 생산 단계에서 발생하는 작은 비교우위에 따라서 담당하는 역할을 세분해서 맡게 되었다. 이른바 '산업 내 분업'이 세계적인 차원에서 확립된 것이다.

현대 경제의 중심 산업 중 하나인 반도체 산업을 예로 들어보자. 미국 애팔래치아산맥 지역에 매장된 모래로부터 세계적인 생산의 연쇄작용이 시작된다. 이 모래에는 질 좋은 실리콘 이산화물이 많이 들어 있다. 일본은 태평양을 건너 이 모래를 수입해 가공하여 표준 사이즈의 얇은 웨이퍼를 제조한다. 웨이퍼는 우리나라와 대만으로 수출되고 거기서 네덜란드 기업이 독점적으로 보유한 기술을 이용해 회로 패턴을 새겨넣는다. 이 패턴은 영국과 일본의 기업들이 고안한 칩 디자인에 따라 구성되어 마침내 칩을 완성하게 된다. 이 칩은 이제 중국, 베트남 등으로 옮겨져 다양한 기판 위에 자리를 잡게 되고 서로 연결된다. 테스트를 거쳐 공정이 마무리되면 이 제품들은 다시 독일, 한국, 멕시코 등으로 향한다. 그곳에서 수많은 컴퓨터와 산업기계를 이루는 부품으로 사용된다.

이상에서 설명한 국제적 분업체제는 실제 상황을 지극히 단순화한 것에 불과하다. 더욱 세분화된 공정에서 다수의 국가가 서로 치열하게 경쟁하면서 자국 기업의 생산 몫을 키우려고 노력하며, 새로운 기술과 재료를 개발하고 도입하기 위해 각축을 벌인다. 이 피 말리는 경쟁 체제 속에서 기업 경쟁력을 결정하는 궁극적인 요인은 가격이다. 따라서 압박을 받는 개별 기업들은 노동자들의 근무 조건이나 그들이 사용하는 화학 물질의 안전성에 대해 충분한 대책을 세우기 어려운 경우가 다반사다. 비용 절감을 위해서 다시 하청과 재하청을 하기도 한다.

이것이 세계화가 재해를 세계적으로 확산하는 과정이다. 선진국의 기업은 최고의 지식과 원천 기술을 바탕으로 부가가치가 가장 높은 단계의 작업만을 담당한다. 나머지 생산과 가공의 과정은 각국의 개별 기업들이 지닌 경쟁력에 따라 널리 분산된다. 기술력이 부족한 국가와 기업일수록 경쟁력을 유지하기 위해서는 노동자에게 과로와 위험을 부담시킬 수밖에 없다. 열악한 환경에서 장시간 노동하고 안전성이 충분히 확인되지 않은 물질을 다루게 되는 것이다. 사고와 직업병을 막을 기술적 예방책이나 의료적 대비, 그리고 사회적 보험과 같은 보호장치는 모두 비용을 요구하기 마련이니 가급적 이를 피할 수 있는 후진국의 열악한 소기업으로 위험은 전가되기 마련이다. 재해의 위험은 이렇게 국경을 넘어 끝없이 퍼져간다. '위험의 외주화'가 세계로 확장되는 것이다.

초연결성 사회의
시스템재난

오늘날 우리나라를 가장 뜨겁게 달구고 있는 주제 중 하나가 '4차 산업혁명'이다. 4차 산업혁명을 대표하는 산업은 여럿이지만 그중에서도 가장 대표적인 것은 사물인터넷과 자율주행차다. 현실에 존재하는 유형 및 무형의 사물들을 센서와 통신망을 통해 연결해 실시간으로 데이터를 교환하게 만드는 것이 사물인터넷 기술이다. 연결의 대상이 되는 사물에는 거의 제한이 없다. 우리가 먹고 자고 입고 쓰는 데 필요한 모든 사물이 서로 혹은 다른 기관들과 연결된다고 볼 수 있다.

자율주행차도 마찬가지다. 지금까지는 달리는 자동차와 외부와의 연계가 매우 단순했다. 그러나 자율주행차의 시대가 되면 개별 차는 교통신호는 물론이고 다른 차의 위치, 도로의 사정, 국지적인 기후 조건 등에 대해 지속적으로 외부에서 정보를 받아들이고 또한 자기 정보를 외부로 내보내야 한다. 전례 없는 수준으로 사물들 간의 연결성이 강화되는 시대, 즉 초연결성의 시대를 맞는 것이다. 여기에 인공지능과 같은 요소도 결합될 것이다. 과거에 인간이 주도해서 통제하던 수많은 물리적·사회적 질서가 상호 긴밀하게 연결되고 스스로 개선이 가능한 복잡한 네트워크에 의해 조정되는 시대가 시작되는 시점에 우리는 서 있다.

초연결성 사회는 미시적·단기적인 측면에서 보자면 사고를 방지하는 능력이 과거에 비해 탁월하게 커진 사회다. 주방에서 가스가 새어나오면 이를 감지해 가스 누출을 차단하고 실내 공기를 정화한다. 앞에서 달리는 차가 급정거를 하면 이를 순간적으로 알아차리고 내 차를 자동으로 급정거시킨다. 오늘 밤에 폭우가 내릴 것으로 예상되면 사람들에게 미리 알리고 침수 피해의 우려가 있는 사물에 예방 조치를 취한다. 심지어 집 안에 있는 다목적 챗봇이 사람의 건강 상태를 체크해 위험 요소를 줄인다. 이 모든 일들이 초연결성 사회에서는 일상의 일부가 된다. 여기에 인공지능 기술도 융합되면 시스템의 통제 능력이 더욱 배가된다. 자가 학습 기능을 갖춘 지능화된 기계들이 연결망을 통해 전해지는 정보들을 결합하면 방재 능력도 한층 향상될 수 있다. 따라서 초연결성 사회가 시작되면 인간이 모든 재난으로부터 자유로운 안전 사회가 만들어질 것이라고 기술적 낙관론자들은 주장한다.

그렇지만 미래가 이렇게 장밋빛이라고 장담할 수 있을까? 초연결성 사회가 되면 대다수의 사람은 결국 시스템에서 배제되고 소외된다. 지금이 어떤 상황인지, 어떤 재난의 위험이 얼마나 있는지, 사람들은 그저 시스템이 전해주는 정보에 의존해 인식할 뿐이다. 한 시스템은 다른 시스템과 상호작용을 하면서 주어진 조건에서 최적의 방안을 찾으려 할 것이다. 그러나 그런 방안이 사람의 안전을 최우선으로 삼는 형태로 만들어질까? 경제적 비용을 최소화하는 방안을 선택하거나, 법률적 위반 가능성을 회피하는 것을 목표로 삼거나, 특정 집단의 이해관계를 우선 반영하거나 하는 등의 위험은 늘 내재한다. 이런 목표들은 본질적으로 서로 상충하기 쉽기 때문에 시스템에 우선순위 내지는 상대적인 중요도를 미리 지정해둬야만 한다. 시스템 스스로가 이런 결정을 내리게 놔둘 수는 없는 법이다. 아무리 초연결성 사회가 되어도 궁극적인 가치 판단은 인간의 몫일 수밖에 없다. 결국 핵심 선택은 인간이 내리고, 시스템은 이것을 현실 상황에 맞게 적용하는 역할을 수행하는 것으로 업무의 분장이 이루어져야만 한다.

14

—

새로운
갈림길에 선
세계화

—

: 코로나19

◆
◆

저는 우리가 역사적 웜홀에
들어섰다는 점을 강조하고 싶습니다.
역사의 정상적 법칙들은 중단됐어요.
불과 몇 주 만에 불가능이
일상적인 것으로 자리를 잡았습니다.

–

유발 하라리 Yuval Harari

◆

◆

빠르게 확산된
코로나19의 공포

2019년 12월 30일, 중국 우한시의 리원량李文亮이라는 의사가 SNS를 통해 새로운 소식을 전했다. 2013년에 맹위를 떨쳤던 사스SARS(급성호흡기증후군)와 비슷한 증상을 보이는 환자 일곱 명이 발생했다는 내용이었다. 훗날 '코비드19COVID 19'로 명명된 새로운 바이러스가 세상에 알려진 계기였다.

이로부터 불과 2년 남짓이 지난 2022년 1월 9일 기준, 전 세계에서 3억 520만 명의 확진자가 발생했다. 감염되었지만 증상이 미미해 확진자 통계에 잡히지 않은 사람들, 그리고 진단과 자료수집 능력이 취

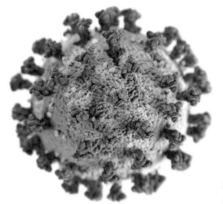

코로나 바이러스 이미지.
자료: 미국 질병통제센터(CDC) 제작

약한 국가의 감염자들을 포함한다면 실제 감염자 수는 적어도 4억 명을 훌쩍 넘을 것이라고 전문가들은 추정한다. 5,977만 명의 확진자를 낸 미국이 최다 확진자를 기록했고 뒤를 이어 인도, 브라질, 영국, 프랑스, 러시아가 1,000만 명 이상의 확진자를 보고했다. 세계적으로 밝혀진 사망자만 548만 명을 기록했다. 이 맹렬한 팬데믹으로부터 자유로운 사람은 지구상에 얼마 되지 않았다.

　425쪽의 자료는 코로나19 바이러스에 감염되어 사망한 사람 수를 보여주는 세계지도다. 인구 10만 명당 사망자 수를 표시하고 있다. 이를 통해 남아메리카와 동유럽에서 사망자의 비율이 매우 높은 것을 알 수 있다. 북아메리카와 서유럽의 일부 국가들도 사망자의 비율이 높은 편이었다. 아시아와 아프리카에서는 사망률이 낮았는데, 코로나19에 대한 방역이 잘 이루어져 실제로 사망률이 낮은 나라들이 있는 반면에, 유의미한 통계의 작성이 미흡해 정확하지 않은 자료를 나타

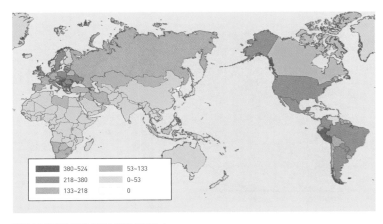

380~524	53~133
218~380	0~53
133~218	0

인구 10만 명당 코로나19로 인한 사망자 수.
자료: CNN, World Covid-19 Tracker, 2022년 1월 9일

낸 나라들도 많은 것으로 추정된다. 의료 수준이 높고 공중보건체제가 잘 갖추어져 있으며 일인당 소득이 높은 나라들이 반드시 낮은 사망률을 보인 게 아니라는 사실은 일반적인 예상과 차이가 있으며 의미심장하기도 하다. 어떤 기술, 제도, 관습, 사회의식을 갖춘 국가가 방역에 더 성공적일 것인지에 대해 깊은 고민을 안겨주는 현상이다.

우리나라에서도 코로나 바이러스가 확산되었다. 세계적으로 양호한 대응 체제와 사람들의 적극적인 협력 덕분에 다른 국가들에 비하면 매우 뛰어난 수준으로 감염병을 통제했다. 2022년 1월 7일을 기준으로 누적 확진환자 약 66만 명, 사망자 약 6,000명을 기록했다.

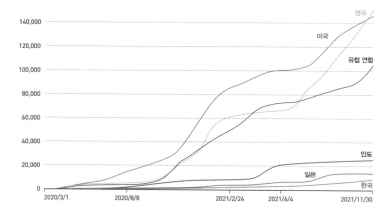

인구 100만 명당 코로나19로 인한 사망자 수 추이.
자료: Johns Hopkins University CSSE COVID-19 Data

코로나19에 대응하는
정부의 선택

코로나19의 창궐에 대해 국가가 어떻게 대응할 것인가는 세계인에게 초미의 관심사였다. 우선 국가가 어떤 방식으로든 개입해야 한다는 관념이 다수의 국가에서 강하게 나타났다. 사람들의 이동을 통제하고 확진자를 가려내고 격리조치를 취하면 감염병의 확산 속도를 낮출 수 있다는 점을 부인하는 사람은 많지 않다.

431쪽의 그래프는 정부 개입의 효과를 간단하게 설명해준다. 정부의 개입이 없다면 코로나19는 빠르게 확산되어 단기간 내에 정점에 도달할 것이다. 이 경우 확진자가 기하급수적으로 증가하기 때문에 병원과 의료진이 환자를 제대로 관리할 수 없는 의료 붕괴가 현실화

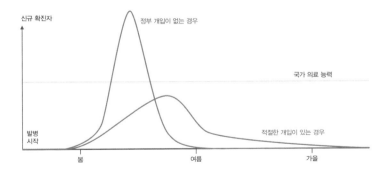

신규 확진자

정부 개입이 없는 경우

국가 의료 능력

발병
시작

적절한 개입이 있는 경우

봄   여름   가을

정부 개입의 효과를 설명하는 그래프.

된다. 의료 붕괴가 발생하면 코로나19 환자는 물론이고 다른 환자도 의료 서비스를 적절히 받지 못하기 때문에 사망자가 크게 증가한다. 반대로 정부가 적절히 개입하면 확진환자의 증가세가 현저하게 낮아지며 정점에 도달하는 시점이 늦춰진다. 또한 정점에서도 환자 수가 폭발적으로 늘어나지 않기 때문에 의료 붕괴 사태를 피할 수 있다. 그 결과 인명 피해도 정부 개입이 없을 경우보다 눈에 띄게 줄일 수 있다.

따라서 정부 개입이 의학적으로 유리하다는 점은 부인하기 어렵다. 문제는 다른 요인들도 고려해야 한다는 사실이다. 가장 뜨거운 이슈는 정부 개입이 경제활동의 저하를 유발한다는 데서 비롯한다. 정부가 경제활동에 강하게 제약을 가하면 폐업과 파산이 증가하고 생산과 소비가 위축되며 이것이 다시 투자의 축소를 불러온다. 결국 경제성장률이 낮아지며, 사람들은 높아진 실업률과 낮은 소득으로 인해 고통을 받게 된다. 이런 상황은 정부가 가장 회피하고 싶어 하는 시나리오다. 그러므로 정부는 방역을 최우선 과제로 삼고, 대신에 경제를 희생하는 정책을 쉽게 채택할 수 없다.

문제를 더욱 어렵게 만드는 것은 단기와 장기에 방역과 경제의 상호관계가 다르게 나타난다는 데 있다. 단기에는 위에서 설명한 대로 방역의 증가가 경제의 후퇴를 낳는다. 그러나 장기에는 방역의 증가가 경제 회복을 앞당겨 경제의 성장으로 이어질 수 있다. 따라서 장기적 고려를 위주로 정책을 짜야 한다는 입장과 시급한 문제의 해결을 위해 단기적 고려를 우선시해야 한다는 입장이 충돌하게 된다.

여기에 각국의 사회적 환경이 다르다는 점도 중요하게 작용한다. 개인이 선택의 자유를 누리는 것을 지고지순의 가치로 여기는 국가가 있는 반면에 국가 전체의 이익을 위해서는 개인의 가치가 희생하는 것이 맞다고 생각하는 국가도 있다. 세계 대부분의 국가는 이런 양극단의 중간 어디엔가 위치한다. 각국이 이념의 스펙트럼상에서 어디에 위치하고 있는가에 따라 정부 개입 여부와 강도에는 차이가 날 수밖에 없다. 모든 국가에서 안성맞춤인 정부의 개입이란 있을 수 없는 것이다.

각국이 실제로 코로나19에 대응한 방식에는 큰 편차가 있었다. 대표적인 사례들을 통해 간략히 이를 살펴보자. 먼저 중국은 국가가 주도해 가장 적극적인 형태로 개입했다. 코로나19가 시작된 우한시를 통째로 봉쇄한 것이 전형적인 사례다. 우리나라를 포함해 싱가포르, 대만 등은 중국보다는 약하지만 적극적인 개입을 선택했다. 다양한 행정적·기술적 기반을 활용해 감염병의 확산 경로를 추적하고 확진환자를 분리해 공간적으로 격리하는 조치를 취했다. 또한 미디어를

중국 상하이의 일부 지역을 봉쇄하고 방역 작업을 하는 모습, 2021년.

통해 대대적으로 방역 조치와 예방 활동의 중요성을 알렸다.

한편 정부가 이보다 소극적으로 개입한 국가들도 많았다. 미국, 영국, 이탈리아, 스페인 등은 바이러스의 확산이 가속화되기 전까지는 정부의 역할을 제한하는 편이었다. 정부가 개입하기를 더욱 주저한 국가들도 있었다. 대표적으로 스웨덴은 마치 집단면역을 실험하기라도 하는 듯 개인의 활동에 정부가 별다른 제한을 가하지 않았다. 이 정책은 예상만큼 효과를 거두지 못한 것으로 판명되었다.

코로나19에 대한 대응이 가장 약한 국가는 당연히 최빈국이다. 아프리카와 아시아, 남아메리카의 여러 국가는 감염병에 효과적으로 대처할 행정체계도 없고, 의료기술도 뒤처쳐 있으며, 재정적인 여력도 부족하다. 안타깝게도 이런 국가들이 할 수 있는 최고의 방역은 국경을 차단하고 사람들의 이동을 막는 것뿐이다.

왜 동서양의 감염률에
차이가 있을까?

시야를 조금 넓혀 보면 동양과 서양이 감염률에 큰 차이를 보인다는 점을 확인할 수 있다. 여기서 말하는 동양은 좀 더 정확하게 규정하자면 동아시아로, 우리나라와 중국, 대만, 일본 등을 포함한다. 서양은 유럽과 아메리카를 대표적인 지역으로 이해하면 된다. 이런 차이는 왜 발생한 것일까?

이 질문에 대해 지금까지 다양한 설명이 제시되어왔다. 우선 마스크에 대한 접근성이 지적되었다. 우리나라와 중국, 대만 등은 대체로 이른 시점부터 국민의 대다수가 마스크를 구할 수 있었다. 반면에 마스크 생산 기반이 국내에 없었던 서구 국가들은 마스크의 공급 부족이 심각했다는 지적이다. 그런데 이 주장은 더는 타당하지 않은 것으로 보인다. 마스크 공급에 차질이 없게 된 현재에도 확진자의 양극화 추세는 계속되고 있다. 오히려 마스크에 대한 접근성 자체보다 마스크 착용을 부정적으로 생각하는 서양인의 태도가 더 본질적인 문제라는 지적이 설득력 있다. 코로나19 방역에 가장 앞장 서야 할 국가지도자가 마스크 사용에 미온적인 태도를 보인 사례가 많았다는 점도 이와 관련이 있다.

한편 동양은 기존에 미세먼지와 초미세먼지의 문제가 심각해서 이미 국민들이 마스크를 사용하는 데 익숙했기 때문에 서양과 다른 양상을 나타낸 것이라는 주장도 있다. 또한 우리나라의 경우 메르스 사

2021년 제주도의 풍경.
관광지 바닷가에 설치한 어부 동상에도 일일이 마스크를 씌워 여행객의 경각심을 높였다.

태를 거치면서 마스크 사용이 크게 늘었다는 자료가 있다. 그러나 마스크가 바이러스 감염 방지에 탁월한 효과가 있다는 과학적인 증거가 충분히 발표된 이후에도 서양에서 마스크 사용이 불충분한 것은 서양인이 동양인에 비해 위기 상황에서도 마스크 착용을 거부하는 문화적 특성이 있기 때문이라고 봐야 할 여지가 크다.

동서양 방역 양극화와 관련된 둘째 논점은 사람들이 방역 조치에 얼마나 협조적인가를 대중의 가치관으로 설명할 수 있는가 하는 문제다. 단순화해서 말하자면, 서양의 개인주의와 동양의 유교주의가 코로나 양극화를 낳은 이유인가 하는 점이다. 서양의 학자와 언론인 가운데에는 동아시아 국가들에서는 유교적 분위기가 강하게 남아 있기 때문에 사람들이 국가 정책에 순응하는 경향이 강했다고 주장한다.

이에 따르면 동아시아 국민들은 자발적·능동적인 관점에서 방역 조치를 잘 따른 것이 아니라 국가의 결정에 순종하고 자신과 가족의 체면이 깎이지 않게 행동한 것뿐이라고 한다. 반면에 개인주의가 기본적인 가치로 받아들여지는 서양에서는 개인이 주체적인 판단으로 방역에 대한 태도를 결정했다고 본다. 결국 이런 주장을 하는 논객의 머릿속에는 서양의 개인주의가 동양의 유교주의보다 우월하다는 전제가 깔려 있다고 볼 수 있다.

이런 주장에 대해 동아시아의 지식인들은 비판적인 반응을 보였다. 동아시아인이 국가의 정책을 무조건적으로 받아들인다는 생각은 편견일 뿐이라고 이들은 말한다. 자신이 속한 공동체의 결정을 존중해 이를 준수하기로 마음먹고 행동하는 자세야말로 오히려 바람직한 시민의식의 발로로 봐야 한다는 주장이다. 나의 행동이 타인에게 피해를 줄 위험이 있다면 그런 행동은 스스로 자제하겠다고 주체적으로 판단한 결과라는 것이다. 남에게 폐를 끼쳐서는 곤란하다는 생각을 그저 체면 탓이라고 보는 것은 부당하며, 오히려 공동선을 위해 개인의 이익을 제한하고 희생하려는 적극적인 의지로 해석해야 옳다는 것이다.

세 번째로 논의되는 문제는 동서양의 격차를 낳은 핵심 요인이 문화적인 것이 아니라 행정 능력과 의지의 차이라고 해석할 수 있는가다. 동양과 서양의 국가들이 코로나19 창궐에 대응한 방식에는 큰 차이가 있었다. 중국은 정부가 직접적·강제적으로 개입해 대응했다. 군대와 경찰과 같은 공권력이 동원되었고, 드론으로 사람들의 이동을 파악했으며, 개인을 집에 가두었다. 방역의 유효성만 놓고 본다면 중

2020년 캐나다 밴쿠버에서 이동 제한 조치에 반대하는 시위대가 행진하고 있다.
ⓒGoToVan

국식 행정 체제가 큰 효과를 거두었다는 점을 부인하기 어렵다. 그러나 이런 수준의 정부 개입을 거부감 없이 받아들일 국가는 많지 않다.

동아시아의 다른 국가들은 중국보다는 약했지만 서양보다는 강한 개입을 선택했다. 동아시아 국가들의 특징은 추적과 격리에 심혈을 기울였다는 점에 있다. 확진자는 물론이고 잠재적 감염자의 동선까지 추적해 검사를 실시했고, 필요하다고 생각되면 격리시켰다. 예를 들어 우리나라는 CCTV, 이동통신 신호, 휴대전화 앱, 금융거래망 등을 총동원해 추적함으로써 높은 성과를 냈고, 격리 대상과 장소를 정하고 위치추적이 가능한 시스템을 마련했다. 방문지마다 QR코드나 방문자명부를 통해 기록을 남기도록 하는 체제도 갖췄다.

서양 국가들도 이런 행정적인 개입이 방역 효과가 크다는 점을 인

봉쇄된 독일 도시 슈파이어의 풍경, 2020년.
자료: Kmtextor

식하고 부분적으로 이런 체제를 도입했다. 그러나 여러 요인으로 인해 동아시아만큼 적극적인 개입은 하지 못했다. 프라이버시 침해를 우려한 대중의 반발, 정치지도자의 미온적 태도와 더불어 기술적 기반의 불비 등의 요인이 중요하게 꼽힌다. 통합된 행정관리와 자동화된 보안 시스템이 갖춰지지 않고는 이런 정책을 현실적으로 펼 수 없기 때문이다. 동아시아 국가들이 전자정부 평가에서 높은 순위를 차지한다는 사실이 이와 무관하지 않다.

동양과 서양의 차별화는 여전히 지속되고 있다. 동아시아에서는 확진자의 수가 대체로 안정적인 모습을 보이는 반면, 유럽과 아메리카에서는 여러 차례 감염 폭발의 상황을 맞았다. 심지어 일부 역사가는 이번 사태가 동양에 대한 서양의 우위라는 지난 3세기 동안의 세력 지형도에 종지부를 찍는 역사적 의의를 지닐 것이라는 예측을 내놓기도 했다. 코로나19의 창궐이라는 세계적인 위기를 맞았을 때 서양보다 동양이 확연히 뛰어난 대응 능력을 보인다면, 서구중심주의 세계관 자체가 큰 타격을 입을 수밖에 없다는 이야기다. 과연 미래의 역사는 현재의 사태를 어떻게 기록하게 될지 참으로 궁금하다.

아프리카의
백신 접종률이 낮은 이유

지금까지 우리의 논의는 서구와 아시아에 집중되었다. 하지만 코로나 19에 가장 취약하면서도 세계인의 관심을 가장 적게 받는 지역이 바로 아프리카다. 2021년 말에 오미크론이라는 변종이 남아프리카에서 시작되었다는 보도가 나오면서 언론이 주목했을 뿐이다. 왜 확진자가 계속 늘어나게 방치해 그 결과로 변이가 일어나게 했느냐는 질책이 이 지역에 쏟아졌다. 이런 질책은 얼마나 타당할까? 남아프리카의 입장에서는 억울한 측면이 있어 보인다.

확진자가 많고 방치되는 환경에서 변이가 쉽게 일어나는 것은 맞다. 아프리카 전체가 무척 낮은 백신 접종률을 기록하고 있기 때문이다.

첫 번째 이유는 국민소득이 낮아 백신을 충분한 양만큼 신속하게 도입하지 못한 데 있다. 백신을 구매하기 싫어서가 아니라 구매할 경제력이 없어서 접종률이 낮다고 봐야 한다.

두 번째 이유는 더 잔인하다. 아프리카인은 백신에 대한 불신감을 가진 경우가 많은데, 이는 서구 국가들과 제약회사들이 역사적으로 행한 횡포와 관련이 깊다. 서구인이 아프리카인을 상대로 생체실험을 한 역사가 100년이 넘는다. 예를 들어 독일은 20세기 초 나미비아 사람들에게 천연두, 결핵, 티푸스 등을 고의로 주사해 어떤 반응이 일어나는지 조사했다. 20세기 후반에는 제약회사들이 비윤리적 방식으로 임상시험을 진행하기도 했다. 부모에게 동의를 구하지 않은 채 아이들을 임상실험의 대상으로 삼은 것이다. 에이즈가 창궐했을 때에 높은 약값을 요구해 사망자가 증가했던 쓰라린 기억도 있다. 이런 역사적 상흔 때문에 오늘날에도 많은 아프리카인이 서구를 위한 임상실험에 동원되고 있다고 믿고 있다.

이런 역사적 경험을 놓고 보면 아프리카인이 낮은 백신 접종률을 보인다고 마냥 비판만 하기 어렵다. 바이러스는 무차별적으로 사람을 공격하지만 방어막이 없는 사람은 공격에 더욱 취약할 수밖에 없다. 빈곤과 폭압의 희생자들에게 마치 충분한 선택권이 주어진 것처럼 생각하는 것은 비현실적이고 문제 해결에 전혀 도움이 되지 않는다.

여전히 계속되는 희생양 몰이

감염병의 창궐이나 기근, 지진과 같은 재난이 발생하면 사람들은 공포에 휩싸인다. 자신이 속한 공동체 자체가 큰 타격을 입고 때로는 존

베이징에서 로스앤젤레스로 가는 항공기의 실내 풍경, 2020년.
ⓒMx. Granger

립의 위기에 서기도 한다. 그러면 구성원들 간에 분노와 공포와 우려가
뒤섞이면서 공동체의 방어기제를 만들어 작동시키려 시도하기 쉽다.
그런 방어기제로 역사에 자주 등장하는 것이 바로 희생양이다. 잘못의
책임을 뒤집어쓰고 혐오와 분노를 받아낼 존재를 만들어내는 것이다.

이미 역사를 통해 재난 상황에서 많은 희생양이 만들어져 안타깝게
희생당했음을 우리는 알고 있다. 흑사병이 창궐했을 때 유대인이 엄
청난 규모로 학살되었고, 소빙하기가 찾아왔을 때에는 수많은 사람이
마녀사냥의 제물이 되었다. 또 이 책에서 다루지는 않았지만 1923년
일본에서 관동대지진이 발생했을 때 조선인과 사회주의자들이 우물
에 독을 탔다거나 폭동을 모의한다는 소문이 의도적으로 확산되면서
수많은 희생자가 발생했다. 조선인 희생자만 해도 수천 명에 이르는

대참사였다.

코로나19의 대규모 전파는 희생양을 찾는 뿌리 깊은 폐해가 다시 피어오를 수 있음을 보여준다. 중국인에 대해 근거가 희박한 적개심이 여러 국가에서 스멀스멀 퍼져나갔다. 단지 중국인이라는 이유로, 또는 중국인과 구별이 쉽지 않은 아시아인이라는 이유로, 차별과 위협을 받는 상황이 종종 전개되었다. '황색 화근Yellow Peril'이라는 구래의 표현이 등장했고, 중국인 및 외모가 비슷한 아시아인이 거친 욕이나 신체적 폭력을 당한 사례도 있었다. 이런 차별적이고 혐오스러운 표현에 대응해 관용적 태도를 촉구하는 움직임도 등장했다. 예를 들어 소셜미디어 공간에서 "#나는 바이러스가 아니다"라는 운동이 펼쳐지기도 했다. 마치 2002년 사스가 창궐했을 때 일어났던 '중국인 공포증Sinophobia'이 다시 한번 세계적으로 휩몰아치는 듯했다.

또 다른 희생양 찾기는 확진자들을 향했다. 감염병이 창궐하는 상황에서는 타인에게 감염된 사람이 피해자이면서 동시에 다른 사람에게 질병을 옮길 수 있는 잠재적인 가해자가 된다. 따라서 일단 확진이 된 사람에 대해서 차가운 시선이 쏟아질 위험이 있다. 문제는 이들을 잘 격리하고 치료하는 것으로 사태가 종결되지 않는다는 점에 있다. 많은 완치자들이 자신이 속했던 직장, 학교, 지역 공동체부터 암묵적 배제를 당한다고 고통을 호소했다. 심지어 확진자의 가족들조차도 이와 비슷한 처우를 겪게 되었다. 일본에서 특히 이런 사례들이 사회적 문제로 비화해 언론의 주목을 받았다. 그러나 일본만의 문제가 아닌 것이 분명하다. 우리나라를 포함해 어느 나라에서든 유사한 현상이 발생했고 앞으로도 발생할 수 있다.

　이런 종류의 희생양 찾기는 방역에도 악영향을 끼친다. 자신이 배제와 소외의 대상이 되리라 우려하는 사람은 확진이 되어도 그 사실을 감추려 할 것이기 때문이다. 희생양 찾기는 본질적으로 사회의 중심을 이루는 다수가 소수의 주변인을 대상으로 벌이는 부당한 억압이다. 다수의 이익이라는 명분을 내걸고 자행하는 불법적·비합리적인 차별과 탄압 행위다. 이를 막기 위해서는 특히 대중매체의 책임이 막중하다. 언론은 희생양 찾기에 대해 비판하고, 사회적 논의를 합리적 방향으로 이끌 책임이 있다. 그러나 현실에서는 인기 영합적인 기사를 만들어 내고 자극적인 표현을 대중에게 확대, 전파하는 역할을 수행하기도 한다. 어느 나라를 막론하고 가짜뉴스와 악의적인 뉴스를 걸러내는 역할이 더욱 아쉬워지는 시대다.

가짜 정보의
함정에서 벗어나기

감염병에 대한 대처가 효과를 발휘하지 못하는 요인 가운데 백신에 대한 부정적인 태도가 있다. 앞서 우리는 홍역 백신에 대해 사람들이 가졌던 거부감의 역사를 살펴본 바 있다. 이런 거부감은 오늘날까지도 완강하게 남아 있다. 우리나라에서는 코로나19가 맹위를 떨치던 2020년 가을에 인플루엔자(독감)에 대한 대중의 불안감이 확산되었는데, 이 또한 백신에 대한 불신의 사례로 볼 수 있다. 인플루엔자 백신 접종 후 얼마 되지 않아 목숨을 잃은 사람이 상당수에 이른다는 언론 보도가 나오기 시작했다. 매일 이런 사망자 수의 증가가 보도되면서 백신의 안전성에 대한 대중의 불신이 증폭되었다. 문제는 사망이 백신 접종으로 인한 것인지 아니면 기저 질환이나 노환과 같은 다른 요인에 의한 것인지를 구분했어야 한다는 점이었다. 결과적으로 보면 사망의 대부분이 다른 요인에 기인한 것이었는데, 다만 사망의 시점이 공교롭게도 백신 접종 직후였을 뿐이었다. 근거가 명확하지 않은 언론 보도와 대중의 맹목적인 불신이 효과적인 공중보건을 가로막는 장애물이 될 수 있음을 잘 보여주는 사례였다.

이런 사태는 코로나19와 관련해서 더욱 빈번하게, 그리고 더욱 다양한 형태로 발생했다. 우선 근거 없는 민간요법들이 사람들을 현혹시켰다. 소금물로 입안 헹구기, 마늘과 김치 섭취하기, 참기름으로 가글하기, 고춧대 섭취하기, 멘톨향 로션제를 코 밑에 바르기 등 종류도 다양했다. 5G 통신망을 따라 코로나19 바이러스가 퍼진다거나 백신을 맞으면 초소형 칩이 체내에 들어가 인간을 통제하게 된다는 황당한 주장도 퍼졌다. 종교지도자들 중에는 신앙의 힘이 질병의 전파를 막아준다고 설교한 이도 있었다.

여러 나라의 정치지도자들도 가짜 뉴스와 비과학적 속설의 확산을 낳는 발언을 했다. 예를 들어 미국의 트럼프 대통령은 몸 안에 살균제를 주입하면 좋지 않겠냐고 말했다. 벨라루스의 알렉산더 루카셴코Alexander Lukashenko 대통령은 보드카를 마시고 사우나를 하면 코

브라질의 보우소나루 대통령, 2020년.
그는 코로나19 확산 방지를 위한 마스크 쓰기를 거부하고, 가짜 뉴스를 만드는 데 집중했다.
ⓒPalácio do Planalto

로나19를 퇴치할 수 있다고 발언했고, 브라질의 자이르 보우소나루 Jair Bolsonaro 대통령은 코로나19가 가벼운 감기와 비슷해 마스크를 착용할 필요가 없다고 말해 빈축을 샀다. 이들은 코로나19를 정치적 목적에 맞게 이용한다는 비판을 받을 만했다. 거짓 정보가 얼마나 많이 쏟아졌던지 감염병처럼 퍼져가는 거짓 정보를 지칭하는 '인포데믹 infodemic'이라는 용어가 만들어질 정도였다. 이는 '정보information'와 '팬데믹pandemic'을 합성한 조어였다.

　가짜 뉴스와 인포데믹은 근거가 박약하지만 감염병의 창궐로 불안해진 대중의 마음을 파고들 위험이 있다. 바이러스는 인간의 종교나 정치적인 입장에 아무런 관심이 없다. 바이러스에게 인간은 그저 자신의 생존과 번식에 도움이 되는 숙주일 뿐이다. 비과학적 상상과 감정이입을 버리고 객관적인 증거와 지식에 기초해 팬데믹에 대응해야만 한다.

좀 더 옳은 정보가 폭넓게 확산되면 가짜 뉴스와 인포데믹의 문제가 자동적으로 해결될 것으로 기대할 수 있을까? 안타깝게도 현실은 그렇게 녹록해 보이지 않는다. 사람들은 하드웨어 면에서는 거의 모두 동일한 네트워크에 연결되어 있지만, 소프트웨어 면에서는 전혀 그렇지 않다. 어떤 SNS를 이용하는지, 그 안에서 어떤 그룹에서 활동하는지에 따라 접하는 정보 자체가 크게 다르다. 검색 엔진도 마찬가지다. 우리가 어떤 주제에 관심이 높은지, 어떤 내용을 찬찬히 오래 읽는지, 어떤 추천 경로를 통한 내용에 반응을 많이 하는지, 심지어 어떤 지역에 살고 어떤 특성의 사람들과 자주 소통하는지에 따라 우리는 남과 다른 검색 결과를 받아보게 된다. 이 과정에서 동류 간의 확증편향은 우리가 의식하지 못하는 사이에 더욱 강화된다. 인공지능과 알고리듬이 이끄는 대로 우리의 관심과 취향이 결정되고 변화한다. 우리는 이미 이른바 '감시 자본주의Surveillance Capitalism'에 살고 있다. 그러므로 정보가 원활히 소통되리라는 낙관적인 전망을 쉽게 하기 어렵다.

공공의료체계에 거는 기대

앞에서 우리는 국가의 적극적인 개입이 없을 때와 있을 때, 방역 면에서 어떤 차이가 있는지 그래프를 통해 살펴보았다. 그런데 충분히 논의하지 않은 한 가지 요소가 있다. 바로 공공의료체계의 역할이다.

의료서비스를 민간이 담당하느냐 공적 영역이 담당하느냐는 나라에 따라 다르다. 대부분의 나라에서 두 주체가 의료 서비스를 분담하지만 상대적 비중에는 큰 차이가 있다. 예를 들어 국민 전체를 대상으로 하는 건강보험체계를 갖지 않은 미국은 민간이 담당하는 비중이 압도적으로 높다. 반면에 복지국가의 이념이 강한 북유럽의 국가들에서는 공적 영역이 담당하는 비중이 높다. 우리나라는 양극단에서 거리가 있는 중간 지점에 위치하고 있다. 대체로 사회와 경제에서 국가의 역할을 긍정적으로 보는 나라는 의료에서도 북유럽 국가와 유사한 양상을 보이고, 반대로 시장을 통한 활동을 강조하는 나라는 미국의 의료에 가까운 모습을 보인다.

이런 다양성에도 불구하고 한 가지 뚜렷한 점은 1980년대 이래 신자유주의의 파도가 높이 치면서 대다수의 국가에서 공적 영역이 담당하는 비중이 낮아졌다는 사실이다. 친시장적 사회 분위기가 현저한 국가들에서는 물론이고 "요람에서 무덤까지" 복지를 제공하겠다던 북유럽 국가들, 그리고 의료 서비스의 질이 대체로 양호하다는 평을 들어온 서유럽 국가들도 모두 공공의료에 대한 정부 지출을 줄여 왔다. 오랜 기간 감염병의 창궐과 같은 중대 재난이 없었으므로, 민간 중심으로 의료체계를 운영하는 게 경제적으로 합당하다는 판단이 깔려 있었다. 그런데 갑자기 코로나19가 발생해 폭발적으로 전파되는 양상을 보이자 급속히 늘어난 의료 서비스 수요를 감당하지 못하는 상

코로나19 사망자의 장례식 장면, 2020년 우크라이나.
ⓒMstyslav Chernov

황이 속출했다. 일부 국가들에서는 의료 붕괴가 현실화되었다. 그렇다고 국가의 의료체계를 하루아침에 바꿀 방도는 없었다.

다수의 전문가들은 이제 국가의 의료체계를 점검하는 것이 꼭 필요하다고 강조한다. 특히 공공의료의 비중을 높이고 감염병의 창궐과 같은 유사시에 대비해 의료적 대응 능력에 일정한 수준의 여유를 갖추어야 한다고 주장한다. 즉, 국가의 적극적인 대응으로 확진환자의 발생 시기를 늦추고 분포를 널리 확산하는 것도 중요하지만, 동시에 공공의료 시스템을 확충해 사회가 제공하는 의료 능력을 높이는 작업이 필수적이다.

공공의료의 공급이 적절히 증가하면 의료 붕괴를 막을 수 있는 것은 물론이고 감염병에 걸리고도 적절한 치료와 보호를 받지 못하는 환자를 크게 줄일 수 있다. 이는 의료 부문에서 중대한 변화를 의미한다. '작은 정부'를 지향하던 신자유주의적 질서가 후퇴하고 '큰 정부'의 필요성을 강조하는 복지국가 체제가 귀환함을 뜻하는 것이다. 코로나19는 이렇게 사회가 구성되고 운영되는 질서에 중대한 변화를 미칠 것으로 예상된다.

세계화에서
탈세계화로

코로나19가 역사적으로 중요한 이유는 개별 국가의 운영법을 바꾸는 데서 그치지 않는다. 세계 질서의 방향을 바꾼다는 점에서 팬데믹의 영향은 더욱 중요하게 다가온다. 그간 대세를 형성하고 있던 세계화의 도도한 흐름이 팬데믹의 창궐로 인해 자국우선주의의 길로 선회하고 있다는 주장이 큰 설득력을 얻고 있다.

과연 오늘날의 세계화는 어떻게 형성된 것이며, 최근에 어떤 요인들에 의해 주춤하는 모습을 보였을까? 그리고 이런 역사적 갈림길에서 코로나19는 세계 질서를 탈세계화의 길을 택하게 하는 결정적인 요인으로 작용했을까? 지난 30여 년의 세계 질서를 돌아보며 이런 문제들을 검토해보자.

먼저 1990년대를 기점으로 세계화의 거센 물결이 휘몰아쳤다. 19세기 후반에 이어 세계화의 두 번째 물결에 해당하는 움직임이었다.

당시에 세계화가 도도한 역사적 흐름으로 자리를 잡게 된 데는 몇 가지 요인이 작용했다.

첫째는 이념적 분단의 종언이었다. 1989년 베를린 장벽의 붕괴는 20세기를 관통한 거대한 역사 실험인 사회주의혁명과 그 뒤를 이은 냉전체제가 종식되었음을 상징하는 사건이었다. 다시 말해서 베를린 장벽의 붕괴는 곧 세계적인 이념 장벽의 붕괴를 뜻하는 것이었다. 실제로 베를린 장벽이 붕괴된 후 얼마 되지 않아 소련이 해체되었고, 소련에 속해 있었던 동유럽과 중앙아시아의 많은 국가들이 분리되어 순차적으로 자본주의로 체제 전환을 진행했다.

세계화를 촉진한 둘째 요인은 신자유주의 사조의 확산이었다. 1980년대를 지나면서 미국의 대통령 로널드 레이건Ronald Reagan과 영국의 총리 마거릿 대처Margaret Thatcher의 주도로 시장주의적 경제정책이 주류로 등장했다. 이 사조는 국가의 개입을 최소화하고 정부 규제를 철폐하며 복지국가 체제를 약화시킬 것을 주장했다. 또한 노동시장을 유연화해서 고용과 해고를 자유롭게 하고, 자본시장을 개방해 국제적 자본 이동이 쉽게 이뤄지도록 했으며, 상품시장의 문호를 열어 자유무역이 구현될 수 있도록 했다. 한마디로 말해 국가의 중요성을 줄이고 국경이라는 장벽이 과거만큼 힘을 쓰지 못하도록 제도화한 것이었다.

마지막으로 정보통신기술의 발달을 들 수 있다. 인터넷의 보급, 통신기술의 발전, 휴대용 전자기기의 발달 등은 예전과는 비교가 되지 않는 속도로 지식과 정보가 소통될 수 있도록 만들었다. 지식과 정보를 얻는 비용 또한 격감했다. 달리 말하자면 기술적인 장벽이 낮아짐

신자유주의의 확산을 주도한 레이건과 대처.

으로써 교류와 소통이 한결 수월해진 것이다.

　이런 요인들이 상호작용을 하면서 세계화의 전성시대를 이끌어냈다. 한동안 이런 세계화의 흐름은 지속되고 또한 강화되었다. 아무것도 이 흐름을 거역하지 못할 것만 같았다. 그러나 세계의 모든 사람이 이런 세계화에 동조한 것은 아니었다. 반강제적 내지는 피동적으로 세계화의 흐름에 휩쓸린 국가, 집단, 개인도 많았다. 우리나라 또한 그러했다. 국제무역질서를 결정하는 이른바 우루과이라운드Uruguay Round에서 시장개방의 수준과 속도를 놓고 많은 사람이 우려를 나타내지 않았던가? 또 외환 위기를 극복하기 위해 국제통화기금IMF에서 지원금을 제공받을 때, 많은 사람이 신자유주의적 권고안을 마지못해 받아들이지 않았던가?

9·11테러로 무너진 뉴욕의 세계무역센터 앞에서 소방관이 수신호를 보내고 있다.

세계화 추세에 대한 더 본격적인 반발은 우리나라에서 멀리 떨어진 곳에서 발생했다. 2001년 미국 뉴욕에서 세계무역센터 쌍둥이 빌딩이 화염에 휩싸였다. 극단주의 성향의 오사마 빈 라덴Osama bin Laden과 무장 조직 알 카에다Al Qaeda의 소행이었다. 이슬람 원리주의의 관점에서는 미국이 일방적으로 세계화를 강요한다고 보였을 것이다. 9·11 사건은 미국이 주도하는 세계화가 부당하다고 거부하는 세력이 폭력적인 형태로 반발을 표출한 사건이었던 셈이다. 그리고 이 사건에 대한 미국의 대응은 이슬람 세계를 서방과 분리시키고 배제시키는 것이었다. 결과적으로 정치학자 새뮤얼 헌팅턴Samuel Huntington이 언급한 '문명의 충돌'이 현실화된 듯한 양상이 전개되었다. 이런 분리와 충돌은 세계화의 추세에 반하는 방향의 역사적 전개였다.

2007~2008년에는 글로벌 금융 위기가 전 세계를 강타했다. 미국에서 서브프라임 모기지subprime mortgage의 부실로 시작한 경제 문제는 정부의 금융통제가 약해진 상황을 배경으로 도미노 효과를 일으켰다. 국제 금융계를 호령하던 거대 금융기업들이 파산했고, 이어서 실물 부문까지 엄청난 파급 효과를 불러일으켰다. 결국 심각한 경기침체가 뒤따를 수밖에 없었다. 글로벌 금융 위기에 대한 성찰은 금융기관의 활동에 대해 정부가 감독 기능을 강화해야 한다는 방향으로 향했다. 이는 시장의 자율성을 극대화하고 국가 개입은 최소한에 머물러야 한다는 신자유주의 사조를 비판하고 방향을 전환할 필요성을 강조한 것이었다.

글로벌 금융 위기의 와중에 이른바 '월가 점령시위Occupy Wall Street'도 등장했다. 소득과 부의 불평등이 심각해졌음을 강조하며 '잘사는 1퍼센트'와 '못사는 99퍼센트'를 극명하게 대조시키는 움직임이었다. 시위라는 형태는 오래 지속되지 못했지만, 시장만능주의 환경에서 빈부격차가 무제한적으로 커질 수 있다는 주장은 사람들의 마음에 깊은 인상을 각인시켰다. 여기에 프랑스의 경제학자 토마 피케티Thomas Piketty의 연구가 힘을 보탰다. 그는 경제적 불평등이 계속 악화되는 경향을 보이고 있으며, 특단의 대책이 없다면 이 추세가 계속될 것이라고 설파했다. 뒤이은 연구들은 불평등 추세의 악화 추이를 개별 국가들에 대해서 밝혀냈다. 불평등의 문제가 시급한 현안으로 부상하자 개별 국가는 물론 국제적 공조가 없다면 이를 해결하기 어렵다는 견해가 큰 호응을 얻게 되었다. 신자유주의 질서에 중대한 변화가 절실하다는 인식이 퍼져간 중요한 계기였다.

탈세계화 움직임에 영향을 준 사건으로 미국 트럼프 대통령의 정책도 들 수 있다. 그는 "미국을 다시 위대하게 만들자"라는 슬로건을 내걸고 미국의 재정 부담을 줄일 정책을 노골적으로 추진했다. 주요 국제기구에서 탈퇴했고, 군사동맹국들에게 군사비 부담의 대폭 증액을 요구했으며, 기존 국제무역 질서를 벗어나는 보호주의 정책을 밀어붙였다. 이런 정책들은 단기적으로는 미국에 경제적인 이익을 가져다줄 수 있겠지만, 미국이 주도해서 만들고 운영했던 제도들을 무력화함으로써 미국의 국제적 위상을 하락시켰다.

중국에 대해 미국이 패권 경쟁을 벌이는 점도 탈세계화와 맥락이 닿아 있다. 미국과 중국의 대립이 심화되면 제2차 세계대전 이후 존재했던 냉전체제와 닮은 미중 양극체제가 성립될 가능성이 있다.

미국의 자국우선주의가 아메리카 대륙에서 세계화를 후퇴시켰다면, 대서양 건너 유럽에서는 영국이 유사한 역할을 맡았다. 브렉시트Brexit, 즉 영국Britain이 유럽연합에서 탈퇴Exit하는 사건이 현실화된 것이다. 글로벌 금융 위기를 계기로 영국에서는 유럽회의주의 Euroscepticism가 확산되었다. 높은 분담금 부담, 동유럽 출신 이민자의 증가, 대륙 회원국들의 규제강화 움직임 등을 배경으로 2016년 유럽연합 탈퇴를 놓고 영국에서 국민투표가 실시되었고, 정치적 혼란을 거친 후 결국 2020년 브렉시트가 실제로 이루어졌다. 유럽연합이라는 지역공동체는 중대한 균열을 경험했다. 신자유주의를 세계적으로 확산시킨 두 핵심 국가인 미국과 영국이 21세기에는 탈세계화에 앞장선 것이다. 이에 따라 1990년대 이래 계속되었던 세계화의 흐름은

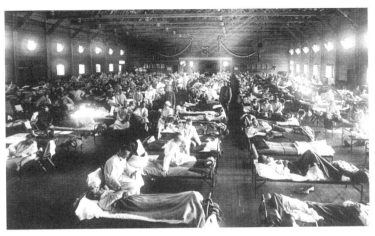

미국의 캔자스주에 설치되었던 임시 군용병원.
스페인 독감 환자들이 급증하면서 입원할 수 있는 시설을 더욱 늘려야 했다.

크게 꺾이고 말았다.

　지금까지 우리는 21세기에 발생한 탈세계화 움직임에 대해 살펴보았다. 이 움직임에 결정적인 쐐기를 박아준 사건이 코로나19의 창궐이었다.

　흔히들 코로나19를 1918년에 발생한 스페인 독감에 비유하곤 한다. 코로나19가 창궐하기 약 100년 전에 발생한 스페인 독감은 인류사에서 손꼽히게 큰 피해를 끼친 팬데믹이었다. 당시 세계 인구가 약 16억 명이었는데, 그중에서 5억 명가량이 스페인 독감에 걸린 것으로 추정되며, 사망자가 대략 2,500만~5,000만 명에 이른 것으로 보인다. 우리나라에서도 700여 만 명의 환자가 발생했고, 그중 10여만 명이 사망했다는 조사가 있다. 실로 엄청난 규모의 재앙이었던 것이다.

스페인 독감은 코로나19와 비교할 때 공통점과 차이점을 찾을 수 있다. 먼저 공통점을 보자면 두 감염병 모두 광범위한 전파 범위를 보였다. 스페인 독감이 창궐한 1918년은 제1차 세계대전이 진행되던 시기였다. 전쟁에 참전해 수많은 젊은이가 국제적으로 이동하는 가운데 면역력이 상이하고 생활 습관이 다양한 사람들이 모이고 흩어짐을 반복했으므로 감염되기 쉬운 상황이었다. 한편 코로나19는 도도한 세계화의 흐름 속에서 국제적인 인적 이동이 매우 활발하던 시기에 발생했다. 기업가, 이민자, 노동자, 여행가, 유학생 등이 국경을 넘어 상시적으로 대규모로 이동하는 시기였다. 따라서 원인은 다르지만 두 팬데믹 모두 사람들의 이동이 매우 활발했던 시기가 그 배경이었다.

그러나 세계 질서의 차원에서 본다면 스페인 독감이 창궐했을 때와 코로나19가 창궐한 오늘날은 중대한 차이가 있다. 스페인 독감이 창궐했던 시기는 각국이 전쟁을 수행하고 자국 경제를 보호하기 위해 자국우선주의와 보호무역주의를 전면에 내걸던 시대였다. 따라서 스페인 독감의 창궐은 이런 추세를 강화하는 효과를 가져왔다. 변화의 방향은 유지한 채 속도만 바뀌었을 뿐이다. 반면에 코로나19는 세계화가 통상적인 질서로 받아들여지던 시기에 발생했다. 비록 9·11 테러, 글로벌 금융 위기, 트럼프의 대외정책, 영국의 브렉시트 등으로 세계화 만능주의적인 사고가 약화되고 있기는 했지만, 여전히 세계질서의 중심에는 다자주의와 자유무역주의가 자리를 잡고 있었다. 코로나19는 이런 세계질서를 일거에 뒤흔드는 효과를 초래했다. 팬데믹의 심화와 각국의 경기 침체 우려 속에서 수많은 국가가 탈세계화와 자국우선주의로 입장을 선회한 것이다. 따라서 세계질서에 미친 영향이라는 측면에서 볼 때 코로나19는 스페인 독감보다 훨씬 심대한 변화를 가져왔다고 볼 수 있다.

코로나19와
자국우선주의

코로나가 초래한 탈세계화와 자국우선주의의 효과를 좀 더 살펴보자. 세계화는 생산의 지역적인 특화를 가져왔다. 소재, 부품, 반제품, 완제품을 가장 낮은 비용으로 만들어 낼 수 있는 곳에서 생산하는 분업체계를 만든 것이다. 이렇게 형성된 글로벌 공급망이 팬데믹의 창궐과 같은 비상 상황을 맞게 되면 예상치 않은 문제점이 발생할 수 있다.

코로나19 사태를 경험하면서 세계인은 경제적 이익을 줄이더라도 생산의 안전망을 확보하는 것이 최우선으로 필요하다고 공감하게 되었다. 전략적 제품이라면 국내에 생산시설을 갖추고, 그렇지 않은 상품이라도 생산의 다양성을 국내적으로 확보하는 것이 바람직하다고 생각했다. 또한 아무리 자유무역적인 국제 질서가 잘 통용되고 있다고 해도 유사시에는 이런 질서가 갑자기 중단될 수도 있음을 실제로 경험했다. 결국 국가와 국민에게 안전을 제공하기 위해서는 단기적인 이익 축소를 감수하더라도 긴급한 상황에 대처하는 태세를 평상시에 갖추는 것이 필요하다는 생각이 퍼졌다.

마스크를 구매하기 위해 길게 줄을 선 홍콩 시민들, 2020년.
ⓒStudio Incendo

따라서 앞으로 적어도 한동안은 각국에서 선거철이 오면 자국우선
주의를 내건 정치인과 정당이 유권자의 지지를 많이 받을 가능성이
크다. 비록 그 결과로 국제적 교역과 교류가 줄어드는 손해가 발생하
더라도 당분간 이런 추세를 거스르기는 어려울 것으로 예상된다. 시
간이 더 흘러 탈세계화의 단점에 대한 인식이 사회적으로 확산된 이
후에야 세계 질서는 세계화와 탈세계화 사이에서 균형을 찾으려는 노
력에 재시동을 걸 것이다. 그때가 정확히 언제일지 아무도 예단할 수
없다. 진정 우리는 코로나19라는 재난이 만들어 낸 세계사의 갈림길
에 서 있는 셈이다.

역사 속 재난이
우리에게 주는 교훈

코로나19로 달라진
우리의 일상

우리는 어느새 코로나19와 함께 살아가는 생활에 익숙해졌다. 바이러스 전파를 우려해 이동을 줄이고 집 안에서 보내는 시간이 많아지면서 평범했던 일상이 마냥 쉽게 영유할 수 있는 게 아님을 깨닫고 있다. 늘 그랬던 것처럼 대중교통 이용하기, 학교에서 친구들과 어울려 공부하고 잡담하기, 직장에서 동료들과 회의하고 식사하기, 가까운 벗들을 만나 술잔을 기울이고 노래방에서 한 곡씩 노래하기, 종교시설에 가서 예배를 보고 공부 모임에 참석하기, 연극과 공연을 관람하고 좋아하는 출연자의 사인 받기, 헬스장에서 운동하고 사우나에서

땀 빼기, 철 따라 여기저기로 여행을 떠나고 지역 맛집 탐방하기, 명절마다 가족과 친척이 만나 함께 보내기 등 이루 나열하기 힘든 그저 그런 평범한 일상들에도 높은 장벽이 둘러쳐진 듯하다. 이제 마스크와 소독제 없는 생활이 까마득한 옛날처럼 느껴진다. 언제 다시 그런 생활이 가능할지 예측하는 것조차 사치스러운 상황이다.

　코로나19의 세계적인 창궐로부터 우리는 어떤 교훈을 얻을 수 있을까? 코로나19 재난을 종결지으려면 무엇을 해야 할까? 어떻게 하면 장차 또 다른 병원체가 우리를 망가뜨리는 것을 미연에 막을 수 있을까? 코로나19가 우리에게 알려주는 가장 중요한 비밀은 바이러스는 약한 고리를 찾는 데 천재적인 능력을 갖고 있다는 점이다.

　의료 수준이 높고 공중보건이 선진적인 싱가포르에서 코로나19가 전파된 주요 경로 가운데 하나가 이민 노동자들이었다. 평소 사회구성원 다수의 관심에서 벗어나 있었던 이민 노동자들은 열악한 주거환경과 노동 조건 속에서 살고 있었다. 방역 전문가들이 미처 신경을 쓰지 못한 싱가포르 사회의 약한 고리가 바로 이들이었다. 미국은 전체 국민을 대상으로 하는 건강보험체계를 갖추지 못한 국가다. 따라서 의료비 부담 탓에 병원에 가지 못하는 사람들이 약한 고리로 작용했다. 특히 노숙자처럼 정부가 제대로 관리하지 못하는 사람들은 가장 약한 고리가 되기 마련이다. 브라질에서는 다른 무엇보다도 정치지도자의 무책임하고 무분별한 행동이 약한 고리였다. 대통령이 앞서서 코로나19의 위험성과 감염 가능성을 무시하는 발언을 일삼는 국가에서 얼마나 좋은 대응 정책을 기대할 수 있을까?

2020년 독일 프랑크푸르트에서 있었던 코로나 방역에 반대하는 시위 모습. 이들이 방역의 약한 고리일 수 있다.
ⓒphotoheuristic.info

우리나라에서는 누가 약한 고리였을까? 코로나19 초반 상황을 돌아보자. 방역지침을 자주 무시했던 일부 종교기관이 약한 고리였다. 몰래 영업하는 술집과 이를 찾는 고객도 마찬가지였다. 물류센터도 약한 고리로 꼽을 만하다. 바이러스가 독실한 신앙인을 감염시키지 않을 것으로 믿거나, 정부가 바이러스의 위험성을 의도적으로 과장한다는 음모론에 빠져서는 적절한 방역이 불가능하다. '빨리빨리'를 강조하는 우리의 문화 속에서 물류센터 노동자들은 수많은 물품을 빠르게 분류하고 배송해야 한다. 그들 중 다수가 임시 노동자 지위에 있다는 점이 코로나19에 더욱 취약하게 만들었다.

마지막으로, 개별 국가들이 방역을 성공적으로 수행한다고 해서 문제가 끝나는 게 아니라는 점을 인식해야 한다. 방역 선진국에서 아무리 철저하게 감염병의 확산을 막아도 다른 국가들에서 감염병이 창궐하는 것을 방치한다면 결국 감염병이 다시 방역 선진국을 위협하게 될 것이기 때문이다. 기술적·재정적 이유로 방역이 취약한 국가에 대해 국제적인 도움이 필요한 이유다. 그리고 여기에서 그치지 않고 더 나아가 국제적 공조체계를 형성해야 한다. 감염병의 백신과 치료제를 어느 제약회사가 개발하든 지식재산권에 얽매이지 않고 세계적으로 대량생산해서 모든 국가에 빠르게 공급하는 체계를 논의해야 한다. 비용은 국가별 경제력에 따라 차등 부담하게 만들면 된다. 최소한 팬데믹에 대해서는 이런 국제적 공조체계를 만들어 내는 것이 코로나19라는 대재난을 겪은 세계인이 반드시 이뤄야 할 목표여야 한다.

결국 감염병으로부터 안전한 사회를 만들려면 사회의 약한 고리를 찾아내 병원체가 침투하지 못하도록 방어막을 치는 작업이 필요하다. 사회의 약한 고리는 누구인가? 해당 사회로부터 소외된 사람, 사회적 보호의 틀에서 배제되어 있는 사람, 개인의 정치적·경제적 이익을 위해 공공의 가치를 훼손할 수 있는 사람, 사회의 보편적 인식을 공유하지 않는 사람, 보건 지식의 부족으로 방역에 역행하는 사람, 애먼 희생양에게 분풀이하는 것으로 만족하는 사람 등이다. 이런 사람들이 곳곳에 있는 한 우리의 안전망에 난 구멍은 메워질 수 없다. 소득 수준, 출신 국가, 성별, 사회계층, 직업, 종교, 거주지역 등과 무관하게 모든 사람을 포용하고 제도권 안에서 보호를 제공해야만 우리를 재난으로부터 안전하게 지킬 수 있다.

파란만장한
재난의 세계사

인류의 역사를 돌이켜보면 코로나19와 같은 상황은 처음 발생한 것이 아니었다. 이번 사태는 장기적 역사를 통해 본다면 사람들이 반복적으로 경험한 기나긴 재난사의 한 에피소드에 불과하다. 재난으로 인해 헤아릴 수없이 많은 사람이 반복해서 피를 토하는 고통을 받았고, 주위의 소중한 사람들을 잃었다. 그렇지만 인간은 좌절하지 않았다. 슬픔을 딛고 일어서 사회를 재건했다. 그리고 재난을 예방하거나 극복하기 위해 갖은 아이디어를 짜냈다. 또한 수많은 시행착오를 경험하면서 결국 이를 현실화시켰다. 돌이켜보면 이런 시행착오 중에는 정말 터무니없는 것들도 많았다. 시행착오는 인간이 얼마나 우매한지, 즉 인간의 지식이 얼마나 부족하고 인간의 예측력이 얼마나 한정된 것인지를 여실히 보여주곤 했다.

하지만 이게 전부일까? 달리 생각해볼 수도 있지 않을까? 역사적으로 경험한 수많은 시행착오가 없었더라면 재난에 대응하는 우리의 능력은 현재 어떤 수준일까? 누적된 시행착오 속에서 깨달은 지식과 지혜가 결국 우리가 대응하는 힘의 원천인 게 아닐까? 이런 대응력은 때로는 유능한 지도자의 통솔력의 형태로 발현되었고, 때로는 전승된 민간요법의 모습을 띠기도 했다. 또한 때로는 관찰력과 추론 능력이 뛰어난 학자에 의해 도약하기도 했고, 손재주 좋은 기술자를 통해 유용한 해결책으로 탄생하기도 했다.

하인리히 클레이의 소묘, 20세기 전반.
재해는 인간을 압도하는 거대한 괴물처
럼 느껴지지만, 인간은 늘 괴물을 퇴치하
는 방법을 개발해 왔다.

더 구체적으로 살펴보면, 우선 인간은 특정 재난의 원인에 대한 이
해를 심화시켰다. 또한 유사한 과거 재난들에서 유익한 교훈을 얻기
도 했다. 재난의 발생을 사전에 막는 방법에 대해 고민을 거듭했고, 재
난이 발생해도 피해를 최소화할 방안에 대한 준비를 갖췄다. 불가피
하게 재난을 입은 사람에게는 치료와 재활의 기회를 제공했다. 그리
고 그들이 다시 경제활동에 종사할 수 있도록 사회적으로 지원하는
방안도 강구했다. 재난 예방 교육과 훈련, 재난구호와 관련된 법률 체
제의 정비, 재난 경보 체제의 구축, 안전시설의 확충, 재난 의료 서비
스의 제공, 재해 관련 보험제도와 복지 체제의 완비, 환자를 위한 재활
훈련과 재교육, 국제적 재난 대응 체제의 구축 등 다양한 각도에서 우

작자 미상, 〈우리가 함께 당기면 내려
올 거야〉, 1942년.
사고율을 낮추려면 안전설비 기술자,
근로감독관, 노동자가 힘을 합쳐야 한
다는 메시지를 담은 포스터다.

리의 능동적인 노력이 삶의 안전성을 높여 왔고, 앞으로 더욱 높일 것
이다.

직업 측면에서 설명하자면 재난을 줄이고 안전을 도모하기 위해서
는 방재교육자와 수영강사, 국회의원과 공무원, 통신전문가와 기상분
석관, 과학자와 기술자, 의사와 간호사, 운동치료사, 산재보험 운영자
와 사회복지사, 취업 관련 교육자와 상담사, 외교관과 시민운동가 등
수많은 분야에서 일하는 사람들의 두뇌와 손발이 필요하다. 그리고
여기에 미처 나열하지 못한 수많은 직업도 직·간접적으로 기여한다.
소수의 분야, 소수의 사람이 재난과 관련된 문제들을 단번에 풀어줄
것이라는 생각은 너무도 비현실적이다. 수많은 관련 분야에서 활동하

는 사람들 모두의 노력이 분업과 협업을 통해 시너지 효과를 낼 때 우리가 살아가는 세상은 안전해질 것이다.

우리는 지금까지 이 책을 통해 주요 재난의 역사와 극복 과정을 추적했다. 이를 통해 재난을 겪으면서 인간이 어떻게 바뀌었는지 살펴보았고, 재난에 대처하는 현명한 방식에 대해 고민했다. 우리가 도출해 낼 수 있는 교훈은 여러 갈래일 것이다. 그렇지만 이런 다양성에도 궁극적으로 우리가 도달한 가장 중요한 결론은 무엇일까? 바로 공감과 집단지성, 협력 체계만이 우리의 안전을 최대로 보장할 것이라는 점이 아닐까?

참고문헌

프롤로그: 재난에 대처하고 도전해온 인류의 노력

* 김원제,《위험사회를 넘어, 안심사회의 조건》, 한국학술정보, 2017.
* 벡, 울리히, 홍성태 옮김,《위험사회》, 새물결, 2014.
* 송병건,《산업재해의 탄생》, 해남, 2015.
* 존스, 루시, 권예리 옮김,《재난의 세계사》, 눌와, 2020.
* 퍼거슨, 니얼, 홍기빈 옮김,《둠 재앙의 정치학》, 21세기북스, 2021.
* 홍찬숙,《울리히 벡 읽기》, 세창미디어, 2016.
* Dekker, Sidney, *Drift into Failure: From Hunting Broken Components to Understanding Complex Systems*, Ashgate, 2012.
* Horton, Richard, *The COVID-19 Catastrophe*, Polity, 2020.
* Jones, Lucy, *The Big Ones: How Natural Disasters Have Shaped Us*, Anchor, 2018.
* Kelman, Ilan, *Disaster By Choice*, Oxford University Press, 2020.
* Stallings, Robert A., *Methods of Disaster Research*, Polity, 2019.
* Tierney, Kathleen, *Disasters: A Sociological Approach*, Xilibris US, 2003.

본문을 읽기 전에: 재난을 이해하는 우리의 자세

* 강동묵 외 공저,《굴뚝 속으로 들어간 의사들》, 나름북스, 2017.
* 김승섭,《아픔이 길이 되려면》, 동아시아, 2017.
* 김영란,《위험사회학》, 나녹, 2018.

- 머터, 존 C., 장상미 옮김,《재난 불평등》, 동녘, 2016.
- 부알레그, 마리안, 바슐리에, 뱅자맹 그림, 박은영 옮김,《지구가 멈추는 날》, 꿈꾸는사람들, 2012.
- 송병건,《산업재해의 탄생》, 해남, 2015.
- 우승엽,《재난시대 생존법》, 들녘, 2014.
- 유철상,《자연재해의 이해》, 고려대학교출판문화원, 2020.
- 정지범,〈한국의 위험과 한국인의 위험 인식〉,《지식의 지평》24, 13~24쪽, 2018.
- 존스, 루시, 권예리 옮김,《재난의 세계사》, 눌와, 2020.
- 주명기·유명순,《위험사회와 위험인식》, 커뮤니케이션북스, 2016.
- 중앙재해대책본부,《재해극복 30년사》, 중앙재해대책본부, 1995.
- Alli, B. O., *Fundamental Principles of Occupational Health and Safety*, International Labour Office, 2008.
- Cooter, R. & Luckin, B. eds., *Accidents in History: Injuries, Fatalities and Social Relations*, Rodopi, 1997.
- Friend, M. A. & Kohn, J. P., *Fundamentals of Occupational Safety and Health, 4th ed.*, Government Institutes, 2007.
- Green, J., *Risk and Misfortune: A Social Construction of Accidents*, UCL Press, 1997.
- Hunter, D., *Hunter's Diseases of Occupations*, 9th edn., Oxford University Press, 2000.
- Levy, B. S., *Occupational and Environmental Health: Recogni-zing and Preventing Disease and Injury*, Oxford University Press, 2010.
- Weindling, P. ed., *The Social History of Occupational Health*, Croom Helm, 1985.
- Witjington, John, *Disasters!: A History of Earthquakes, Floods, and Other Catastrophes*, Skyhorse, 2010.

◆ 1부 거역할 수 없는 자연의 힘: 자연재난의 시대

1 도시를 멸망시킨 거대한 불: 화산 폭발 ─────────────

- 리턴, 에드워드 불워, 이나경 옮김,《폼페이 최후의 날》, 황금가지, 2003.
- 비어드, 베리, 강혜정 옮김,《폼페이, 사라진 로마 도시의 화려한 일상》, 글항아리, 2016.
- 소원주,《백두산 대폭발의 비밀》, 사이언스북스, 2010.
- 알리쉬, 티챠나 지음, 우호순 옮김,《자연재해》, 혜원출판사, 2009.
- 에티엔, 로버트, 주명철 옮김,《폼페이 최후의 날》, 시공사, 1995.
- 유철상,《자연재해의 이해》, 고려대학교출판문화원, 2019.
- 조천호,《파란 하늘 빨간 지구》, 동아시아, 2019.
- 존스, 루시, 권예리 옮김,《재난의 세계사》, 눌와, 2020.
- 포티, 리처드, 이한음 옮김,《살아있는 지구의 역사》, 까치, 2018.
- 해밀턴, 제임스, 김미선 옮김,《화산: 불의 신, 예술의 여신》, 반니, 2015.
- Abbott, Patrick L., *Natural Disasters*, 10th edn., McGraw-Hill Education, 2016.
- Berry, Joanne, *The Complete Pompeii*, Thames & Hudson, 2013.
- Hydenman, Donald & Hydenman, David, *Natural Hazards and Disasters*, 5th edn., Benjamin Cummings, 2014.
- Keller, Edward A. & DeVecchio, Duane E., *Natural Hazards*, 4th den., Brooks Cole, 2016.
- Scarth, Alwyn, *Vesuvius: a Biography*, Thames & Hudson, 2009.
- Wilkinson, Paul, *Pompeii: An Archaeological Guide*, Princeton University Press, 2019.

2 중세를 휩쓴 최악의 팬데믹: 흑사병 ─────────────

- 강일휴, 〈유스티니아누스 역병(541년-750년): 실체, 인식과 대응, 영향〉,《역사와 담론》68, 301~332쪽, 2013.

- 게르슈테, 로날트 D., 강희진 옮김,《질병이 바꾼 세계의 역사》, 미래의창, 2020.
- 맥닐, 윌리엄, 김우영 옮김,《전염병의 세계사》, 이산, 2005.
- 박흥식,〈흑사병과 중세 말기 유럽의 인구문제〉,《서양사론》93, 5~28쪽, 2007.
- 박흥식,〈흑사병에 대한 도시들의 대응〉,《서양중세사연구》25, 190~214쪽, 2010.
- 송병건,《비주얼 경제사》, 아트북스, 2016.
- 스콧, 수잔·던컨, 크리스토퍼, 황정연 옮김,《흑사병의 귀환》, 황소자리, 2005.
- 아부-루고드, 재닛 지음, 박흥식·이은정 옮김,《유럽 패권 이전》, 까치, 2006.
- 오성남,〈기후변화와 건강, 그리고 질병: 흑사병 중심으로〉,《한국방재학회지》15(4), 24~31쪽, 2015.
- 이영재,〈14세기 아비뇽 교황청의 클레멘스 6세에 관한 재조명 – 타락한 교황인가? 아니면 르네상스 교황의 선구인가?〉,《숭실사학》39, 317~348쪽, 2017.
- 지글러, 필립, 한은경 옮김,《흑사병》, 한길사, 2003.
- 켈리, 존, 이종인 옮김,《흑사병 신화의 재구성》, 소소, 2006.
- Aberth, John, *The Black Death: The Great Mortality of 1348-1350*, Palgrave Macmillan, 2005.
- Boccaccio, Giovanni, *The Decameron*, Penguin Books, 2003.
- Canter, Norman F., *In the Wake of the Plague: The Black Death and the World It Made*, Simon & Schuster, 2015.
- Clark, Gregory, 'Microbes and markets: Was the Black Death economic revolution?', *Journal of Demographic Economics*, 82(2): 139-165, 2016.
- Gottfried, Robert S., *Black Death*, Simon & Schuster, 2010.
- Hatcher, John, *The Black Death: A Personal History*, De Capo Press, 2009.
- Kelly, John, *The Great Mortality: An Intimate History of the Black Death, the Most Devastating Plague of All Time*, Harper Perennial, 2006.

- Oldstone, Michael B. A., *Viruses, Plagues, and History: Past, Present and Future*, Oxford University Press, 2009.
- Snowden, Frank M., *Epidemics and Society: From the Black Death to the Present*, Yale University Press, 2020.

3 대항해시대의 끔찍한 교환: 감염병

- 국립민속박물관,《역병, 일상》(특별전 도록), 국립민속박물관, 2021.
- 김명자,《팬데믹과 문명》, 까치, 2020.
- 김서형,《전염병이 휩쓴 세계사》, 살림, 2020.
- 김성준,《유럽의 대항해시대》, 문현, 2019.
- 김우주,《신종 바이러스의 습격》, 반니, 2020.
- 대한바이러스학회,《우리가 몰랐던 바이러스 이야기》, 범문에듀케이션, 2020.
- 메르스사태인터뷰기획팀·지승호,《바이러스가 지나간 자리》, 시대의창, 2016.
- 박훈평,《조선, 홍역을 앓다》, 민속원, 2018.
- 셔먼, 어윈, 장철훈 옮김,《세상을 바꾼 12가지 질병》, 부산대학교출판부, 2019.
- 신동원,《호환마마 천연두》, 돌베개, 2013.
- 이재담,《무서운 의학사》, 사이언스북스, 2020.
- 주경철,《대항해시대》, 서울대학교출판부, 2008.
- 크로스비, 앨프리드 W.,《콜럼버스가 바꾼 세계》, 지식의숲, 2006.
- 황상익,《콜럼버스의 교환》, 을유문화사, 2014.
- Bennett, Michael, *War Against Smallpox*, Cambridge University Press, 2020.
- Crosby, Molly C., *The American Plague*, Berkeley, 2007.
- Hays, Jo N., *Epidemics and Pandemics*, ABC-CLIO, 2005.
- Hopkins, Donald R., *The Greatest Killer: Smallpox in History*, University of Chicago Press, 2002.

- Oldstone, Michael B. A., *et al., Viruses, Plagues, and History*, Oxford University Press, 2009.

4 유럽에 불어 닥친 추위와 공포: 소빙하기의 저온 현상 —————————

- 강성철, 〈조선 초 자연재해 분석 및 구휼에 대한 연구〉, 《한국지리학회지》1(1), 91~98쪽, 2012.
- 김문기, 〈17세기 중국과 조선의 소빙기 기후변동〉, 《역사와 경계》77, 133~194 쪽, 2010.
- 오성남, 〈기후변동에 대한 자연재해와 기후일탈의 예견 : 지구온난화와 중세소 빙하기를 중심으로〉, 《한국방재학회지》14(10), 42~49쪽, 2014.
- 이영석, 〈17세기 템스 강 결빙과 상업세계의 변화〉, 《이화사학연구》43, 39~70 쪽, 2011.
- 이은희, 〈Maunder 극소기와 태양의 활동〉, 《우주과학회지》23(2), 135~142쪽, 2006.
- 이태진, 〈외계충격 대재난설(Neo-Catastrophism)〉, 《역사학보》164, 1~31쪽, 1999.
- 조지형, 〈17세기, 소빙기, 그리고 역사추동력으로서의 인간: 거대사적 재검토〉, 《이화사학연구》43, 1~38쪽, 2011.
- 페이건, 브라이언, 남경태 옮김, 《기후, 문명의 지도를 바꾸다》, 예지, 2007.
- Cowie, Jonathan, *Climate Change: Biological and Human Aspects*, Cambridge University Press, 2007.
- Crowley, Thomas J., 'Causes of climate change over the past 1000 years', *Science*, 289(5477): 270 – 277, 2000.
- Currie, Ian, *Frost, Freezes and Fairs: Chronicles of the Frozen Thames and Harsh Winters in Britain from 1000 A.D.*, Coulsdon, Frosted Earth, 1996.

- Fagan, Brian M., *The Little Ice Age: How Climate Made History, 1300–1850*, Basic Books, 2001.
- Hawkins, Ed, '2019 years', 30 January 2020. climate-lab-book.ac.uk.
- Humphreys, Helen, *The Frozen Thames*, McClelland & Stewart, 2007.
- Hunt, B. G., 'The Medieval Warm Period, the Little Ice Age and simulated climatic variability', *Climate Dynamics*, 27(7-8): 677-694, 2006.
- Mann, Michael, 'Little Ice Age', In Michael C. MacCracken, John S. Perry (eds.), *Encyclopedia of Global Environmental Change, Volume 1, The Earth System: Physical and Chemical Dimensions of Global Environmental Change*, John Wiley & Sons, 2003.
- Ogilvie, A.E.J.; Jónsson, T., "Little Ice Age" research: a perspective from Iceland', *Climatic Change*, 48: 9–52, 2001.
- Parker, Geoffrey, *Global Crisis: War, Climate Change and Catastrophe in the Seventeenth Century*, Yale University Press, 2013.
- Reed, Nicholas, *Frost Fairs on the Frozen Thames*, Lilburne Press, 2002.
- White, Sam, *A Cold Welcome: The Little Ice Age and Europe's Encounter with North America*, Harvard University Press, 2017.

5 계몽의 시대를 앞당기다: 리스본 지진

- 레비, 매티스 · 살바도리, 마리오, 김용부 옮김, 《지진은 왜 일어나는가》, 여원미디어, 2011.
- 로빈슨, 앤드루, 김지원 옮김, 《지진: 두렵거나 외면하거나》, 반니, 2015.
- 루빈, 켄, 이충호 옮김, 《화산과 지진》, 여원미디어, 2018.
- 송태현, 〈'리스본 대지진'을 둘러싼 볼테르와 루소의 지적 대결과 근대지식의 형성〉, 《비교문학》 70, 143~167쪽, 2016.

- 시라디, 니콜라스, 강경이 옮김, 《운명의 날: 유럽의 근대화를 꽃피운 1755년 리스본 대지진》, 에코의서재, 2009.
- 주경철, 《히스토리아 노바》, 산처럼, 2013.
- 지브로스키, 어니스트, 이전희 옮김, 《요동치는 지구 잠 못 드는 인간》, 들녘, 2013.
- 험블린, 리처드, 윤성호 옮김, 《테라: 광포한 지구, 인간의 도전》, 미래의창, 2010.
- A'Hearn, B., 'The British industrial revolution in a European mirror'; R. Floud, J. Humphries and P. Johnson eds., *The Cambridge Economic History of Modern Britain, Vol. 1: 1700-1870*, Cambridge University Press, 1-52, 2014.
- Coen, Deborah R., *The Earthquake Observers: Disaster Science from Lisbon to Richter*, University of Chicago Press, 2012.
- Jones, Lucy, *The Big Ones: How Natural Disasters Have Shaped Us*, Anchor, 2018.
- Molesky, Mark, *This Gulf of Fire*, Vintage, 2015.
- Paice, Edward, *Wrath of God: The Great Lisbon Earthquake of 1755*, Quercus Publishing, 2009.
- Pereira, Alvaro S., 'The opportunity of a disaster: the economic impact of the 1755 Lisbon Earthquake', *Journal of Economic History*, 69(2): 466 – 499, 2009.
- Skidmore, Mark & Toya, Hideki, 'Do natural disasters promote long-run growth?', *Economic Inquiry*, 40(4): 664 – 687, 2002.

◆ 2부 인간이 스스로 만든 참사: 인공재난의 시대

6 검게 물든 죽음의 그림자: 석탄 산업 재해

- 강종구, 《산업재해 환자의 이해와 치료》, 학지사, 2009.

- 김병석,《산업재해분석론》, 형설출판사, 2010.
- 김종현,《영국 산업혁명의 재조명》, 서울대학교출판부, 2006.
- 송병건,〈영국 산업혁명기 직종의 분화와 직종별 위험도: 실명을 중심으로〉,《경제사학》34, 117~133쪽, 2003.
- 송병건,《경제사: 세계화와 세계경제의 역사》(3판), 해남, 2019.
- 이영석,《공장의 역사》, 푸른역사, 2012.
- 차봉석,《직업병학》, 계축문화사, 2007.
- 클라크, 그레고리, 이은주 옮김,《맬서스, 산업혁명, 그리고 이해할 수 없는 신세계》, 한스미디어, 2009.
- 홍석철,〈생활수준 연구의 경제사적 조망〉,《경제사학》55, 3~39쪽, 2013.
- Allen, R. C., *The British Industrial Revolution in Global Perspectives*, Cambridge University Press, 2009.
- Bartip, P. & Burman, S. B., *The Wounded Soldiers of Industry: Industrial Compensation Policy 1833-1897*, Cambridge University Press, 1983.
- Bronstein, J. L., *Caught in the Machinery: Workplace Accidents and Injured Workers in Nineteenth-Century Britain*, Stanford University Press, 2008.
- Fishback, P. V. & Kantor, S. E., *A Prelude to the Welfare State: The Origins of Workers' Compensation*, University of Chicago Press, 2000.
- Honeyman, K., *Child Workers in England, 1780-1820: Parish Apprentices and the Making of the Early Industrial Labour Force*, Ashgate, 2007.
- Humphries, Jane, *Childhood and Child Labour in the British Industrial Revolution*, Cambridge University Press, 2010.
- Kirby, P., *Child Workers and Industrial Health in Britain, 1780-1850*, Boydell Press, 2013.

- Leigh, J. P., *et al.*, *Costs of Occupational Injuries and Illness*, University of Michigan Press, 2000.
- Phillips, G., 'The abolition of climbing boys', *American Journal of Economics and Sociology*, 9(4): 445-462, 1950.
- Williamson, J. G., *Coping with City Growth During the British Industrial Revolution*, Cambridge University Press, 1990.
- Wrigley, E. A., *Continuity, Chance and Change*, Cambridge University Press, 1988.

7 교통의 진보가 가져온 비극: 운송수단 사고

- 로스, 빌, 이지민 옮김,《철도, 역사를 바꾸다》, 예경, 2014.
- 뫼저, 쿠르트, 김태희 외 옮김,《자동차의 역사》, 뿌리와이파리, 2007.
- 슈치로, 야마노우치, 김해곤 옮김,《철도사고는 왜 일어나는가》, 논형, 2004.
- 윌마, 크리스티안, 배현 옮김,《철도의 세계사》, 다시봄, 2019.
- 이용상 외,《유럽 철도의 역사와 발전》, BG북갤러리, 2009.
- Bartlett, W. B., *Titanic: 9 Hours to Hell, the Survivors' Story*, Amberley Publishing, 2011.
- Garcue, Archibald, *The Truth About the Titanic*, Harper Perennial Classics, 2012.
- Thayer, Jack, *The Sinking of the SS Titanic*, Spitfire Publishers, 2018.
- Wilson, Andrew, *Climate Change: The Facts*, Stockafe Books, 2015.
- With, Emile, *Railroad Accidents*, HardPress, 2019.

8 가난과 굶주림의 공포가 엄습하다: 대분기와 감자 기근

- 노리오, 야마모토, 김효진 옮김,《감자로 보는 세계사》, 에이케이커뮤니케이션즈, 2019.

- 루싱크, 메릴린, 강영옥 옮김,《바이러스》, 더숲, 2019.
- 문갑순,《사피엔스의 식탁》, 21세기북스, 2018.
- 바톨레티, 수전 캠벨, 곽명단 옮김,《검은 감자》, 돌베개, 2014.
- 시비텔로, 린다, 최정희 등 옮김,《인류 역사에 담긴 음식문화 이야기》, 린, 2017.
- 우즈, 아비가일, 강병철 등 옮김,《인간이 만든 질병 구제역》, 삶과지식, 2011.
- 젠킨스, 버지니아 스콧, 송은경 등 옮김,《바나나 혹은 미국의 역사》, 이소출판사, 2002.
- 주커먼, 래리, 박영준 옮김,《감자이야기》, 지호, 2000.
- Donnelly, James S., *The Great Irish Potato Famine*, Sutton Publishing, 2005.
- Fitzgerald, Patrick & Lambkin, Brian K., *Migration in Irish history, 1607-2007*, Palgrave Macmillan, 2008.
- Gráda, Cormac Ó, *Black'47 and Beyond: The Great Irish Famine in History, Economy, and Memory*, Princeton University Press, 2000.
- Guinnane, Timothy, *The Vanishing Irish: Households, Migration, and the Rural Economy in Ireland, 1850-1914*, Princeton University Press, 1997.
- Kinealy, Christine, *The Great Irish Famine: Impact, Ideology and Rebellion*, Palgrave Macmillan, 2001.
- Laxton, Edward, *The Famine Ships: The Irish Exodus to America 1846–51*, Bloomsbury, 1997.
- Sen, Amartya, *Poverty and Famine*, Clarendon Press, 1982.
- Sen, Amartya, *Resources, Values, and Development*, Harvard University Press, 1997.
- Woodham-Smith, Cecil, *The Great Hunger: Ireland 1845-1849*, Penguin Books, 1991.

9 본격적인 팬데믹의 서막을 열다: 콜레라 ────────────

- 솔로몬, 스티븐, 주경철·안민석 옮김,《물의 세계사》, 민음사, 2013.
- 송병건,《산업재해의 탄생》, 해남, 2015.
- 신규환,《질병의 사회사》, 살림출판사, 2006.
- 신동원,《호열자 조선을 습격하다》, 역사비평사, 2004.
- 예병일,《세상을 바꾼 전염병: 세균과 바이러스에 맞선 인간의 생존투쟁》, 다른, 2015.
- 정민, 박수밀, 박동욱, 강민경,《살아있는 한자 교과서》, 휴머니스트, 2011.
- 카렌, 아노, 권복규 옮김,《전염병의 문화사》, 사이언스북스, 2001.
- 푸러, 다니엘, 선우미정 옮김,《화장실의 작은 역사》, 들녘, 2005.
- Donaldson, L. J., & Donaldson, R. J., *Essential Public Health*, Radcliffe Publishing, 2005.
- Hempel, Sandra, *The Medical Detective: John Snow, Cholera and the Mystery of the Broad Street Pump*, Granta Publishing, 2014.
- Johnson, Steven, *The Ghost Map*, Riverhead Books, 2006.
- Smith, D., *Water-Supply and Public Health Engineering*, Routledge, 2017.
- Thomas, Amanda J., *Cholera: The Victorian Plague*, Pen & Sword History, 2015.
- Vinten-Johansen, Peter, *et al.*, *Cholera, Chloroform, and the Science of Medicine: A Life of John Snow*, Oxford University Press, 2003.

10 기술의 진보로 건강이 위협받다: 화학 물질 사고 ────────────

- 게이헤이, 우에노, 이용근 옮김,《우리 주변의 화학물질》, 전파과학사, 2018.
- 계명찬,《화학물질의 습격》, 코리아닷컴, 2018.
- 김동환,《오늘도 미세먼지 나쁨》, 휴머니스트, 2018.

- 김신범,《화학물질, 비밀은 위험하다》, 포도밭출판사, 2017.
- 김용표, 〈미세먼지, 모두가 아는 위험〉,《지식의 지평》24, 2008.
- 대한직업환경의학회,《의사들이 들려주는 미세먼지와 건강 이야기》, 이화여자
  대학교출판문화원, 2019.
- 류연웅 외,《미세먼지》, 안전가옥, 2019.
- 모어, 케이트, 이지민 옮김,《라듐 걸스》, 사일런스북, 2018.
- 슈발리에, 로랑, 이주영 옮김,《우리는 어떻게 화학물질에 중독되는가》, 흐름출
  판, 2017.
- 이덕환, 〈생활 속의 화학물질, 과연 안전하게 사용하고 있는가?〉,《지식의 지평》
  24, 54~66쪽, 2018.
- 카슨, 레이첼, 김은령 옮김,《침묵의 봄》, 에코리브르, 2011.
- Chiles, James R., *Inviting Disasters: Lessons from the Edge of Technology*,
  HarperCollins, 2008.
- Dekker, Sidney, *Foundations of Safety Science*, Ashgate, 2019.
- Maynard, R, L. & Howard, Vyvian, *Particulate Matter: Properties and
  Effects on Earth*, Garland Science, 2020.
- Moore, Kate, *The Radium Girls: The Dark Story of America's Shining
  Women*, Sourcebooks, 2017.
- Perrow, Charles, *Living with High Risk Technologies*, Princeton
  University Press, 2011.

◆ **3부 정책과 통제라는 거대한 위험: 시스템재난의 시대**

11 잘못된 정책이 불러온 생태계 파괴: 대약진운동과 토끼 사냥 ─────

- 다이아몬드, 제레드, 강주헌 옮김,《문명의 붕괴》, 김영사, 2005.
- 도루, 구보, 강진아 옮김,《중국근현대사 4》, 삼천리, 2013.
- 디쾨터, 프랑크, 최파일 옮김,《마오의 대기근》, 열린책들, 2017.

- 마이스너, 모리스, 김수영 옮김,《마오의 중국과 그 이후 1》, 이산, 2004.
- 박한제 외,《아틀라스 중국사》, 사계절, 2015.
- 쇼트, 필립, 양현수 옮김,《마오쩌둥 1, 2권》, 교양인, 2019.
- 페어뱅크, 존 K., 김형종 옮김,《신중국사》, 까치, 2005.
- 함규진,《벽이 만든 세계사》, 을유문화사, 2020.
- Chan, Alfred L., *Mao's Crusade: Politics and Policy implementa-tion in China's Great Leap Forward*, Oxford University Press, 2001.
- Coman, Brian, *Tooth And Nail: The Story of the Rabbit in Australia*, Text Publishing Company, 2013.
- Cooke, Brian D., *Australia's War Against Rabbits*, CSIRO, 2014.
- Macfarquhar, Roderick, *Origins of the Cultural Revolution, Vol 2*, Oxford University Press, 1983.
- Shapiro, Judith Rae, *Mao's War Against Nature: Politics and the Environment in Revolutionary China*, Cambridge University Press, 2001.
- Summers-Smith, Denis, *In Search of Sparrows*, Poyser, 2010.
- Thaxton, Ralph A. Jr., *Catastrophe and Contention in Rural China*, Cambridge University Press, 2008.
- Wagner, Donald B., *Background to the Great Leap Forward in Iron and Steel*, University of Copenhagen, 2011.

12 인간의 개입으로 급변하는 지구: 이상기후와 생태계 파괴

- 남성현,《위기의 지구, 물러설 곳 없는 인간》, 21세기북스, 2020.
- 르몽드 디플로마티크, 김계영 · 고광식 옮김,《르몽드 환경 아틀라스》, 한겨레출판, 2011.
- 마슬린, 마크, 조홍섭 옮김,《기후 변화의 정치 경제학》, 한겨레출판, 2010.

- 스미스, 키스, 이승호 외 옮김, 《환경재해》, 푸른길, 2015.
- 웰스, 데이비드 월러스, 김재경 옮김, 《2050 거주불능 지구》, 추수밭, 2020.
- 위베르·리브스, 넬리 부티노, 문박엘리 옮김, 《생물의 다양성》, 생각비행, 2020.
- 조천호, 《파란하늘 빨간지구》, 동아시아, 2019.
- 카즈하루, 미즈노, 백지은 옮김, 《기후변화로 보는 지구의 역사》, 문학사상, 2020.
- Abott, John, *Climate Change: The Facts*, Stockafe Books, 2015.
- Ball, Tim, *Human Caused Global Warming*, Tellwell Talent, 2016.
- Lovejoy, Thomas E., *et al.*, *Biodiversity and Climate Change: Transforming the Biosphere*, Yale University Press, 2019.
- Martin, Rod, *Climate Basics: Nothing to Fear*, Tharsis Highlands, 2018.

13 한순간 마비되는 초연결성 사회: 디지털 사고

- 김훈, 〈오늘도 퍽퍽퍽, 내일도 퍽퍽퍽…… 노동자들이 부서진다〉, 《경향신문》, 2020년 12월 10일자.
- 장진호, 《Y2K 생존전략》, 프리미엄북스, 1999.
- 정지범·이재열, 《재난에 강한 사회시스템 구축》, 법문사, 2009.
- 하이어트, 마이클, 이기문 옮김, 《디지털 대재앙 Y2K》, 사이언스북스, 1999.
- 헤이조, 다케나카 외, 김영근 옮김, 《일본 대재해의 교훈》, 문, 2012.
- Beniger, J. R., *The Control Revolution: Technological and Economic Origins of the Information Society*, Harvard University Press, 1986.
- Ersing, Robin L., *et al.*, *Surviving Disasters: The Role of Social Networks*, Oxford University Press, 2012.
- Golderg, Steven H., *Y2K Management*, Wiley, 1999.
- Mahaffey, Jim, *Atomic Accident: A History of Nuclear Meltdowns and Disasters*, Pegasus Books, 2014.

- 배리, 존, 이한음 옮김,《그레이트 인플루엔자》, 해리북스, 2021.
- 생커, 제이슨, 박성현 옮김,《코로나 이후의 세계》, 미디어숲, 2020.
- 성열관,《포스트 코로나 시대의 교육》, 살림터, 2021.
- 이경상,《코로나19 이후의 미래》, 중원문화, 2020.
- 지젝, 슬라보예, 강우성 옮김,《팬데믹 패닉》, 북하우스, 2020.
- 최윤식,《코로나19 이후 미래 시나리오》, 김영사, 2020.
- 최재천 외,《코로나 사피엔스》, 인플루엔셜, 2020.
- Crawford, Debora, *COVID-19*, Hachette Books, 2020.
- Horton, Dorothy H., *Viruses: A Very Short Introduction, 2nd edn.*, Oxford University Press, 2020.
- Macjenzie, Debora, *COVID-19*, Hachette Books, 2020.
- Moss, Susan, *COVID-19: A Natural Approach*, Source Publica-tions, 2020.
- Rabadan, Raul, *Understanding Coronavirus*, Cambridge University Press, 2020.
- Reiss, Karina, *Corona, False Alarm?: Facts and Figures*, Chelsea Grees Publishing, 2020.
- Schwab, Klaus, *COVID-19: The Great Reset*, Agentur Schweiz, 2020.
- Zuboff, Shoshana, *The Age of Surveillance Capitalism*, Campus, 2019.

재난 인류

위기의 순간마다 답을 찾았던 인간의 생존 연대기

초판 1쇄 발행 2022년 2월 25일 초판 4쇄 발행 2023년 11월 8일

지은이 송병건
펴낸이 이승현

편집2 본부장 박태근
지적인 독자 팀장 송두나
디자인 김태수

펴낸곳 ㈜위즈덤하우스 출판등록 2000년 5월 23일 제13-1071호
주소 서울특별시 마포구 양화로 19 합정오피스빌딩 17층
전화 02) 2179-5600 홈페이지 www.wisdomhouse.co.kr

ⓒ 송병건, 2022

ISBN 979-11-6812-232-1 03900

* 이 저서는 2018년 대한민국 교육부와 한국연구재단의 지원을 받아
  수행된 연구임(NRF-2018S1A6A4A01030653).